拼多多运营
从入门到精通（白金版）

紫薇 编著

清华大学出版社
北 京

内容简介

想要运营拼多多店铺进行创业，却不知道该如何做起，店铺怎么开通？怎么装修？商品图片怎么设计？爆款怎么打造？价格怎么定？如何获得更多的流量？如何优化排名和关键词？直播怎么玩？怎么带货？这些都是开设拼多多店铺进行创业需要解决的难题。本书就是专门为解决拼多多运营的问题而打造的，主要内容包括：店铺开通和后台操作、主图设计和店铺装修、商品图片拍摄和优化、选品定价打造爆款、通过引流来获取流量、排名和关键词的优化、拼多多运营活动玩法、口碑营销提升信任度、做好客服和售后工作、拼多多直播带货攻略、拼多多短视频的创作、打造店铺的私域流量等12个模块的知识点，几乎涵盖了拼多多运营的所有内容，能够帮助读者快速完全掌握拼多多店铺的运营和平台玩法，实现创业梦想。

本书适合的人群有三类，第一类是拼多多店铺创业者，第二类是电商从业者以及相关商家和企业，第三类是对拼多多运营感兴趣的平台用户。此外，本书也可作为各大高等院校相关专业学生教材。

图书在版编目(CIP)数据

拼多多运营从入门到精通：白金版/紫薇编著. —北京：清华大学出版社，2022.1（2022.11重印）
ISBN 978-7-302-59358-4

Ⅰ. ①拼…　Ⅱ. ①紫…　Ⅲ. ①网店—运营管理　Ⅳ. ①F713.365.2

中国版本图书馆CIP数据核字(2021)第210640号

责任编辑：张　瑜
封面设计：杨玉兰
责任校对：周剑云
责任印制：宋　林
出版发行：清华大学出版社
网　　址：http://www.tup.com.cn, http://www.wqbook.com
地　　址：北京清华大学学研大厦A座　**邮　　编**：100084
社 总 机：010-83470000　**邮　　购**：010-62786544
投稿与读者服务：010-62776969, c-service@tup.tsinghua.edu.cn
质量反馈：010-62772015, zhiliang@tup.tsinghua.edu.cn
印 装 者：小森印刷（北京）有限公司
经　　销：全国新华书店
开　　本：170mm × 240mm　**印　　张**：15.75　**字　　数**：299千字
版　　次：2022年1月第1版　**印　　次**：2022年11月第2次印刷
定　　价：59.80元

产品编号：091915-01

前言

拼多多是国内主流的社交电商平台，自 2015 年 9 月成立至今，发展非常迅速。如今拼多多的市场早已覆盖广大三四线城市和农村地区，用户基数非常庞大，也有越来越多的商家和企业入驻拼多多平台。

拼多多的发展可以说是一个奇迹，因为它是在国内电商市场早已被淘宝、京东和苏宁易购等电商巨头瓜分的情况下脱颖而出的。笔者认为它成功的原因至少有两点：一是价格优势，该平台的大多数商品和其他平台同类型产品相比，价格比较低；另一个是平台自身的社交属性，这种独特的拼团购物模式使得拼多多的用户增长速度非常快，而且用户之间大多数是家人、朋友的熟人关系，因此用户黏性非常强。

对于想开网店、进行电商运营创业的人来说，淘宝和京东已经不是最佳的选择，因为其发展较早，运营模式早已成熟，流量红利早已被人捷足先登，而且随着平台的发展，它们的入驻门槛和条件也越来越高。

但拼多多不一样，从 2015 年成立至今只有短短几年，目前正处在高速发展的上升时期，还有很大的发展空间，再加上笔者前面所说的那两点优势，足可见拼多多的市场前景巨大。

为了迎合读者需求，笔者耗费精力撰写此书，就是想为广大的拼多多电商运营者提供一套切实可行的操作方法，让大家的电商创业之路走得顺利一些。

本书是一套专业系统的拼多多运营学习书籍，它内容全面，结构清晰，语言简洁，其知识框架如下。

第 1 章，介绍如何开通拼多多店铺账号和相关的后台操作。

第 2 章，讲解商品主图的设计和店铺装修的技巧。

第 3 章，介绍商品图片的拍摄技巧和后期优化的方法。

第 4 章，从选品和定价两个方面介绍如何打造爆款。

第 5 章，通过免费和付费两种类型的引流方式介绍如何获取流量。

第 6 章，分析提高商品排名和优化关键词的奥秘。

第 7 章，介绍各种活动的玩法，包括大促活动、营销活动、店铺活动。

第 8 章，教大家如何进行口碑营销，从而提升店铺的信誉。

第 9 章，重点讲解如何做好店铺客服和售后工作，这个至关重要。

第 10、11 章，通过当下最火热的短视频和直播带货两种模式来完善拼多多的运营方法内容。

第 12 章，讲述打造店铺私域流量的方法，帮助大家建立私域流量池。

通过本书的学习，读者可以完全轻松地掌握拼多多运营方法，并且能够让自己的店铺迅速起步，做大做强，成为一名优秀的拼多多运营者。希望大家不断地学习技能和知识，不断地充实和提升自己，给自己创造更好的明天和未来！

本书由紫薇编著，由于作者知识水平有限，书中难免有疏漏之处，恳请广大读者批评、指正。

编　者

目录

第 1 章

店铺开通和后台操作

在进行拼多多店铺运营之前，我们首先要开通拼多多的店铺账号，了解拼多多平台的运营规则，然后掌握拼多多的后台操作。本章主要介绍拼多多店铺的开通方法和后台操作技巧，以及拼多多平台的规则说明。

1.1 拼多多店铺的开通方法

拼多多的入驻渠道主要包括 PC 端和移动端，具体开店流程如图 1–1 所示。本节以个人开店为例，介绍拼多多的开店、商品发布和设置商品属性等操作方法。

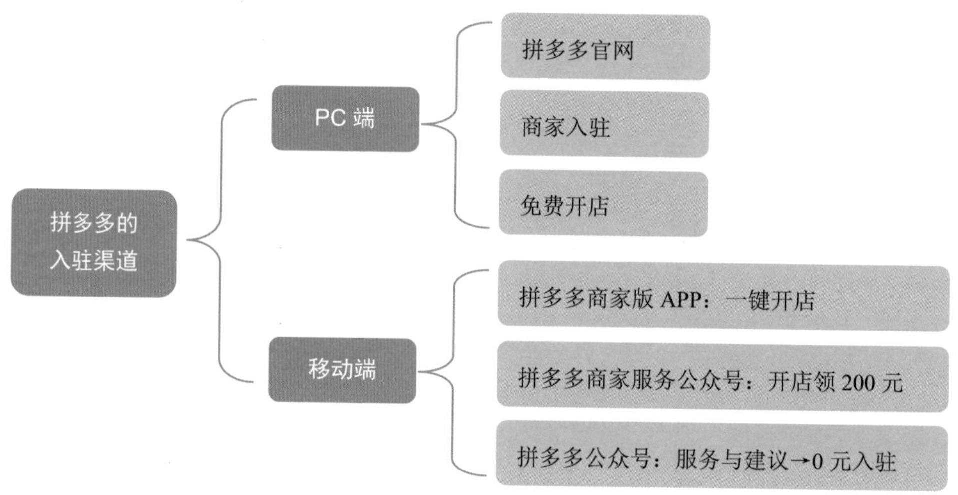

图 1–1 拼多多的入驻渠道和基本流程

1.1.1 开通店铺的操作流程

下面以 PC 端为例，介绍在拼多多开店的操作方法。

(1) 打开拼多多官网，单击导航栏中的“商家入驻”链接，如图 1–2 所示。

图 1–2 单击“商家入驻”链接

(2) 进入拼多多招商平台页面，在页面右侧单击“入驻流程”按钮，可以看到入驻流程的相关提示，如图 1-3 所示。

(3) 单击“免费入驻”按钮，根据实际情况选择境内商家入驻或者境外商家入驻。以常用的境内商家入驻为例，输入手机号码、图片验证码和系统发送到手机上的短信验证码，并单击“0 元入驻”按钮，如图 1-4 所示。

图 1-3　查看入驻流程的相关提示

图 1-4　单击“0 元入驻”按钮

(4) 接下来选择开店类型，包括“个人开店”和“企业开店”两大类，其中又可以分为不同的子类型店铺，不同的入口类型需要上传的资质不同，如图 1-5 所示。这里以“个人开店”为例，选择“个人开店”下方的“个人店”类型，单击“立即开店”按钮。

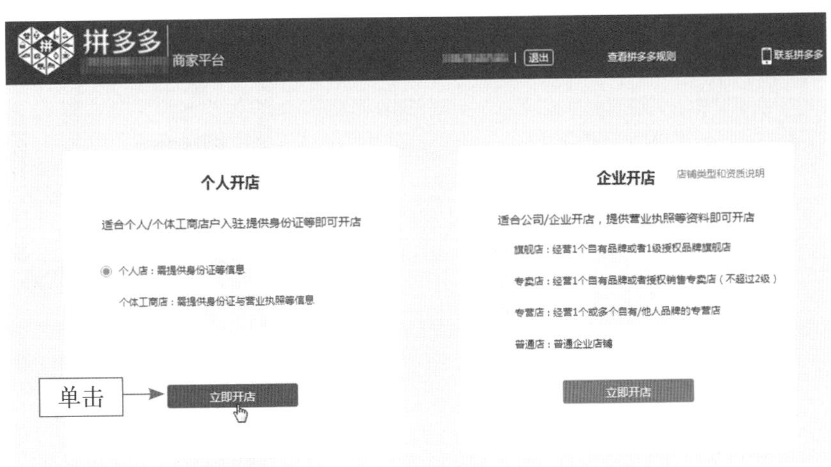

图 1-5　选择开店类型

(5) 进入店铺创建页面，首先设置店铺信息，包括店铺名称、密码和主营类目，如图 1-6 所示。

(6) 接下来设置开店人基本信息，需要上传开店人的身份证，可以通过电脑上传或者微信扫码上传，如图 1-7 所示。

图 1-6　设置店铺信息　　　图 1-7　设置开店人基本信息

(7) 上传身份证后，系统会自动识别身份证信息，如果信息不符合，用户也可以手动修改，如图 1-8 所示。

(8) 使用手机微信扫描“人脸识别”右侧的二维码，进入人脸识别系统，根据提示完成人脸识别操作。首先会出现视频录制规范提示框，点击“我知道了，开始识别”按钮，如图 1-9 所示。

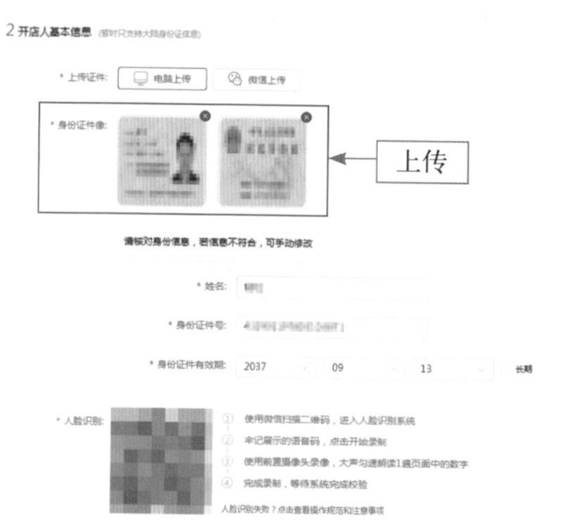

图 1-8　上传身份证信息

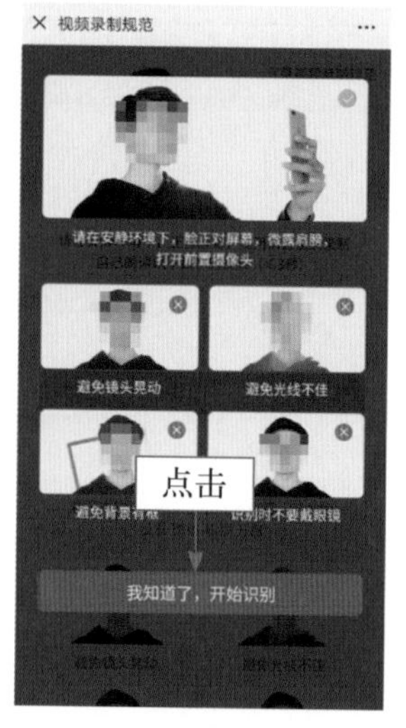

图 1-9　视频录制规范提示框

(9) 进入“拼多多招商平台”界面，会显示 4 个数字，点击“准备好了，开始录制”按钮，如图 1–10 所示。

(10) 接下来开始录制脸部视频，朗读数字后会提示用户“您已完成人脸识别”，如图 1–11 所示。

图 1–10　点击“准备好了，开始录制”按钮

图 1–11　完成人脸识别

(11) 返回电脑端，单击“创建店铺”按钮，弹出对话框提示“您已实名认证成功”，如图 1–12 所示。

(12) 单击“准确无误”按钮，提示店铺资料提交成功，店铺进入审核流程，如图 1–13 所示。

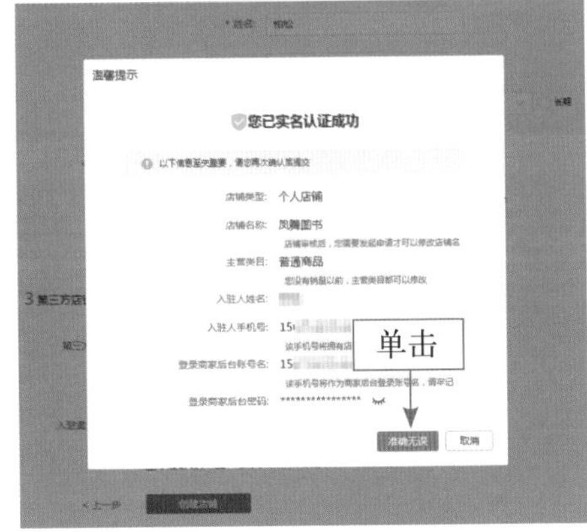

图 1–12　温馨提示

图 1–13　提交资料成功，进入审核流程

商家签约后，系统将自动创建一个店铺，并以短信形式通知商家，如图 1-14 所示。商家可登录招商平台查看店铺的账号和初始密码，并可点击链接跳转至拼多多商家后台登录。

图 1-14　店铺通过审核的短信通知

第一次登录商家后台时，会提示商家需要用微信绑定店铺，如图 1-15 所示。在手机上打开微信“扫一扫”功能，扫描图中的二维码，即可完成微信绑定操作，登录商家后台，这样能够及时获取店铺通知、提高售后效率、提升账户安全性，如图 1-16 所示。

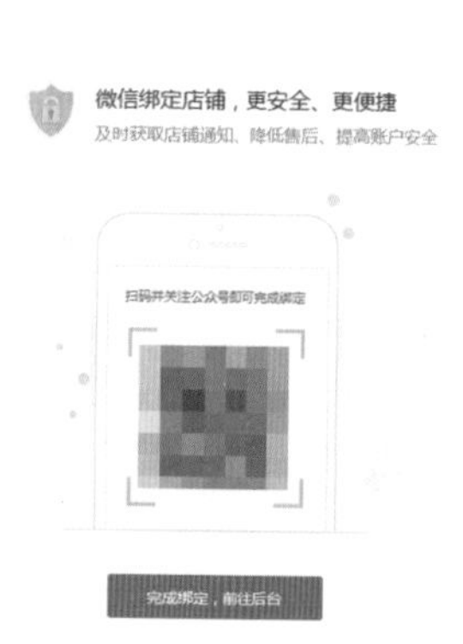

图 1-15　扫码绑定微信

图 1-16　登录拼多多商家后台

1.1.2　发布商品的操作方法

商家入驻拼多多平台后的第一步，就是发布新商品。在拼多多上有多种方式可以创建商品，如 PC 端的拼多多商家后台，以及移动端的拼多多商家版 App 和“拼多多商户服务”微信公众号等渠道都可以发布商品。下面以拼多多商家后台为例，介绍上架新品的操作方法。

(1) 在拼多多商家后台的左侧导航栏中的“商品管理”下方单击“发布新商品”链接，如图 1–17 所示。

图 1–17　单击“发布新商品”链接

(2) 执行操作后，进入“发布新商品”页面，商家可以在搜索框中输入关键词快速搜索分类，也可以在下方手动设置合适的分类，设置完成后，单击“确认发布该类商品”按钮，如图 1–18 所示。

图 1–18　设置合适的分类

专家提醒

搜索展示页的推荐类目在商家选择的主营类目下，非主营类目下的明细分类不会出现。例如，商家的主营类目是运动户外，发布商品时输入关键词“T恤”，那么商家就不可以选择服饰箱包下的短袖T恤子类目。

(3)执行操作后，进入“发布新商品”页面，设置商品基本信息，包括商品标题、商品属性、商品轮播图、商品详情页装修和商品活动素材图等，如图1–19所示。

图1–19 设置商品基本信息

(4) 接下来设置商品规格与库存，包括商品规格、价格、库存和商品市场价等选项，如图 1-20 所示。

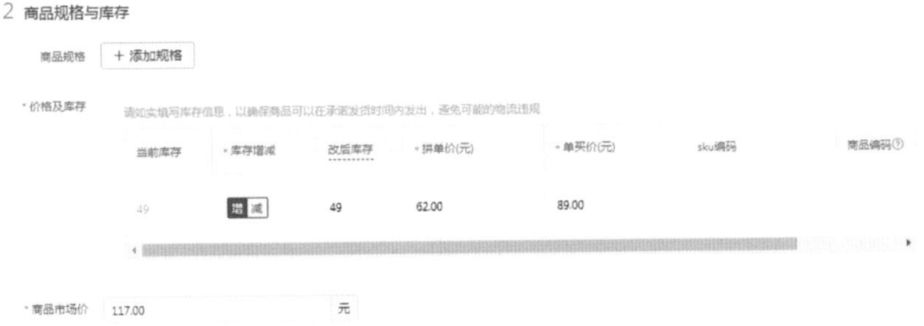

图 1-20　设置商品规格与库存

(5) 接下来设置服务与承诺，包括商品类型、是否二手、是否预售、发货时间承诺、运费模板、拼单要求、7 天无理由退换货以及假一赔十等，如图 1-21 所示。设置完成后，单击“提交并上架”按钮，即可完成新商品的发布操作。

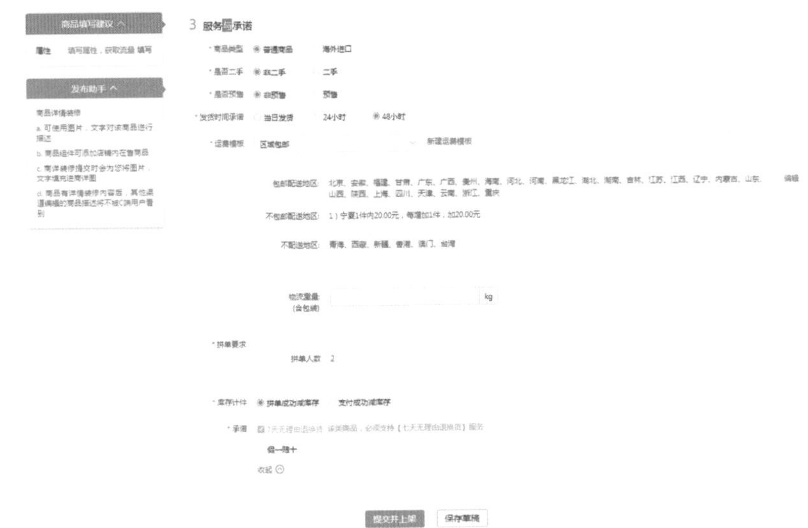

图 1-21　设置服务与承诺

1.1.3　商品属性的填写技巧

当商家确认发布某个类目的商品后，如何来正确填写相关的商品信息呢？下面以女装 T 恤为例，创建该类商品，其中基本信息包括商品标题、商品属性和商品轮播图 3 个必填选项，如图 1-22 所示。

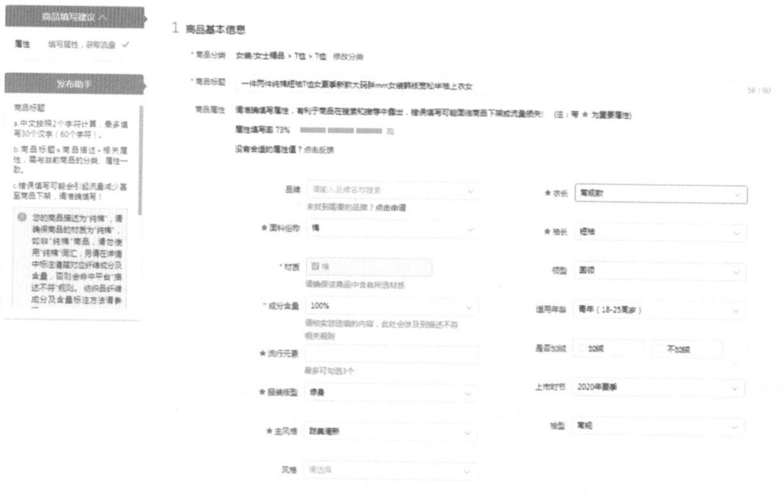

图 1-22　创建女装 T 恤商品

首先是商品标题，好的商品标题可以提升商品的曝光率，能够准确地切中目标用户，所以商家一定要重视标题。注意，商品标题最多只能包含 60 个字符或者 30 个汉字，而且要符合商品属性的相关描述。

接下来填写商品属性，更加详细和准确的商品属性与描述内容可以提高商品的搜索权重，将商品更精准地推荐给适用的消费人群，获取更多精准流量，同时还能够有效地提升转化率，如图 1-23 所示。

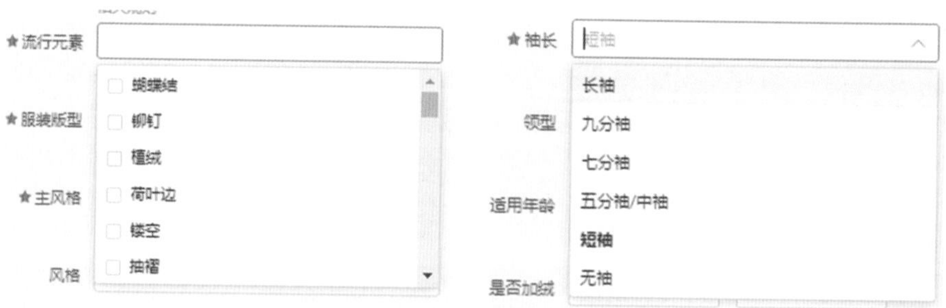

图 1-23　商品属性的细节设置

例如，女装 T 恤的商品属性包括品牌、衣长、面料俗称、袖长、材质、领型、成分含量、适用年龄、流行元素、是否加绒、服装板型、上市时节、主风格、袖型以及风格等，商家可以根据实际情况来填写，也可以快速地选择其中的预设属性选项。

这些属性标签都是依据拼多多搜索量较高的搜索词提炼出来的，商家填写的属性也会直接展现在商品的详情页面中，如图 1-24 所示。设置商品属性便于消费者对于商品有更多的认知，从而能快速决定是否要下单购买。

图 1-24　商品属性的展现

轮播图即商品主图，位于商品详情页顶部，如图 1-25 所示。轮播图的尺寸和大小都有一定的要求，通常宽和高均需大于 480px，大小必须在 1MB 以内，而且数量最多不能超过 10 张，仅支持 JPG 和 PNG 这两种图片格式。主轮播图的背景通常为纯白色，服饰类目的商品除外，图片上不能添加任何文字。

图 1-25　轮播图的展现

商品描述建议填写 300 个字左右最佳，最多不要超过 500 个字，采用言简意赅的文字来描述商品的主要特点即可，如图 1–26 所示。切记，不可在商品描述和图片上添加其他外部平台的联系方式等涉嫌导流的信息。

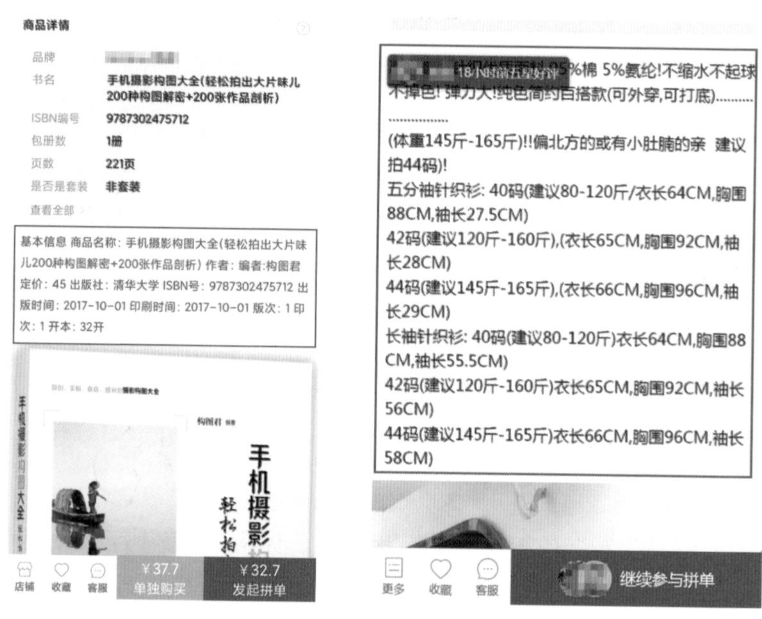

图 1–26　商品描述示例

1.1.4　发布商品的管理技巧

发布商品后，商家可以进入“商品列表→上传记录”页面查看商品发布进展，包括“发布中”“已驳回”和“上传成功”等状态，下方都会有对应的商品记录，如图 1–27 所示。如果商家发布的商品数量非常多，查看比较困难，也可通过商品 ID、商品编码、商品名称或编辑类型来查询，得到精确的商品发布进展。

在“商品列表”页面中的“上传记录”右侧，可以看到“草稿箱”和“回收站”功能。商家可以编辑要发布的商品，然后保存到“草稿箱”中，以便下次继续编辑，如图 1–28 所示。

在“商品列表→线上商品”页面中，增加了“商品分类”和“累计销量”筛选功能，便于商家能够快速地查找相应的商品。另外，商家还可以通过商品 ID、商品编码、商品名称、当前价以及是否预售来查询商品，实现精确搜索，如图 1–29 所示。

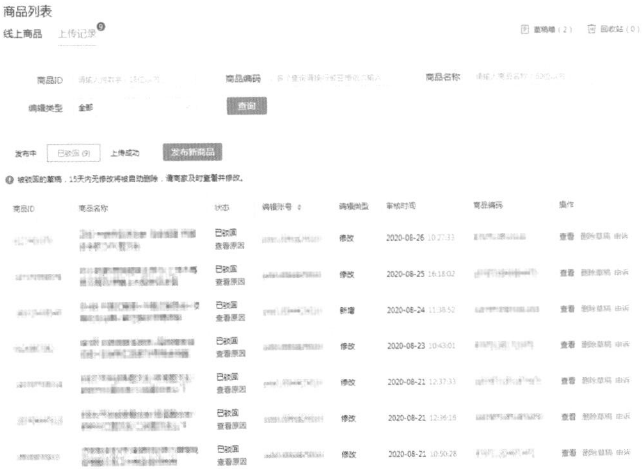

图 1-27　查看商品发布进展

图 1-28　“草稿箱”功能

图 1-29　“线上商品”页面

1.1.5 店铺名称的取名示范

最后需要特别提醒的是，当大家准备正式在拼多多平台上开店后，建议取一个让人印象深刻的优秀店名，让更多人能够看到并记住你的店铺。

首先，店铺名称需要能够体现店铺的主营产品是什么。例如，下面这个店铺的名称为“书客书图家居生活专营店”，从店名中就可以看到其主营产品为“图书”，如图 1-30 所示。

其次，店铺名称要能够体现出店铺的优势。例如，“听茶沐风服装旗舰店”这个名称中，就体现出了品牌旗舰店的优势，从而展现出店铺产品的优良品质。同时，该店铺还获得了“官方”认证标签，可以极大地提升用户的信任度，如图 1-31 所示。

图 1-30 可以看出主营产品的店铺名称示例

图 1-31 体现店铺优势的店铺名称示例

最后，店铺名称中千万不要使用那些毫无意义或者难以理解的英文、字符或者数字等，这种店名不仅难记，而且基本上就是在浪费资源，会错过很多宣传曝光的机会。在给店铺取名时，千万不可踩下面这些坑。

(1) 不要让人产生误会：店铺名称千万不可夸大宣传，而且个人店铺不可用官方命名，同时如果没有得到拼多多平台的许可，切不可在店名中带上相关标识。

(2) 不能含有联系方式：店铺名称中不能包含电话号码、电子邮箱、网址、二维码、QQ 号码以及微信号码等联系信息。

(3) 遵守先来后到原则：如果该店铺名称已经通过拼多多审核，则新店铺名称或未通过审核的店铺名称不能与之重复，必须更换店名后，再次提交申请进行审核。

(4) 规避政治敏感问题：政治敏感问题包括但不限于国家领导人姓名、政党名称以及党政军机关名称等，即使你与他们同名同姓，也不可用作店名。

1.2　拼多多的后台操作手册

商家必须快速熟悉拼多多商家版的后台操作，完成店铺的第一次蜕变。进入商家版后台后，可以将页面分为标题栏、导航栏和主窗口 3 个模块，如图 1–32 所示。

图 1–32　拼多多管理后台主页

1.2.1　标题栏的功能

标题栏的最左侧为“站内信”，主要用来接收平台的各种通知，包括店铺动态、平台动态、规则更新、违规通知、营销活动以及重要通知等。站内信是平台与商家之间非常重要的一个沟通渠道，其中包含很多拼多多的学习干货和教程玩法，商家不妨花点时间仔细阅读，对于店铺运营有很大的帮助。

标题栏的第 2 个功能为“商家社区”，这是商家集中交流互动的平台，商家可以在此了解平台最新资讯，学习各种店铺运营玩法，同时还可以加入大商家组织，与同行交流经验，如图 1–33 所示。

标题栏的第 3 个功能为“联系拼多多”，将鼠标指针移至该按钮上方，即可显示拼多多商家服务号的二维码和咨询热线，同时还有意见反馈和举报中心功能，可以联系平台客服咨询各种运营问题。

标题栏的第 4 个功能为“规则中心”，这里包含从开店到运营的所有规则，包括商品管理、客服、发货、售后、退店等，商家必须仔细阅读这些规则，避免因不小心违规而受到平台处罚，产生不必要的损失。

标题栏的第 5 个功能为“帮助中心”，这里集中了所有拼多多店铺运营的热门问题，可以帮助商家答疑解惑，商家可以在搜索框中输入相应的问题寻找答案，也可以通过左侧的导航栏找到相应问题的答案。

图 1-33　商家社区

标题栏的第 6 个功能为“多多大学”，这里包含新手开店、日常运营、营销推广、活动引流、客户服务以及行业运营等技巧，各板块下方还有更细一级的课程类别划分，是一个帮助商家更好地成长的学习中心。

1.2.2　发货管理模块

在了解标题栏的基本功能后，接下来认识拼多多后台的导航栏区域，首先是发货管理模块，主要用来处理日常发货和退换货等服务，包括订单查询、发货中心、物流工具、物流概况、包裹中心和电子面单等工具。如图 1-34 所示为“发货中心”功能页面，商家可以在此查看发货记录、处理物流服务异常投诉、查看物流提醒，以及可以开通极速发货服务，增加商品搜索权重。

图 1-34　“发货中心”功能页面

在发货管理模块的“物流中心”页面中，商家可以设置运费模板和送装服务模板，以及管理发货地址，处理各种物流相关问题。

在发货管理模块的“物流概况”页面中，包括店铺最近 30 天的物流概况数据和指标，包括成团到发货、成团到揽件、成团到签收、发货到签收、揽件到签收、物流投诉率、物流详情完整度以及发货单量等数据，以及快递公司、发货到签收（时）、揽收到签收（时）、物流投诉率和物流 DSR 等物流指标。

在发货管理模块的“包裹中心”页面中，商家可以快速筛选订单状态，包括揽收超时、派签超时和即将揽件超时的包裹，下面会显示查询结果，结果中包含发货时间、订单号、物流公司、运单编号、面单类型、包裹状态、当前异常类型、异常时长、处理状态以及商家的处理操作。

1.2.3 售后管理模块

拼多多后台导航栏的第 2 个模块为售后管理，包括退款 / 售后、售后设置、工单管理、小额打款、退货包运费、售后小助手以及极速退款等功能，如图 1–35 所示。

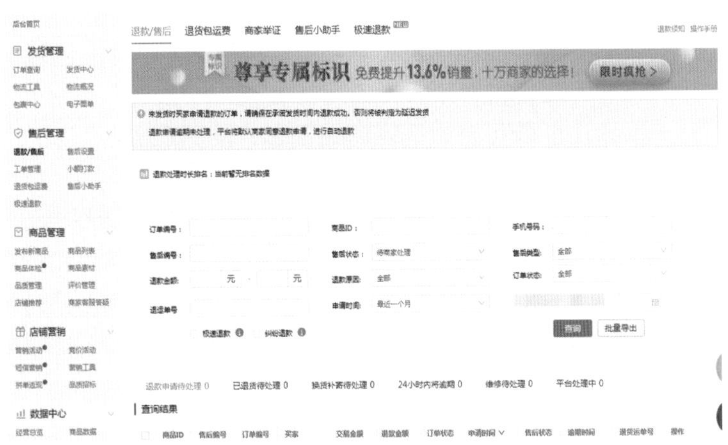

图 1–35 “售后管理”模块

例如，在各种平台大促活动过后，很多商家都会遇到售后退款高峰问题，此时商家也可以借助售后小助手这个工具，来快速高效地自动处理售后退款任务，这样，商家就不用在售后环节再去额外调配员工，也不用担心 DSR 评分会受到影响。

商家可以进入“售后设置”界面，管理售后联系方式和退货地址。例如，商家添加售后联系方式后，买家在订单页拨打此电话即可快速联系商家。

工单管理主要用于查询相应时间段内的工单状态，包括工单 ID、创建时间、工单状态、问题名称、问题描述、截止日期、订单号、备注以及相关操作。

小额打款主要是为了方便商家给买家退运费、补差价等一些小金额的转账操作，可以有效地减少店铺的售后纠纷，提升店铺的服务质量，并有效地提升店铺销量。商家可以在后台查询相应订单号发起打款，填写打款的类型、金额、原因及给买家留言，一般打款成功之后会即时到账。

另外，运费也是拼多多售后处理中常见的问题，由运费产生的争执非常多。拼多多推出的退货包运费服务，就是为了减少关于退货的运费纠纷，开通该服务后还可以增加店铺搜索权重。

开通退货包运费功能的店铺，还可以享有“退货包运费”商品标签，同时显示在商品详情页、下单页、订单详情页和售后单各个页面中，可以有效地增加商品的转化率，并提升用户黏性。

极速退款也是平台为提升用户体验而推出的售后服务，主要针对非虚拟类目、订单金额小于 300 元的商品，买家在订单确认 6 小时内申请退款，且商家还未发货，此时即可执行极速退款操作。

1.2.4 商品管理模块

商品管理模块的主要功能包括发布新商品、商品列表、商品体检、商品素材、品质管理、评价管理、店铺推荐以及商家客服答疑。“发布新商品”功能前面已经介绍过了，选择该功能即可开始编辑商品信息，同时左侧还有发布助手可以帮助商家解决发布商品过程中遇到的各种问题。

“商品列表”是一个可以创建商品的入口，同时上架的商品通过审核后也会出现在商品列表中，商家可以在此执行上下架商品、编辑商品和分享激活等操作。例如，在相应商品列表右侧单击“分享激活”链接，弹出“分享商品”对话框，即可看到复制商品链接、下载海报，以及分享到微信、QQ 和微博等，如图 1-36 所示。

接下来是商品体检功能，店铺每天可以使用一次该功能，体检后系统会详细地展示店铺的问题商品情况，商家可以根据体检结果和平台规则，在系统的引导下处理这些问题，从而提升店铺的流量、转化率、活动报名成功率以及获得消费者好评。

在“商品素材”页面中，主要展示商品各级标准的素材，包括白底图、长图和场景图等，同时可以查看相关的示例图。商家也可以在此查看被系统驳回的不符合标准的商品素材，以及重新上传商品素材提交审核。

在“品质管理”页面中，主要呈现店铺近 30 天的商品整体的品质退款单数和品质退款率，品质退款主要是指买家因商品质量问题发起的退款，同时会提示如何避免违规的一些方法。因此，商家必须严格控制店铺商品的品质，如实地描述商品，并且针对问题商品要及时下架或整改，避免因品质问题受到系统下架资源位、禁止上资源位以及降权限制等处罚。

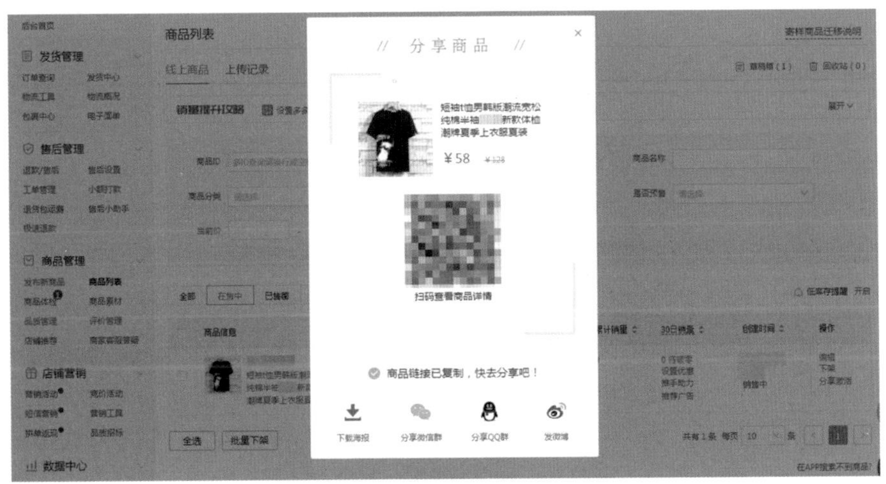

图 1-36 “分享商品”对话框

在“商家客服答疑”页面中，系统会自动抓取一些常见的售前问答，可以根据商品 ID 和商品名称来查找需要编辑问答的商品。商家可以筛选这些高频问题并优化编辑问题的答案，将其展示到买家端的商品详情页面中，从而减少商家客服的咨询工作，同时提高商品的转化率。

1.2.5 店铺营销模块

店铺营销模块主要包括营销活动、竞价活动、短信营销、营销工具、拼单返现以及品质招标等功能。在“营销活动”页面中，会显示常规频道活动资源位，每个频道的定位和邀请都不一样，如果商家不符合报名要求，也可以在上方查看具体的原因，如图 1-37 所示。

“短信营销”是拼多多营销推广的有效渠道，属于付费推广营销工具，提醒买家付款、召唤买家成团、定金预售尾款提醒等用户关怀，以及活动预热、热销引流、新客转化、流失唤醒、老客召回等场景营销，具有投入产出比高、营销精准、拉新引流、数据分析、优惠券直达等优势。

商家可以自行编辑短信内容，针对不同的消费人群发送个性化的短信内容，从而让营销信息更加精准地触达目标客户。

“营销工具”主要包括拼单返现、优惠券、限量促销、多件优惠、限时免单、分期免息、累计全网销量以及交易二维码，商家可以选择适合自己的营销工具。

图 1-37 “营销活动”页面

以拼单返现为例，首先由商家设置一个金额，买家在一个自然日内，在商家的店铺累计消费满一定的金额，即可获赠一张平台优惠券，买家可以在全平台使用该优惠券，产生的费用由商家承担。拼单返现营销工具不仅能够为商品带来更多流量和点击量，而且还能引导用户转化，提升店铺销售额。

很多商家由于产品成本和销量问题，错过了很多优质的活动资源，此时不妨参与“品质招标”活动，不用降价、无需销量要求即可参加，而且非常注重商品的品质。

品质招标即同价格商品对比品质，当竞标商品能与参考商品做到同价，而且其品牌、质量要优于参考商品时，获得更高的品质得分，即可替换参考商品继承其百千万级的流量曝光资源，帮助商家迅速打造爆款。

1.2.6 拼账户资金模块

“账户资金”模块主要包括货款账户、货款对账单、保证金、发票管理、货款扣款明细以及资金限制等功能。其中，货款账户包含目前店铺的账户总额、提现记录和收支明细，店铺所有的交易流水都会在这里展现，如图 1-38 所示。

在“货款对账单”页面中，商家可以按日期导出店铺的收支记录，可以实时查询货款账户的收支情况，目前最长可支持查询时间跨度为 31 天，最多可支持查询 50 万条明细，如图 1-39 所示。

图 1-38 “账户资金”模块

图 1-39 “货款对账单”页面

专家提醒

“日汇总”账单当日可查看前一日的账务汇总，“月汇总”账单每月 1 日可查看上月的账务汇总。账单生成存在一定延时，如果未查询到相应账单，请耐心等待。货款明细账单导出最大支持 100 万条，每次自定义导出的时间间隔至少为 10 分钟。“日汇总”及“月汇总”账单暂不支持导出。

在“保证金”页面中，主要包括保证金充值、提现和交易记录查询功能。需要注意的是，店铺保证金是进行各种活动的基础，如果商家没有缴纳保证金，则会被限制大部分活动的提报。店铺保证金是根据店铺类目、风险评估、经营状况等因素，计算得到的店铺需要充值的保证金额度。活动保证金主要用于保证商家按照各活动规则参加活动，商家可以根据自身经营需要选择充值不同档位的活动保证金。

在“发票管理”页面中，平台将店铺在不同业务中产生的消耗费用按次或按月的时间维度来生成账单，如果商家没有费用消耗则不会产生账单。账单生成后，商家可以前往“开票信息管理”中填写相关信息，然后提交平台审核，若审核通过即可在“申请发票”列表中开具不同业务类型的发票。

在“货款扣款明细”页面中，主要包括延迟发货、缺货扣款、小额打款明细的查询。其中，延迟发货和缺货扣款是指商家因为没有履行发货规则而产生的扣款，小额打款明细是指商家客服在与买家沟通过程中产生的小额交易记录明细。

1.2.7　推广中心模块

“推广中心”模块主要包括推广概况、推广计划、推广报表、推广账户、推广工具、多多营销书院以及多多进宝等功能。要使用推广中心，商家首先要申请开通推广账户，具体流程步骤如图 1-40 所示。

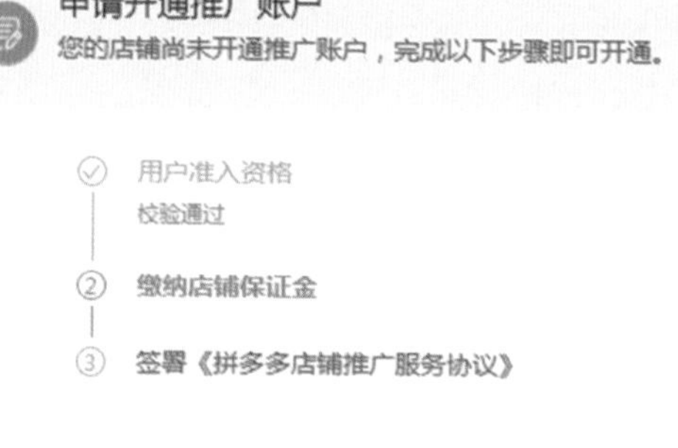

图 1-40　开通推广账户的流程步骤

在“推广概况”页面中，主要展示搜索推广、场景展示、明星店铺和聚焦展位这 4 项推广数据，如果商家没有进行这方面的推广，则这些数据为零。在页面右侧可以查看推广账户余额，右下方则是一些推广的活动宣传，点击可以跳转到具体的活动详情页。

在“推广计划”页面中，主要展示店铺目前已有的推广计划和状态，包括曝光量、点击量、点击率、消耗、投入产出比、订单量以及点击等数据，可以为商家后续的推广计划提供更好的数据支撑。

在“推广工具”中包括拼多多推广工具和第三方推广工具，商家可以合理地选择适合自己店铺的工具，来提升店铺的推广效果。拼多多推广工具主要包括商品诊断、搜索行业分析、搜索词分析和操作记录查询，第三方推广工具主要包括推广宝、易用飞车和快车手等。

在“多多营销书院”页面中，包括课程库和系列课程两大板块，课程的内容形式包括图文、视频和直播等，可以分为初级、中级和高级 3 个课程等级。其中，课程库包含了推广概况、搜索推广、场景展示、明星店铺、聚集展位、推广数据、行业类目以及营销时间轴等课程分类，每个分类下面又可以细分为基础原理、产品工具和技巧提升等子分类；系列课程则包括一图看懂、漫画说推广、3 分钟小视频、老中医店铺诊断、商家案例、推广大师课和赢家系列等课程。

最后，“多多进宝”是拼多多为商家提供的一种营销工具，商家可以给推手设定一定的佣金比例和优惠券，让推手来帮助商家分享商品链接，吸引消费者下单，从而实现提升商家营收、推手获利以及买家获得优惠的“三赢局面”。

1.2.8 店铺管理模块

“店铺管理”模块包括店铺信息、子账号管理、店铺装修、图片空间、订单开票、违规信息、退店以及订单申诉等功能。其中，在“店铺信息”页面，商家可以查看和设置基本信息、主体信息、品牌资质、店铺经营许可证等，如图 1–41 所示。

图 1–41 “店铺信息”页面

在“子账号管理”页面中，可以进行账号管理和角色管理，如图 1–42 所示。单击“+ 新增子账号”按钮，弹出“新建子账号”对话框，商家可以在此设置子账号的账号名、角色配置（管理员、运营、客服管理员、运营与客服管理员、客服、物流客服）、账号备注、密码、账户绑定手机以及登录时手机验证等选项。

如果商家因为经营不得当，店铺没有效益，通常就会选择退店。退店操作也是在“店铺管理”模块中进行的，具体流程如图 1–43 所示。材料审核通过后，平台将在 10 个工作日内将账户余额退至商家绑定且确认的银行账户中，退款可能包括保证金、货款余额和推广账户余额。

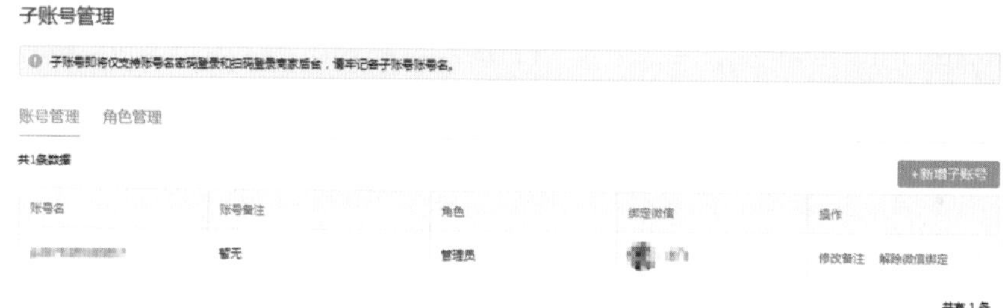

图 1–42　“子账号管理”页面

退店

1 验证身份　2 申请退店　3 材料审核　4 确认账户　5 银行退款　6 退款成功

请验证店铺绑定手机并填写退店原因

您的货款余额、保证金、广告账户余额，均将在退店审核成功后全部退还至绑定银行卡，无需额外缴纳保证金

*退店主要原因（单选）：

*主账号绑定手机号：　修改手机号

*短信验证码：　请输入　获取验证码

我已阅读，同意并接受 拼多多退店协议

下一步

查看退店流程说明

图 1–43　“退店”页面

1.2.9　服务市场模块

“服务市场”模块包括第三方合作伙伴、订单管理、评价管理、我的服务、我的授权等功能。其中，在“第三方合作伙伴”页面中可以看到一些热门的精品应用，能够帮助商家更好地进行店铺运营管理，如图 1–44 所示。

例如，“搬家助手”服务支持把淘宝、天猫、1688、京东、唯品会等店铺批量上传到拼多多平台上，支持自动处理分析标题、类目、SKU(Stock Keeping Unit，库存量单位)、宝贝轮播图、详情图、价格等商品信息。

“订单管理”主要针对商家购买的服务订单进行相关的操作管理，商家可以对已购买的市场服务进行评价，以及管理服务评分、服务评价等。

在“我的服务”页面，可以查看可使用和已过期的服务。

在“我的授权”页面，可以查看相关服务的权限、授权进度等。

除了以上这些模块，拼多多还有一个多多客服模块，其主要包括消息设置、在线状态、客服数据、客服工具、聊天记录、查询和客服二维码等功能。

图 1-44 “第三方合作伙伴”页面

1.3 拼多多平台规则说明

商家在运营拼多多店铺时，如果对于相关规则不了解，那么在违规后只能是“徒增伤悲”。商家要想了解拼多多的更多规则内容，可以登录拼多多商家后台，在标题栏中单击“规则中心”按钮进入其界面，可以在左侧的规则体系导航中选择想要查看的规则，也可以直接搜索相应关键词来查找规则，如图 1-45 所示。

图 1-45 “规则中心”界面

1.3.1　拼多多假货处理规则

很多拼多多商家对于假货的概念不是很清楚，常常因为自己对假货的错误认知和理解而逾越雷区。在拼多多平台看来，假货是指假冒商品及盗版商品。其中，假冒商品包括假冒注册商标或假冒他人厂名和厂址的商品。想要了解详情的商家可以去“规则中心”搜索并查看《拼多多假货处理规则》的具体内容。

拼多多平台认定假货的主要依据为：平台与数百个品牌方建立了合作关系，针对抽检的商品，拼多多会通过注册商标持有人、著作权权利人、厂名或厂址所有人以及由上述权利人指定 / 授权的主体进行认定，并出具判断商品真假的鉴定报告。

当商家违规出现假货、描述不符、刷单套券以及欺诈发货等行为时，拼多多会对商家的货款资金进行限制，这些被限制的资金无法进行提现、转账和支付等操作。商家可以在拼多多管理后台进入“账户资金→资金限制”页面，查看限制原因、限制金额和限制金额说明，还可以单击“查看详情”按钮核实资金限制的详细情况，如图 1-46 所示。

图 1-46　进入“资金限制”页面查看具体原因

1.3.2　查看拼多多发货规则

《拼多多发货规则》对发货时限、延迟发货、虚假发货、欺诈发货、商品缺货以及虚假交易等相关行为的定义、判定依据和处理方法都做了非常明确的说明，具体内容可以进入“规则中心”页面搜索查看，如图 1–47 所示。

拼多多发货规则

为规范拼多多入驻商家的发货行为，提升消费者的购物体验，特制定本规则。

1.　总则

1.1.　商家入驻拼多多平台经营店铺应当遵守本规则，在规定的发货时限内真实发货。“发货”是指商家在发货时限内上传已成交订单对应的物流单号至拼多多后台。

1.2.　平台发布的各类目管理规范中有关发货的规定与本规则规定不一致的，优先适用类目管理规范；特殊商品应当遵循《拼多多特殊商品发货规则》（以下简称“特殊发货规则”），特殊发货规则的规定与本规则或类目管理规范不一致的，优先适用特殊发货规则。

1.3.　拼多多有权对商家的发货及履约情况进行监测，并根据商家与拼多多签署的《拼多多平台合作协议》（以下称“平台协议”）及平台规则，对违背发货及/或配送承诺的商家作出处理。

1.4.　拼多多依据本规则对商家进行违规处理的，有权视情况依据平台协议对违规商家所在关联圈内的关联店铺采取相应的处理措施。

1.5.　除非相应条款特别说明，本规则中的规定均适用于全部商品类型，包括但不限于普通商品、直邮商品及直供商品，商品所属类型以商家发布商品时实际选择为准。商家发布行邮商品的，参照适用本规则中有关直邮商品的规定。

2.　发货时限

2.1.　各类商品默认发货时限如下：

商品类型	发货时限
普通商品	48小时
直供商品	96小时
直邮商品	120小时

2.2.　商家发布预售商品的，发货时限以商品标题标示为准。

2.3.　如商家在拼多多后台上架商品时选择承诺更短的发货时限，则发货时限以商家在商家管理后台选择的以及在商品详情页面承诺的发货时限为准。

2.4.　上述发货时限自订单成交时起算。

3.　延迟发货的处理

3.1.　延迟发货：是指商家未在发货时限内完成发货，即商家未在发货时限内上传已成交订单对应的真实物流单号至拼多多后台，依据本规则及相应的技术标准，该订单将被自动标识为延迟发货订单。

3.2.　延迟发货订单的处理

图 1–47　《拼多多发货规则》的部分内容

1.3.3　新手开店的注意事项

对于刚刚在拼多多开店或者准备开店的新手来说，还必须了解一些在拼多多开店的注意事项。下面笔者总结了自己的一些经验，希望能帮助你少走一些弯路，如图 1–48 所示。

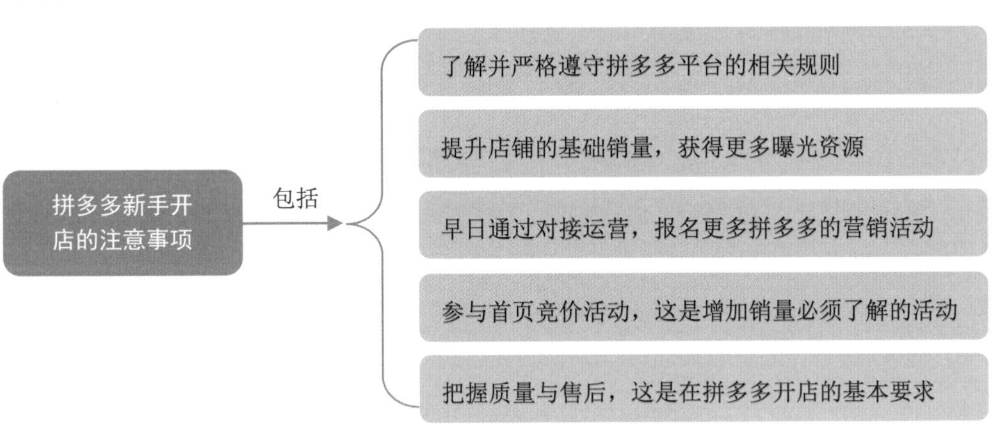

图 1–48　拼多多新手开店的注意事项

第 2 章

主图设计和店铺装修

拼多多网店装修是店铺运营中的重要一环，店铺设计的好坏，直接影响顾客对于店铺的最初印象。主图、详情页面等设计得美观、丰富，顾客才会有兴趣继续了解商品，被商品详情页面·的描述打动了，才会产生购买欲望并下单。

2.1 产品主图设计的思路

商品的主图设计非常重要，这是消费者对产品的第一印象，好的主图可以引起他们的注意力，同时还能吸引他们快速下单，甚至对品牌产生认可。因此，拼多多商家一定要掌握商品主图的设计要点，了解高点击商品主图的设计思路。

2.1.1 颜色字体要搭配协调

由于主图的区域不大，因此在其中添加文字和图片元素时，一定要注意颜色和字体的协调，不可滥用过多的颜色和字体，以免消费者产生视觉疲劳。例如，很多商家采用非常艳丽的颜色来吸引消费者的眼球，这种设计看上去很有视觉冲击力，但其实很难提升转化率。建议文字的颜色应根据产品颜色来定位，可以采用同色系或者补色，如图 2-1 所示。

图 2-1 主图的颜色与字体要搭配调和

2.1.2 素材选取要具有创意

在选取素材时，要有一定的创意，同时利用这些装饰素材作为突破口，直击消费者的核心需求。如图 2-2 所示，在设计主图时，选择了一张创意感很强的太空图片作为背景，可以进一步诠释产品的性能。

图 2-2 选择太空背景素材

2.1.3 内容全面且突出重点

主图对于商品销售来说非常重要，那些内容不全面、抓不住重点的主图引流效果可想而知，是很难吸引消费者关注的。因此，我们在设计商品主图内容时，一定要突出重点信息，内容要全面，将产品的卖点充分展现出来，并且加以修饰和润色。同时，对于那些无关紧要的内容，一定要及时删除，不要影响主图内容的表达。

如图 2-3 所示，为鱼缸商品的主图。这是一个采用中央构图的黑色背景图片，主题非常明确，可以看到其销量也非常高。

图 2-3 主图要突出重点

2.1.4 结构清晰并主次分明

在设计主图时，文案内容要控制好，不能抢了产品的风头，一定要做到主次分明。通常，建议主图中的产品图片占比为 2/3 左右，其他内容比例为 1/3 左右。当然，制作比较特殊的主图效果时，也可以适当地采用满版型的设计方法。如图 2-4 所示，为提炼卖点文案的主图。

图 2-4 提炼卖点文案展示在主图上

2.1.5 视觉设计兼产品介绍

在制作商品主图时，大家容易进入一个误区，那就是太过重视视觉化的设计，而忽略了产品信息的展示，如图 2-5 所示。例如，很多店铺主图看起来非常华丽、高雅，但消费者并不知道要表达什么信息，此时可能就会与商品失之交臂。

图 2-5 视觉化的主图设计

因此，我们在重视产品视觉化设计的同时，还需要适当地添加一些产品介绍，告诉消费者你买我的产品，你能得到什么，这样才能更好地促进产品转化。

2.2 店铺页面的装修设计

店招、首页轮播图、产品详情页以及关联销售装修设计是拼多多网店视觉设计的基础元素区域，提升这些基础部分的设计美观度可以让店铺的整体效果更上一层楼。

2.2.1 店铺店招的设计技巧

店招，顾名思义，就是网店的店铺招牌，从网店商品的品牌推广来看，想要让店招让人便于记忆，店招的设计需要具备新颖、易传播等特点。如图 2-6 所示，为华为优品专卖店的店招。

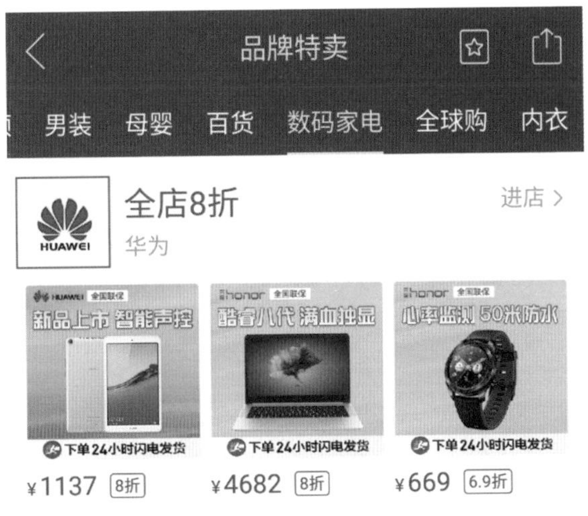

图 2-6 华为优品专卖店的店招

1. 店招的设计要求

店招通常位于店铺首页的最顶端，它的作用与实体店铺的店招相同，是大部分消费者最先了解和接触到的信息。店招是店铺的标志，大部分由产品图片、宣传语言以及店铺名称等组成，漂亮的店招可以吸引顾客进入店铺。

一个好的店招设计，除了给人传达明确信息外，还在方寸之间表现出深刻的精神内涵和艺术感染力，给人以静谧、柔和、饱满以及和谐的感觉。要做到这些，在设计店招时需要遵循一定的设计原则和要求，通常要求有标准的颜色和字体、清洁的设计版面，还需要有一句能够吸引消费者的广告语，画面还需要具备强烈

的视觉冲击力，清晰地告诉顾客你在卖什么，通过店招也可以对店铺的装修风格进行定位。

消费者需要了解的店铺品牌信息最直接的来源就是店招，其次才是店铺装修的整体视觉。对于品牌商品而言，店招可以让消费者第一眼就知道经营的品牌信息，而不用消费者再去其他页面或者模块中寻找。

对于经营拼多多网店的商家而言，尤其要有成本意识，节约消费者了解你的成本，节约你向消费者介绍自己的成本。在店招中清晰地、大方地显示出店铺的名称，使用规范的设计让店铺的名称在拼多多网店装修的各个区域出现时都保持视觉高度的一致。店招中添加 LOGO 和店名，可以加深顾客的记忆，从而提升品牌的推广度。

店招还可以体现店铺的定位，对于没有什么知名度的商家，有“口号”和“广告语”就放上去，没有也需要一个品牌的关键词介绍，起码让顾客知道店铺的特点和特色，起到无形的品牌推广作用。

店招可以营造出品牌的氛围和感觉，体现品牌气质很简单，可以通过品牌专属颜色、LOGO 颜色和字体等的规范应用，先从视觉上统一。为了让店招有特点且便于记忆，在设计的过程中可以采用简短醒目的广告语辅助 LOGO 的表现，通过适当的图像来增强店铺的认知度。

2. 店招的主要功能

拼多多网店的店招主要是为了吸引顾客、留住顾客，需要更多地从顾客的角度去考虑。网店的店招与实体店的店招一样，就像一个店铺的“脸面”，对店铺的发展起着较为重要的作用，其主要作用如下。

(1) 确定店铺属性：店招最基本的功能就是让消费者明确店铺的名称、销售的商品内容，让消费者了解店铺的最新动态。

(2) 提高店铺知名度：使用有特色的店招可以增强店铺的吸引力，便于消费者快速记忆，从而提高店铺的知名度。

(3) 增强店铺信誉度：设计美观、品质感较强的店招可以提升店铺的形象，拔高店铺的档次，增强消费者对店铺的信赖感。

2.2.2 首页欢迎模块的设计

拼多多网店的首页欢迎模块是对店铺最新商品、促销活动等信息进行展示的区域，位于店铺导航条的下方，其设计面积比店招和导航条都要大，是消费者进入店铺首页观察到的最醒目的区域。

由于欢迎模块在店铺首页开启的时候占据了大面积的位置，如图 2-7 所示。因此，其设计的空间也增大，需要传递的信息也更有讲究，如何找到产品卖点、设计创意，怎样让文字与产品结合，怎样与店铺风格更好地融合，是设计首页需要考虑的一个较重要的问题。

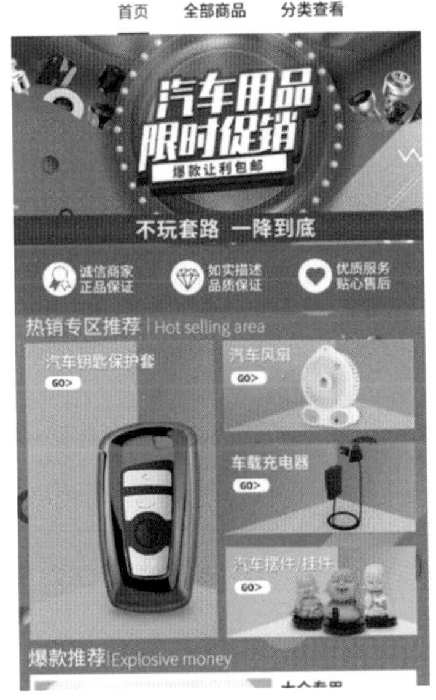

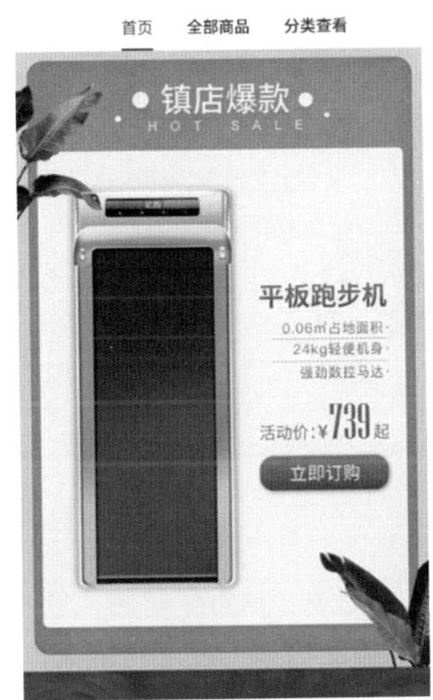

图 2–7　店铺首页欢迎模块

店铺首页的欢迎模块与店铺的店招不同，它会随着店铺的销售情况进行改变，当店铺迎合特色节日或者店庆等重要日子时，首页设计会以相关的活动信息为主；当店铺添加了新的商品时，首页设计内容则以“新品上架”为主要内容；当店铺有较大的变动时，首页还可以充当公告栏的作用，告知顾客相关的信息。店铺首页的欢迎模块根据其内容的不同，设计的侧重点也是不同的，例如新品上架为主题的欢迎模块，画面主要表现新上架的商品，其设计风格也应当与新品的风格和特点保持一致，这样才能让设计的画面完整地传达出店家所要表现的思想。

在进行首页欢迎模块的页面设计时，要将文案梳理清晰，要知道自己表达内容的中心，主题是什么，用于衬托的文字又是哪些。主题文字尽量最大化，可以考虑用英文来衬托主题，背景和主体元素要相呼应，体现出平衡和整合，最好有疏密、粗细、大小的变化，在变化中追求平衡，并体现出层次感，这样做出来的首页整体效果比较舒服。

1. 图主文辅

在设计首页的欢迎模块时，一般以图片为主，文案为辅，如图 2–8 所示，表达的内容要精练，抓住主要诉求点，内容不可过多，主题字体应醒目、正规大气，字体可以考虑使用英文衬托，充分的视觉冲击力，可以通过图像和色彩来实现。

人类具有好奇的本能，这类标题专在这点上着力，一下子就把消费者的注意力抓住，使他们在寻求答案的过程中不自觉地产生兴趣。

图 2-8　以图片为主的首页欢迎模块

2. 信息元素的间距

在首页欢迎模块设计的页面中主要信息有主标题、副标题和附加内容，设计的时候可以分为 3 段，段间距要大于行间距，上下左右也要有适当的留白，如图 2-9 所示。可以看到其中的文字间距非常有讲究，便于顾客快速地抓住重点，易于阅读。

图 2-9　文字内容分为 3 段

3. 文案的字体不能超过 3 种

在店铺首页欢迎模块的文案设计中，需要使用不同的字体来提升文本的设计感和阅读感，但是不能超过 3 种字体，很多看上去画面凌乱的首页，就是因为字体使用太多而显得不统一。针对突出主题这个目的，可以使用粗大的字体，副标题小一些。

店铺的中文字体使用3种不同的风格进行创作，可以将文案中的主题内容、副标题和说明性文字的主次关系呈现得非常清晰。

4. 画面颜色不宜繁多

在一张首页欢迎模块画面中，配色是十分关键的，画面的色调会在信息传递到顾客脑海之前营造出一种氛围，因此尽量不要超过3种颜色，如图2-10所示。在具体的配色中，针对重要的文字信息，可以用高亮醒目的颜色进行强调和突出。

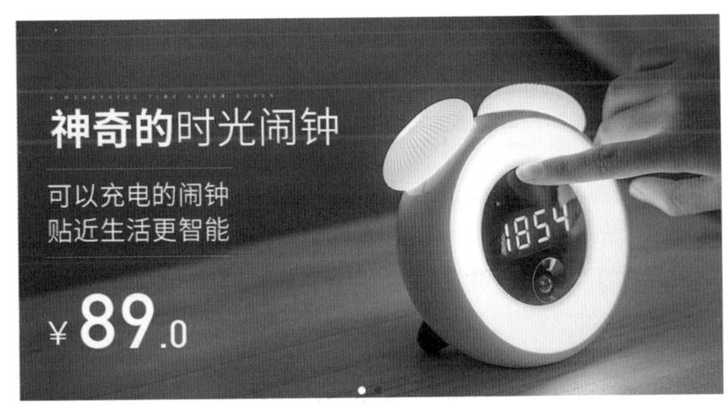

图2-10 画面的颜色不宜繁多

5. 欢迎模块的留白处理

高端、大气、上档次是对设计的要求，可是什么样的设计才是大气的呢？如果欢迎模块中需要突出的内容过多，将画面全部占满，此时设计出来的作品会给人密密麻麻的感觉，让人喘不过气，如果在设计中进行适当的留白，那么效果就会好很多。

其实空白就是“气”，要想大气就要多留白，让消费者在最短的时间内阅读完店铺的信息，减轻阅读的负担。适当的留白可以表现出一种宽松自如的态度，让顾客的想象力自由发挥，如图2-11所示。对欢迎模块中的版式留白进行分析，可以看到适当的留白让画面中的文案更加凸显。

留白的区域让画面中的文案突出，同时给人喘息的时间，并减轻阅读的压力，将画面精致、大气的风格非常明显地表现了出来，使整个版式显得错落有致。

6. 3大元素要和谐统一

优秀的首页欢迎模块页面设计，通常具备3个元素，那就是合理的背景、优秀的文案和醒目的产品信息。

图 2-11　适当留白的欢迎模块

如果设计的欢迎模块画面看上去不满意，一定是这 3 个方面出了问题，常见的有背景亮度太高或太复杂，如采用蓝天白云草地做背景，很可能会减弱文案及产品主题的体现。下面这个店铺欢迎模块的背景色彩和谐而统一，使整个首页看上去简洁大气，如图 2-12 所示。

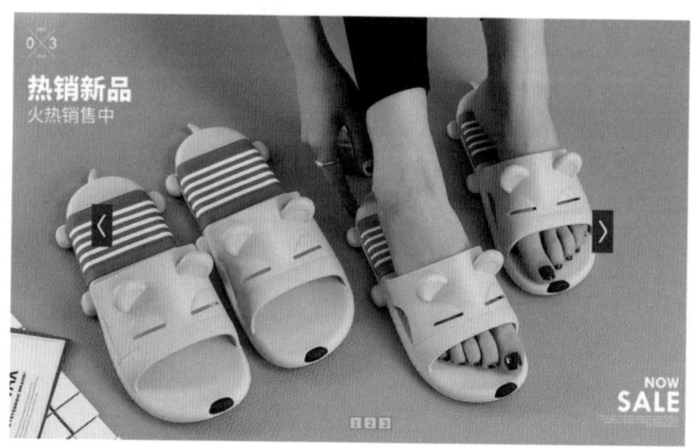

图 2-12　背景色彩和谐而统一

2.2.3　产品详情页设计技巧

产品详情页一般用于展示商品的使用方法、材质、尺寸以及细节等方面的内容，同时，有的店家为了拉动店铺内其他商品的销售，或者提升店铺的品牌形象，还会在产品详情页面中添加搭配套餐、公司简介等信息，以此来树立和创建商品的形象，提升顾客的购买欲望。

1. 商品详情页的设计要点

在网店交易的整个过程中，没有实物、营业员，也不能口述、不能感觉，此时的产品详情页就承担起推销一件商品的所有工作。在整个推销过程中是非常静态的，没有交流、没有互动，顾客在浏览商品的时候也没有现场氛围来烘托购物气氛，因此顾客会变得相对理性。

商品详情页面在重新排列商品细节展示的过程中，只能通过文字、图片和视频等沟通方式，这就要求卖家在整个商品详情页的布局中需要注意一个关键点，那就是阐述逻辑。如图 2-13 所示，为商品详情页的基本营销思路。

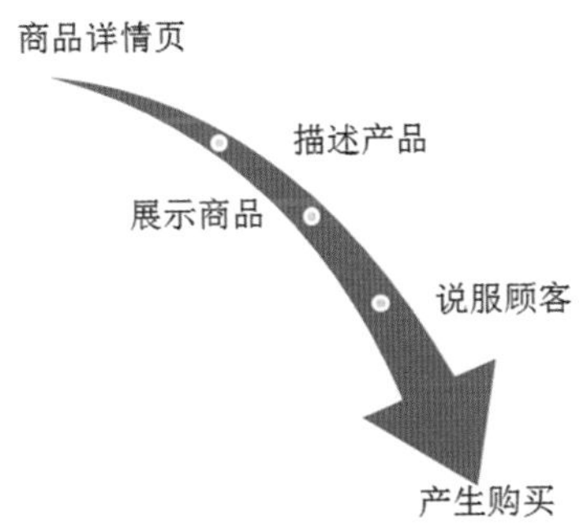

图 2-13　商品详情页的基本营销思路

2. 商品图片的展示方式

顾客购买商品主要看的就是商品展示的内容，在这里需要让顾客对商品有一个直观的感觉。通常这部分是以图片的形式来展现的，分为摆拍图和场景图两种类型，具体如图 2-14 所示。

图 2-14　摆拍图和场景图

摆拍图能够直观地表现产品，画面的基本要求就是能够把产品如实地展现出来，倾向于平实无华路线，有时候这种态度也能打动消费者。实拍图通常需要突出主体，用纯色背景，讲究干净、简洁、清晰。

场景图能够在展示商品的同时，在一定程度上烘托商品的销售氛围，通常需要较高的成本和一定的拍摄技巧。这种拍摄手法适合有一定经济实力、有能力把控产品的展现尺度的卖家。因为场景的引入，如果运用得不好，反而会增加图片的无效信息，分散商品主体的吸引力。

总之，不管是通过场景图还是通过摆拍图来展示商品，最终的目的都是想让顾客了解更多的商品信息，因此在设计图片的时候，首先要注意的就是图片的清晰度，其次是图片色彩的真实度，力求逼真而完美地表现出商品的特性。

3. 商品细节的展示

在商品详情页中，通过对商品的细节进行展示，能够让商品在顾客的脑海中形成大致的形象，当顾客有意识地想要购买商品的时候，商品细节区域的恰当表现就开始起作用了。细节是让顾客更加了解商品的主要手段，顾客熟悉商品才是对最后的成交起关键作用的一步，而细节的展示可以通过多种方法来表现，如图2–15所示。

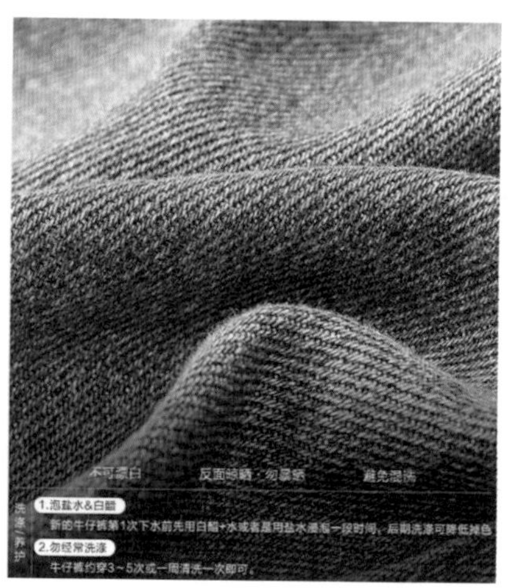

图2–15　细节展示

需要注意的是，细节图只要抓住买家最需要的痛点展示即可，其他能去掉的就去掉。此外，过多的细节图展示，会使网页由于显示的图片内容过多而产生较长的缓冲时间，容易造成顾客的流失。

2.2.4 产品列表装修的设计

产品列表可以方便买家查看店铺的各类商品及信息，有条理的产品列表能够保证更多的产品被访问，使店铺中更多的商品信息、活动信息被买家看到。尤其是买家从店铺主页进入产品页面时，如果缺乏产品列表的指引，将极大地影响店铺转化率。

例如，志高厨卫旗舰店的产品列表，都采用了相同的设计元素，包括品牌LOGO、红色的边框、热卖标签以及产品卖点等，形成了非常统一的设计风格，能够加强顾客的记忆，如图 2-16 所示。

图 2-16　产品列表

在拼多多店铺的产品列表装修设计中，需要考虑色彩和字体的风格，应该从首页装修的整体风格出发，定义产品列表的色彩和字体。注意，产品列表不要使用太突兀的色彩，避免产生喧宾夺主的后果。

2.2.5 关联销售装修的设计

说到关联销售，估计淘系商家都比较熟悉，这种营销方式不但可以把进店的流量价值最大化，增加店铺的访问深度，提高宝贝的曝光率，还可以提升转化率，提高客单价。

关联销售也可以称为关联营销，即在一个商品的页面中，同时在详情页的顶部或者底部放其他的同类商品，可以是同品牌的其他单品，也可以直接将流量导入三级分类或首页，从而增加店铺的整体销量，如图 2–17 所示。

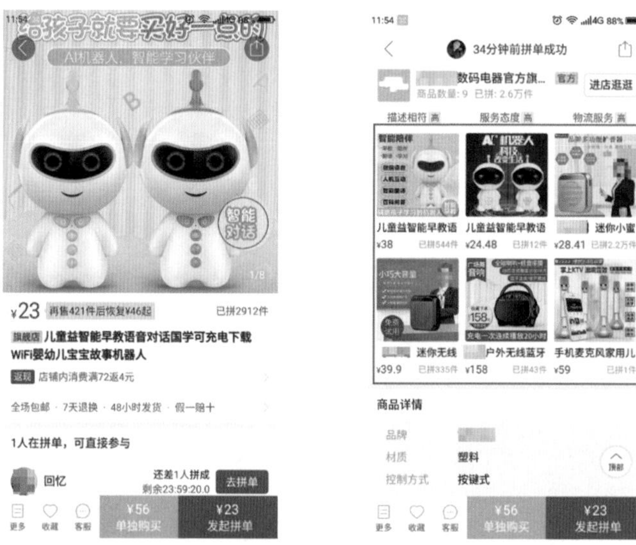

图 2–17　关联销售

商家可以进入拼多多管理后台的“商品管理→店铺推荐”页面，设置商品关联推荐，如图 2–18 所示。注意，店铺的在售商品数量必须超过 3 件，才可以使用“商品关联推荐”功能。

图 2–18　“商品关联推荐”功能

专家提醒

另外，图 2-18 中还可以设置商品置顶功能，最多支持 5 个在售商品置顶，置顶的商品将会在消费者端的店铺“全部商品”页面中展示。

关联营销可以用同类型商品来激发买家的购买欲望，但需要注意以下事项。

(1) 价格：上下波动不易过大。

(2) 类型：功能、样式、属性相似，互补型或者类似型的产品，吸引客户的注意。类似型的产品就是同类款式，例如，下面这款儿童连裤袜产品被推荐到首页，销量达到 4.8 万件，是一款不折不扣的爆款产品，在产品详情页的关联销售区中加入了几款价格和属性类似的产品，来带动店铺其他产品的销量，如图 2-19 所示。

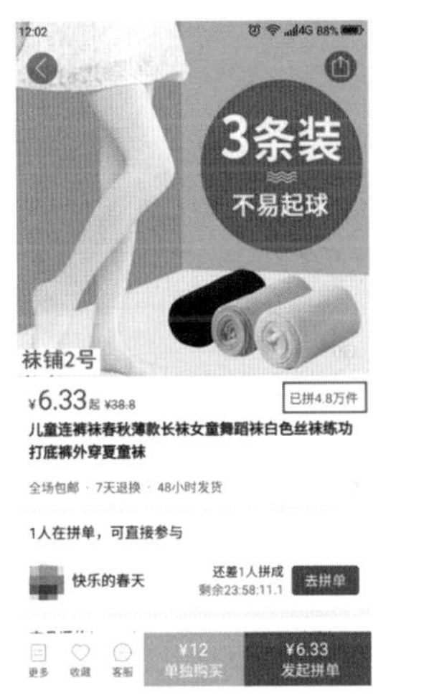

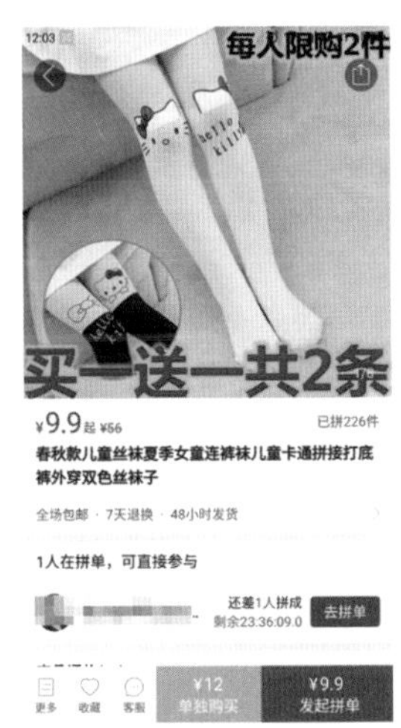

图 2-19　关联销售类似型的产品

专家提醒

互补型推荐是指推荐的产品在功能上与当前产品能够产生互补作用，如客户想购买上衣，商家则可以搭配裤子来关联销售。

2.3　产品图文页面的优化

产品内页的图文内容设计对于提升转化率而言，其作用和重要性是不言而喻的，甚至比首页的作用还要大。因此，拼多多的商家在进行图文页面设计时，要想打造最佳的视觉效果，就要注重将产品的卖点融入其中。

2.3.1　文案撰写要抓住卖点

电商文案并不单单指文字意义上的文案，在表现形式上，电商文案其实是图片与文案相结合的一种内容表现形式，只有当两者相互呼应、相互融合时，电商文案才能够成为优秀文案。

在运营拼多多店铺的过程中，任何新产品的问世都是一场无声的宣战，如何在未来的市场中逐渐成为主角，这时最需要关注的就是卖点。

无论是否是新品上市，卖点都是产品销售经营的关键要素，只有通过提炼出产品的核心卖点，才能将产品变成商品，从而实现获得利润的根本目标。尤其是对于新品而言，卖点更是直接决定了产品在未来市场的生死。从产品本身而言，卖点的来源主要有两个方面，都是文案写手需要在文案中进行深入分析的，相关内容如图 2-20 所示。

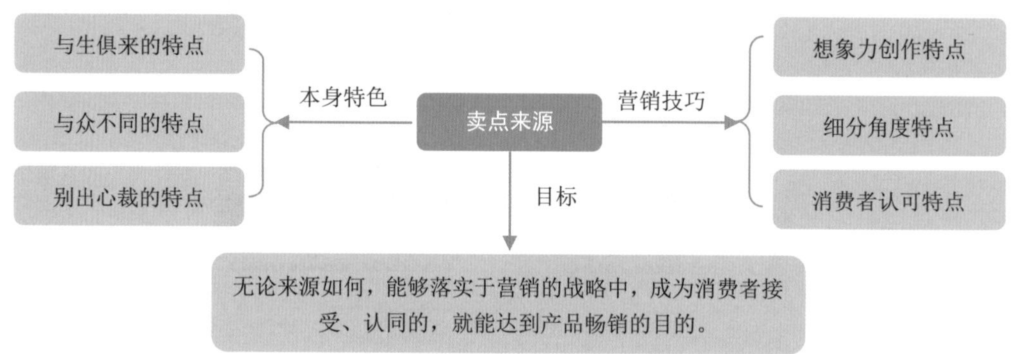

图 2-20　卖点来源相关内容分析

从新品销售的角度出发，抓住卖点的相关文案需要从多方面入手，其中主要的内容如下所示。

(1) 需求说明文案：在文案创作之前，首先要了解需求说明文案的对象，也就是受众群体。此外，还需要对产品方向和最终产品用户有较为准确的定义。

(2) 产品说明文案：产品说明文案主要是以文字的方式对某产品进行相对应的详细表述，使人能够更好地认识和直接了解某产品的相关信息。一般情况下，作为新品的产品说明文案，其直接阅读者就是销售人员、运营商和最终的产品受众。

(3) 服务说明文案：服务说明文案往往与产品说明文案是共同使用的，主要是服务行业向相关用户介绍自己所提供服务的性质、对象、收费情况以及申请或使用这种服务的办法、条件等而使用的说明书。

(4) 使用说明文案：使用说明文案也可以被称为使用手册或用户使用指南，是常见的便捷式的产品信息集合体。

2.3.2　海报设计要吸引眼球

好的广告海报决定了拼多多网店在消费者心目中的形象，是决定点击率的核心因素，也在一定程度上决定了网店销售的结果。因此，网店的广告海报设计是店铺营销过程中非常重要的一环。

下面就来看看，优秀的拼多多店铺广告海报如何进行视觉包装。

(1) 制作吸睛的文字效果：将文字处理得有立体感、层次感，或者使用光线特效来点缀文字，也可以进行字体创意设计等，让文字内容更加突出和聚焦，更有效地深入消费者内心，如图 2-21 所示。

(2) 背景搭配简约唯美：海报的背景设计也相当重要，或简单大气，或使用唯美风景，主要根据自己店铺和产品的风格来选择搭配。

图 2-21 文字设计示例

(3) 海报排版简洁明了：海报的排版原则主要是简洁明了，突出主题，常采用的排版方式包括居中排版、上下排版、左右排版等形式，将文案内容和图片内容分开，通过创意的图文设计烘托出活动的氛围，从而带动店铺销售。如图 2-22 所示，采用了上下排版的形式，打开页面后，首先映入眼帘的是主题文案，接着往下可以看到产品图片，整体版面看起来显得非常大气。

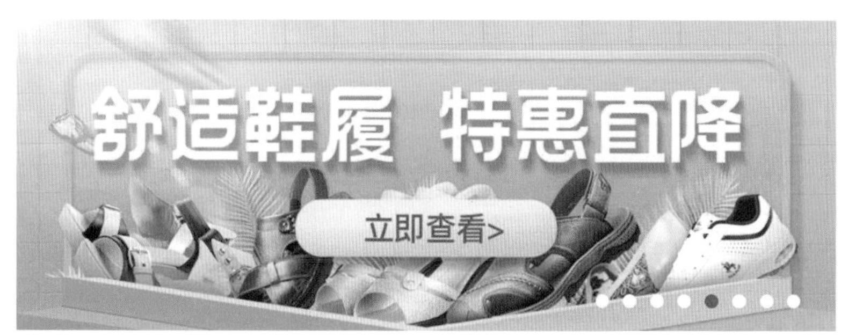

图 2-22 简洁明了的海报排版示例

(4) 色彩搭配对比协调：通过对海报的色彩进行搭配和组合，可以取得更好的视觉效果，通常可以运用对比色搭配或者相近色搭配的方式，来展现不同的视觉风格，如图 2-23 所示。

(5) 运用光效突出主题：在设计产品海报时，可以运用光效处理来突出画面中的产品图片或者文案内容，快速地吸引消费者的眼光。

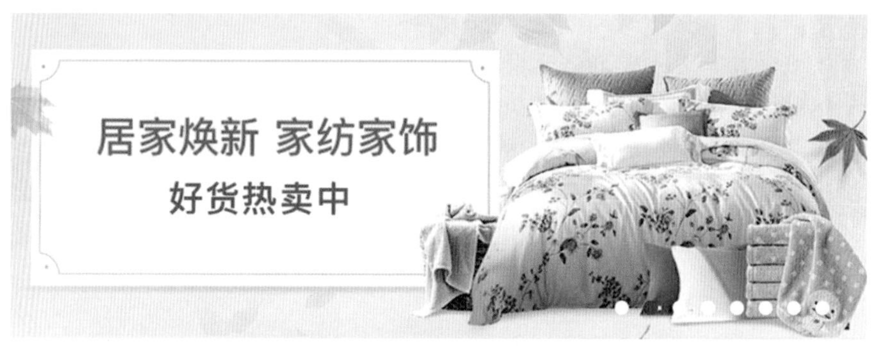

图 2-23　色彩搭配增强海报的视觉冲击力

2.3.3　视觉营销要表达准确

视觉营销归根结底是信息传递的过程，利用表达效果较好的视觉表达方式向他人传递有关信息，引起他人关注，最终达到营销目的。因此，在视觉营销过程中，应注重视觉信息表达的准确、到位。

1. 视觉时效性：抢占用户第一印象

时间在视觉营销中占据着举足轻重的地位，因为时间的把握对于视觉效果的打造和推出很重要。在这个信息大爆炸的时代，信息不仅繁杂，而且发布、传播都很快，要想引起消费者的关注，就要抢占最佳时机，做到分秒必争。

2. 视觉利益性：锁定第一利益敏感词

要想利用视觉效果传递令他人感兴趣的信息，首先就应该锁定消费者的基本利益需求。一般而言，当消费者在浏览信息时，如果看到了赠送或者优惠等字眼，就容易激发他们追逐利益的心理，引起他们的关注，从而提高点击率。

3. 视觉信任感：加入最佳服务信息

基于在线购物的虚拟性，很多消费者对产品以及商家都没有足够的信任感，因此在传达信息的时候加入售后服务热线和退货服务等信息能够让消费者放心购物，从而提升店铺的转化率。

在视觉营销过程中，商家应为消费者提供真实可信的产品信息以及相关产品服务信息，从而增加消费者对产品以及商家的信任度，最终提高商品的销售额。另外，在视觉营销中加入最佳服务信息，有利于增强消费者对店铺的好感，扩大品牌影响力。

4. 视觉认同感：利用名人提升好感度

在传达视觉信息的时候，企业和商家可以利用大家喜爱的明星或者名人来获得消费者的认同，提升用户的好感度，从而为产品的营销活动提供更多的关注，最终提高产品销售量，达到视觉营销的目标。

5. 视觉价值感：抓住用户取向和喜好

传达信息要准确，并且要清楚地分配每个页面的具体作用，而做好这些工作的基础就是深度了解目标受众的取向和喜好，体现视觉信息的价值感。在页面传达信息时，可以在页面上直接注明重要信息，并加上序号，起到突出强调作用。值得注意的是，标注的信息要注重语言的提炼，注重核心信息点的传达，如图 2-24 所示。

图 2-24　通过图文传递视觉价值

6. 视觉细节感：重点突出，细节到位

在传递视觉信息时要注重视觉细节的准确、到位。这里的细节到位不是说面面俱到、越详细越好。因为图形的范围有限，消费者能够接受的信息也是有限的。如果一味地追求细节，就会陷入满屏的信息之中，无法凸显重点。那么，怎样才能让视觉的细节到位呢？笔者将方法总结了一下，如图 2-25 所示。

图 2-25　让视觉细节到位的方法

第 3 章

商品图片拍摄和优化

在拼多多的内容营销中，图文内容是一个重要的信息传递途径，也是网络营销中最需要重点设计的一个内容元素。图片比纯文字的表现力更直接、更快捷、更形象、更有效，可以让商品的信息传递更简洁。本章主要介绍图文内容营销的视觉设计技巧，帮助商家轻松打造出爆款产品。

3.1 拼多多商品图片拍摄

在传统电商时代，消费者通常只能通过图文信息来了解商品详情，目前这仍然是拼多多店铺的商品主要展示形式。因此，对于商家来说，在进行图文内容营销之前，首先要拍一些好看的照片。照片要漂亮，更要真实，必须能够勾起消费者的兴趣，这就需要商家掌握一定的拍摄技巧。本节主要介绍拼多多商品照片的拍摄技巧，包括布光、构图与拍摄技法等，帮助大家轻轻松松地拍出爆款商品照片。

3.1.1 商品拍摄的布光技巧

要想拍出好看的商品照片，布光相当重要，可以让画面更清晰，同时突出商品主体。本节主要介绍一些简单的布光技巧，帮助商家快速拍出专业的图片效果。

1. 拍摄吸光体商品

例如，衣服、食品、水果和木制品等商品大多是吸光体，比较明显的特点就是它们的表面粗糙不光滑，颜色非常稳定和统一，视觉层次感比较强。因此，在拍摄这种类型的商品时，通常以侧光或者斜侧光的布光形式为主，光源最好采用较硬的直射光，这样能够更好地体现出商品原本的色彩和层次感，如图 3-1 所示。

2. 拍摄反光体商品

反光体商品与吸光体刚好相反，它们的表面通常比较光滑，具有非常强的反光能力，如金属材质的产品、没有花纹的瓷器、塑料制品以及玻璃产品等，如图 3-2 所示。

图 3-1 吸光体商品示例

图 3-2 反光体商品示例

在拍摄反光体商品时，需要注意商品上的光斑或黑斑，可以利用反光板照明，或者采用大面积的灯箱光源照射，尽可能让商品表面的光线更加均匀，保持色彩渐变的统一性，使其看上去更加真实。

3. 拍摄透明体商品

透明的玻璃和塑料等材质的商品，都是透明体商品。在拍摄这类型的商品时，可以采用高调或者低调的布光方法。

(1) 高调：即使用白色的背景，同时使用背光拍摄，这样商品的表面看上去会显得更加简洁、干净，如图 3-3 所示。

(2) 低调：即使用黑色的背景，同时可以用柔光箱从商品两侧或顶部打光，或者在两侧安放反光板，勾出商品的线条效果，如图 3-4 所示。

图 3-3　高调布光示例

图 3-4　低调布光示例

3.1.2　商品拍摄的构图技巧

拍摄拼多多的商品，需要对画面中的主体进行恰当的摆放，使画面看上去更有冲击力和美感，这就是构图。在拍摄拼多多商品的过程中，也需要对摄影主体进行适当的构图，遵循了构图原则，才能让拍摄的图片更加富有艺术感和美感，从而更吸引消费者的眼球。

视觉构图的应用范围很广，但其目的只有一个，就是打造一个协调好看的画面，引起人们的注意。在设计商品的创意主图或详情页图片时，道理也是如此，下面介绍一些构图的原则。

(1) 画质清晰，主体突出。在商品图片中，产品的主体部分必须清晰，同时占比一定要高，要能够让用户一眼便看出来你卖的是什么。如图 3-5 所示，这张创意图片采用中央垂直线构图，主体非常突出，能够给用户带来最直观的视觉感受。

(2) 差异表达，不拘一格。商家可以寻找产品的差异化卖点，从构图、色彩和角度 3 个方面进行差异化设计，提高创意主图的点击率。如图 3-6 所示，这张创意图片采用了对比构图的方式，包括大小对比、远近对比、局部和整体对比、正面和反面对比，通过多种形式的对比，来突出商品的差异化特色。

图 3-5　主体突出的图片示例

图 3-6　差异表达的图片示例

好的商品主图构图方式，能够让创意更加出彩，也能让推广效果事半功倍。比较常用的创意主图方式有左右构图、上下构图、对角线构图以及中心构图等。例如，对于服装的摆拍图来说，中心构图就是一种不错的构图方式，可以在商品四边做留白处理，让画面看上去更加简洁明了，使买家的眼球快速聚焦到商品上，如图 3-7 所示。

图 3-7　中心构图示例

3.1.3　产品摆放和拍摄技巧

要想拍出清晰的照片，首先必须找到一个适合拍摄的环境，再根据环境准备摄影设备。在拍摄过程中，可运用三脚架或一些支撑相机的支撑点来稳固相机，可防止拍摄中的抖动，避免拍出来的照片模糊。同时，还需要掌握一定的产品摆放与拍摄技法，才能拍出好的商品照片。

1. 摆放要合理

拍摄商品时，摆放的位置是一种非常重要的陈列艺术，不同的造型和摆放方式可以带来不同的视觉效果。

1) 商品的摆放角度

由于我们在观看商品时，通常会习惯从上往下看，因此商品的摆放角度要尽可能低一些，让消费者看着更轻松舒适。在拍摄较长的商品时，可以斜着摆放，这样不仅可以减少画面的视觉压迫感，同时还可以更好地展现商品主体，如图 3-8 所示。

2) 商品的造型设计

在摆放较柔软的商品时，我们还可以对其外形进行二次设计，增加画面的美感。例如，将腰带卷起来摆放，不但可以兼顾皮带的头尾，而且还可以显得更加大方利落，如图 3-9 所示。

图 3-8　斜着摆放商品

图 3-9　皮带造型的二次设计

3) 商品的环境搭配

正所谓“红花还需绿叶配”，在摆放商品时，还需要对环境进行一些适当的设计，为商品添加一些装饰物进行搭配，可以让商品显得更加精致。例如，使用一些比较养眼的蔬菜来搭配烤鸭，画面的色彩对比会更强烈，如图 3-10 所示。

4) 商品的组合摆放

在拍摄不同颜色的商品组合时，需要注意摆放规则，不能胡乱摆放，影响画面的美观度，此时消费者会难以看出你的商品特色。在摆放组合商品时，要符合商品的造型美感，让画面显得有秩序，可以采用疏密相间、堆叠、斜线、V 形、S 形或者交叉等摆放方式，让画面看上去更加丰富、饱满，同时还可以展现出一定的韵律感。

例如，在拍摄美食产品时，采用堆叠的摆放方式，形成了一个特殊的造型，同时从不同的角度来展现美食的细节，比单个产品更有表现力，如图 3-11 所示。

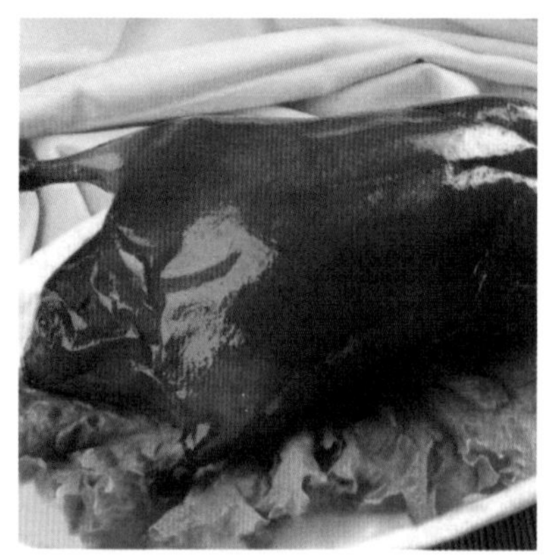

图 3-10　商品的环境搭配

图 3-11　商品的组合摆放

5) 摆放要突出主题

主题就是商家在照片中要体现的商品主体和要表达的商品信息。要在照片中更好地突出主题，需要掌握一定的陈列摆放技巧，不要期待让消费者自己去发现你的主题。如图 3-12 所示，画面中只有一个手机支架商品，背景非常简洁，消费者可以一眼看到你要表达的东西，主题非常突出。

2. 多拍细节图

在拼多多店铺中，每个商品都有它自己独特的质感和细节，在拍摄的照片上成功地表现出这种质感和细节，可以大大地增强照片的吸引力。

我们可以换位思考，将自己比作是买家，在买一件心仪的物品时，肯定会在商品详情页面反复浏览，查看商品的细节，与同类型的商品进行对比。因此，商品细节图是决定买家下单的重要驱动，我们必须将商品的每一个细节部位都拍摄清楚，打消消费者的疑虑，如图 3-13 所示。

专家提醒

当然，不排除也有很多马虎的消费者，他们也许不会去仔细看你的商品细节特点，只是简单地看一下价格和基本功能，觉得合适就马上下单。对于这些消费者，我们可以将产品最重要的特点和功能拍摄下来，在主图或商品详情页中展现出来，让他们快速地看到商品的这些优势，从而促进成交。

3. 真实感要强

最后，商品的照片一定要真实，很多拼多多消费者都是“身经百战”的网购达人，什么是真的，什么是假的，他们一眼就能分辨出来。而且这些人往往是长期的消费群体，商家一定要把握住这群人。

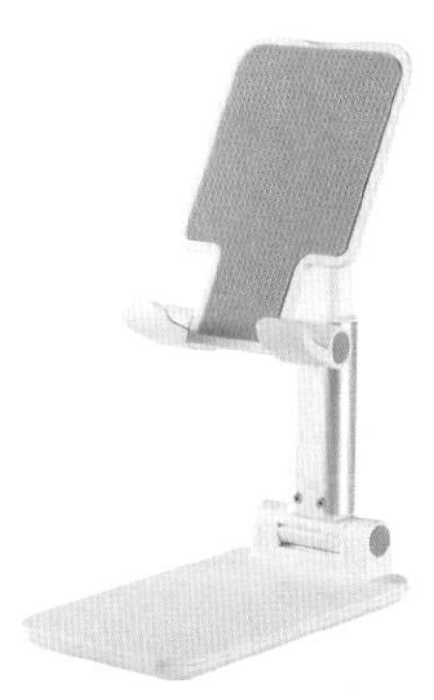

图 3-12　简洁的背景突出主题

图 3-13　拍摄产品的细节图

首先，我们的商品照片必须符合消费者的视觉习惯，因此拍摄前一定要做相关的消费人群调研，他们喜欢什么样的风格，我们就拍摄什么风格的照片，或者做相关的后期处理。同时，如果是服装类和鞋类商品，最好使用模特拍摄，这样更有真实感，可以给消费者一个良好的购物体验，如图 3-14 所示。

图 3-14　使用模特试穿商品，拍出真实感

3.2　商品图片的美工技巧

网购成为我们生活中的一种购物方式，网店的竞争日益激烈，美工在电商行业中是最关键的一环，能不能留住客户，往往取决于店铺的美工设计带给消费者

的心理感觉。本节主要介绍图片内容的美工处理技巧，帮助商家增加商品图片的点击率。

3.2.1　视觉设计需富有创意

拼多多店铺的图片内容一般要突出主题或卖点，通过富有创意的视觉设计来吸引消费者眼球，让他们感觉有东西可看。例如，采用明暗对比构图来突出茶壶产品的主题，明亮的产品与暗淡的背景相互映衬，体现出一种节奏分明、有张有弛的视觉感受，如图 3-15 所示。

图 3-15　茶壶产品视觉设计

3.2.2　色彩设计能绚丽夺目

色彩设计能够让图片富有极强的表现力和视觉冲击力。对于进入店铺的顾客来说，他们首先会被店铺中的图片色彩所吸引，然后根据色彩的走向对画面的主次逐一进行了解。把店铺图片色彩设计好，让自己的店铺更好看一点，这样就会在视觉上吸引顾客，给店铺带来更多的生意。

如图 3-16 所示，为色相差异较大的对比配色的店铺图片效果，使用色相差异较大的单色背景来对画面进行分割，使其色相之间产生较大的差异，这样产生的对比效果就是色相对比配色，可以让画面色彩更丰富，更具有感官刺激性，更容易吸引消费者的眼球，使其产生浓厚的兴趣。

3.2.3　蕴含丰富的视觉灵魂

拼多多店铺的图文内容设计必须蕴含丰富的“视觉灵魂”，不但可以起到辅助销售的作用，而且还能具备一定的营销属性，促进品牌的推广。

如图 3-17 所示，为以黑白色的视觉逻辑重点推出的爆款产品，从整体来看具有一定的视觉冲击力。在内容策划方面，重点突出产品的品牌定位，如“简约”“包豪斯”以及“神秘”等关键词，丰富内容的可读性，提高商品点击率。

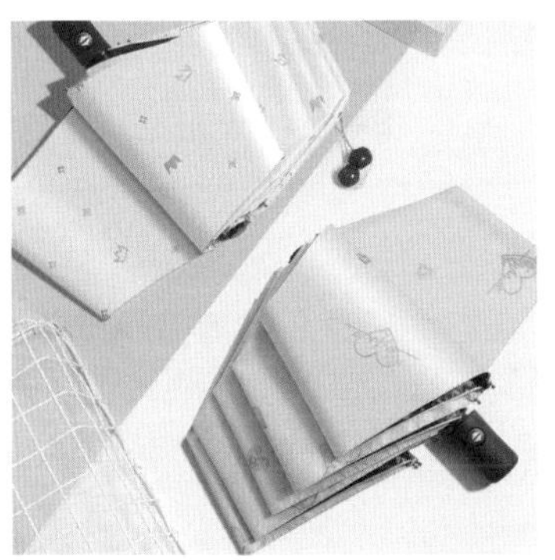

图 3-16 对比配色

图 3-17 手表产品图片设计

3.2.4 长图创意更具有冲击

在搜索推广计划中，商家可以添加长图创意，通过这种大图模式能够让商品的创意图更加吸睛。同时，长图能够带来沉浸式的观看体验，让商品更容易获得买家的喜爱，从而提高商品点击率。下面介绍添加长图创意的具体操作方法。

(1) 商家可以进入拼多多管理后台的“商品管理→商品素材”界面，在“素材列表”中的“长图”一栏中，单击“上传图片”按钮，如图 3-18 所示。需要注意的是，目前仅女装、男装、内衣、裤袜和运动户外等类目支持上传长图。

(2) 执行操作后，弹出“长图要求示例图”对话框，显示案例图片和基本要求，仔细查看无误后，单击“我知道了”按钮，如图 3-19 所示。

图 3-18　单击“上传图片”按钮

图 3-19　单击“我知道了”按钮

(3) 弹出“图片空间”对话框，商家可以单击“本地上传”按钮上传新的图片，也可以在下面的列表框中选择上传过的图片，如图 3-20 所示。

(4) 选择相应图片后，弹出“裁剪”对话框，根据需要对图片进行适当裁剪，单击“确认”按钮，如图 3-21 所示。

(5) 系统会自动上传裁剪后的图片，选择该图片，单击“确定”按钮，即可进入审核阶段，审核时效和其他创意一样，会在 48 小时内完成，如图 3-22 所示。

图 3-20 选择图片

图 3-21 裁剪图片

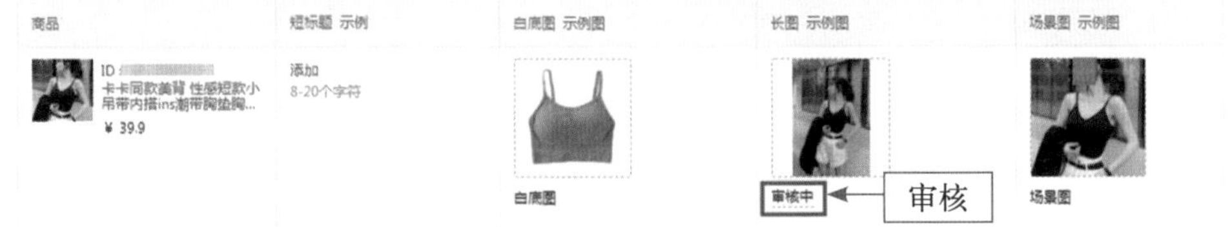

图 3-22 上传并审核图片

专家提醒

长图可以让画面更具有张力，更吸引眼球，尤其是在手机端展示商品信息时，长图就是一种非常好的排版方式，不但可以放置大量信息，而且还可以让信息的排序更有条理，从而受到很多商家、运营商和内容营销人员的欢迎。

拼多多商家利用长图进行推广，带给消费者新的阅读体验的同时，也对他们形成了较强的视觉冲击。在制作长图的过程中，应注重图片素材选择的连贯性，保证推送图文内容的一致性。

(6) 审核通过后，商家可以在创建搜索推广计划时，添加该商品作为推广商品，也可以在现有的推广单元中，单击“添加创意”按钮，选择“长图”创意，如图 3-23 所示。

上传长图创意后，即可在搜索页和店铺页等场景中显示出长图，有可能获得更多的用户流量，如图 3-24 所示。

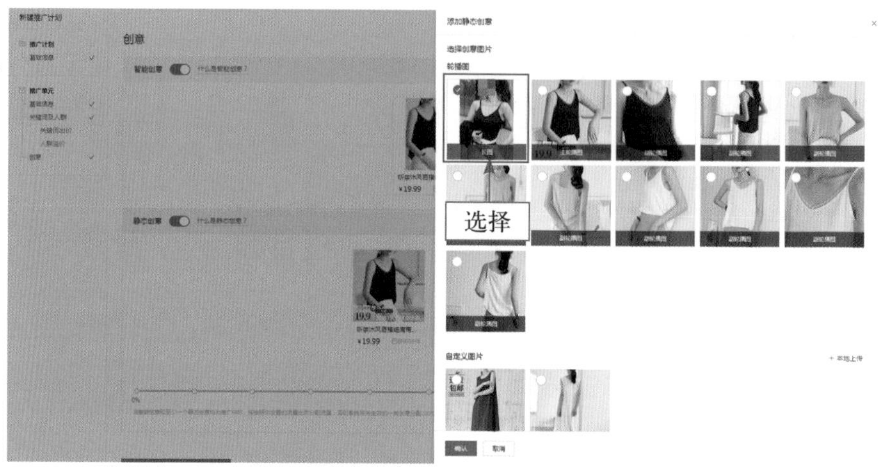

图 3-23　选择“长图”创意

图 3-24　搜索页和店铺页场景中的长图展示效果

3.2.5　动图会产生动感效果

在拼多多店铺中，“动图”的设计总是那么引人入胜，让人浮想联翩。动图对于消费者的引导性比文字来得更加直接，效果也更好。

人都是视觉动物，往往重视第一眼的感觉，在店铺中放上一张能吸引人的动图，可以令人眼前一亮，吸引消费者有想继续了解它的冲动。

3.3 6个优化创意的方法

当商家的商品权重很高，排名也非常靠前，关键词展现资源也非常多，但点击率就是上不来的时候，可能是你的主图创意出了问题。本节主要介绍主图创意的优化技巧，帮助商家提升创意质量，带来更多点击率和转化率。

3.3.1 用一秒法则传达信息

“一秒法则”是指在一秒钟之内，将创意主图中的营销信息有效地传达给买家，也就是让买家通过图片“秒懂”商品的意思。

如果商品主图中的信息非常多，比如包括商品图片、商品品牌、商品名称、广告语、产品卖点以及应用场景等内容，对于用户来说，显然是无法在一秒钟内就看明白的，如图 3-25 所示。这样的话，用户很难快速地看出该商品与同类型产品有哪些差异化的优势，也无法精准对接用户的真实需求，自然也很难得到用户的点击。

如图 3-26 所示，主图放的是一个场景应用图，文案只有一句话，能够让买家快速地了解产品的质量和使用场景，如果刚好能够满足他的需求，那么是很容易吸引买家点击图片去查看商品详情的。

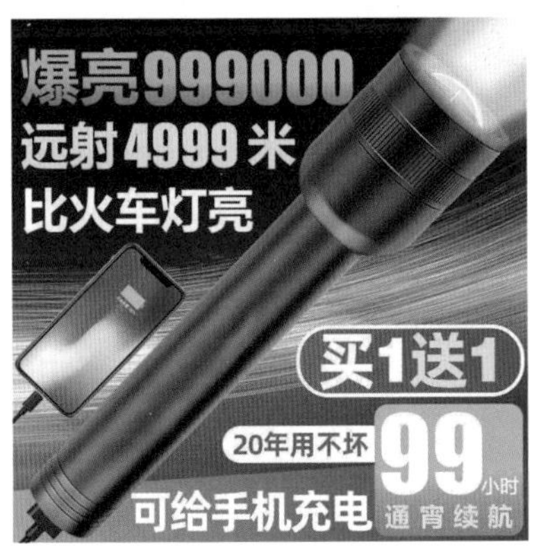

图 3-25　过于杂乱的图片示例

图 3-26　简单明了的图片示例

大部分买家在逛拼多多时，浏览速度都是比较快的，可能短短几秒钟会看几十个同类型产品，通常不会太过注意图片中的内容。因此，商家一定要在主图上放置能够引起买家购买兴趣的有效信息，而不能让信息成为买家浏览的负担。

主图对于商品销售来说非常重要，那些内容不全面，抓不到重点的主图引流效果可想而知，是很难吸引买家关注的。因此，商家在设计商品创意主图内容时，一定要突出重点信息，将产品的核心卖点充分展现出来，并且加以修饰和润色。同时，对于那些无关紧要的内容，一定要及时删除，不要影响创意主图内容的表达。

3.3.2 抓住买家的需求痛点

创意图片并不是要设计得很美观大气，而是要能够充分体现商品的核心卖点，从而解决买家的痛点，这样他才有可能为你的商品驻足。例如，商家卖的产品是收纳箱，收纳箱通常是用来装东西的，商家即可在主图上体现出该产品“容量大”的特色，如图 3-27 所示。

很多时候，并不是商家提炼的卖点不够好，而是因为商家认为的卖点，不是买家的痛点所在，并不能解决他的需求，所以对买家来说自然就没有吸引力了。当然，前提是商家要做好产品的用户定位，明确用户是追求特价还是追求品质，或者是追求功能多，以此来指导创意图片的优化设计。

例如，买家想买一个材质安全性比较高的保温盒，而商家在主图上突出的信息是产品功能性的内容，这样就无法吸引买家点击了，如图 3-28 所示。

图 3-27　收纳箱图片示例

图 3-28　保温盒图片示例

商家一定要记住，买家的痛点才是你的创意主图卖点。图片上展示的信息，如果与买家的实际需求相符合，能够表达出你的商品正是他想寻找的东西，那么点击率自然就会高。

专家提醒

创意主图一定要紧抓买家需求，切忌一味地追求“高大上”，并写一些毫无价值的内容，商家必须要知道自己的目标人群想看什么。例如，如果你的目标人群定位是中低端用户，他们要的就是性价比高的商品；如果你的目标人群定位是中高端用户，则他们要的就是品质与消费体验。

3.3.3　提高点击的 5 个关键

在设计创意图片或主图的文案内容时，文案的重要性决定你的图片是否足够有给买家点击的理由。切忌把所有卖点都罗列在创意主图上，记住你的唯一目标是让买家直接点击。

下面给大家总结写好一个主图文案要注意的几个关键点。

你要写给谁看——用户定位。

他的需求是什么——用户痛点。

他的顾虑是什么——打破疑虑。

你想让他看什么——展示卖点。

你想让他做什么——吸引点击。

商家不仅要紧抓用户需求，而且要用一个精练的文案表达公式来提升点击率，切忌絮絮叨叨，毫无规律地罗列堆砌相关的卖点。

3.3.4　违反规则的 3 个示例

如果商家发布的广告创意图审核总是通不过，可能是违反了平台的相关规则。下面列举了一些反面示例。

(1) 绝对化用语。图片中不能出现《广告法》禁用的绝对化用语，如“国家级”“最高级”“最佳”等。

(2) 表述模糊信息。创意图内容中的信息要说清楚，不能出现表述模糊的信息，如“豪礼相送”或“赠送大礼包”等。因此，商家具体送什么，一定要在图片中写明，这样买家才知道自己买了产品后能获得什么礼品，如图 3-29 所示。

图 3-29　创意图中的话要说明白

(3) 过度承诺话术。在创意图中，不能做出过度承诺，如“假一赔十”或“不甜包赔”等，也不能出现与事实不符的夸大信息，而是需要真诚对话。

另外，图片中不能出现“终于降价了”或“即将卖完”等诱导点击的内容。

同时，商家还要注意创意图的美观度，需要有一定的观赏性，切不可随意拉伸和变形。

3.3.5 提炼产品的核心卖点

如果商家的主营产品是手机、空调、电视机或者冰箱等功能性产品，这些都属于标品。买家在购买这种标品类商品时，对于产品的品牌和性能通常都有一定的要求。因此，商家可以在主图或创意图中提炼产品的核心卖点，并展现品牌的正品和服务保障，即可吸引买家的注意，如图 3-30 所示。

图 3-30 标品的创意主图设计示例

3.3.6 突出产品的使用效果

如果商家的主营产品是箱包、服装或者鞋子等非标品类产品，买家在购买这些商品时，首先想到的就是“要好看”。因此，商家在设计非标品类产品的主图或创意图片时，必须先满足买家的这种消费心理，通过图片信息来突出产品的使用效果，如图 3-31 所示。

图 3-31 非标品的创意主图设计示例

第 4 章

选品定价打造爆款

在经营拼多多网店时，生意的好坏首先取决于你的产品，选择什么样的产品去卖非常重要。打造爆款的首要条件就是选款定价，只有优质的高性价比的产品才能经得起市场和消费者的考验，才能经久不衰地立于市场高地，受到广大拼多多买家的喜爱。

4.1 拼多多商品选款方法

很多商家看到别人的店铺中爆款多、销量好，难免会心生羡慕。其实，只要你用对方法，也可以选择到自己的爆款产品。本节分析店铺的选款定律，卖家掌握这些选款定律，才能在众多类目款式里选出属于自己的爆款。

4.1.1 拼多多主营类目讲解

笔者用一个简单的比喻来描述什么是主营类目，如果将拼多多看成是一个商场，则主营类目就是商场里面的商品分区，商家需要针对自己的商品类型来选择合适的商品分区。因此，拼多多商家在入驻时，就需要选择正确的主营类目。拼多多的主营类目包括普通商品、虚拟商品和医药健康三大模块，如图 4-1 所示。

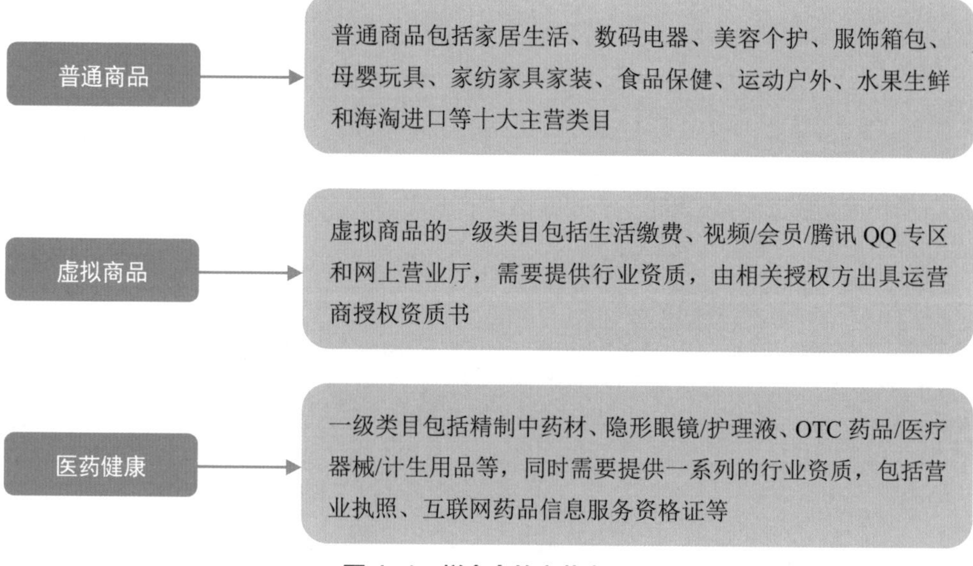

图 4-1　拼多多的主营类目

专家提醒

部分主营类目的商品需要提供相关的行业资质才能发布，行业资质相当于这些商品分区的门槛，只有跨过这道门槛才能顺利地上架商品。

商家在发布商品的第一步选择主营类目时，即可看到系统会以红色文字提示需要提供的行业资质。例如，选择“食品保健 – 零食 / 坚果 / 特产 – 饼干 / 膨化 – 薄脆 / 煎饼”类目，需提交食品流通许可证或食品生产许可证，如图 4-2 所示。

图 4-2 查看发布相关主营类目商品需要的行业资质

另外，如果商家想同时在自己的店铺中发布多个主营类目的商品，只要商品属性差距不是很大，就可以直接发布。但是，如果商品属性差距比较大，则需要修改主营类目，商家可以打开拼多多管理后台，进入“店铺管理→店铺信息→基本信息”界面，单击“更改主营类目”链接，如图 4-3 所示。

图 4-3 单击“更改主营类目”链接

执行操作后，进入“更改主营类目”界面，商家可以在此选择新的主营类目，以及更换合适的店铺名称，如图 4-4 所示。当然，修改主营类目，还需要满足一些基本条件：已缴纳店铺保证金；无任何销量；无商品数据（如有上架、待审核的商品将在确定修改主营类目后全部下架禁售）；店铺不是待审核状态。

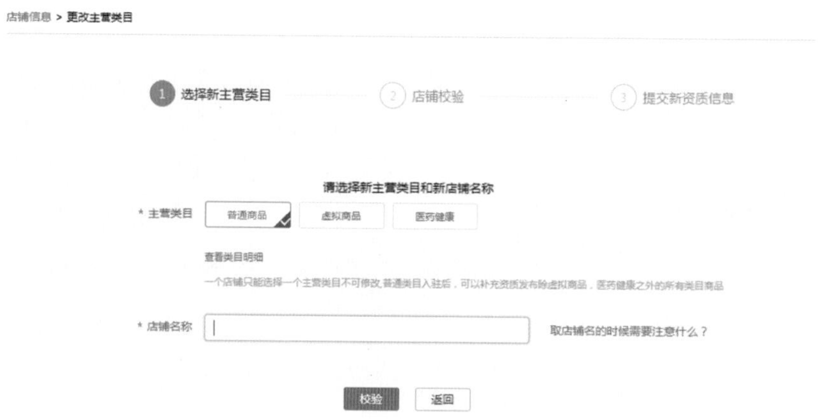

店铺信息 > 更改主营类目
1 选择新主营类目
2 店铺校验
3 提交新资质信息
请选择新主营类目和新店铺名称
* 主营类目
普通商品
虚拟商品
医药健康
查看类目明细
一个店铺只能选择一个主营类目不可修改，普通类目入驻后，可以补充资质发布除虚拟商品，医药健康之外的所有类目商品
* 店铺名称
取店铺名的时候需要注意什么？
校验
返回

图 4-4 “更改主营类目”界面

商家可以单击“查看类目明细”链接，在弹出的“类目明细”对话框中查看各主营类目的具体分类情况，还可以单击“下载完整文档”链接下载到自己的电脑里，方便浏览，如图 4-5 所示。

类目明细
主营类目决定您店铺的经营范围，且提交后不可更改，请谨慎选择
普通商品
虚拟商品
医药健康
下载完整文档
一级类目
二级类目
游戏服务/直播
激活码/新手包
视频直播
网络游戏点卡
游戏软件
游戏软件平台
游戏物品/资源
3C数码服务
多媒体服务
房屋维修
广告制作/印刷/打印复印
确定
取消

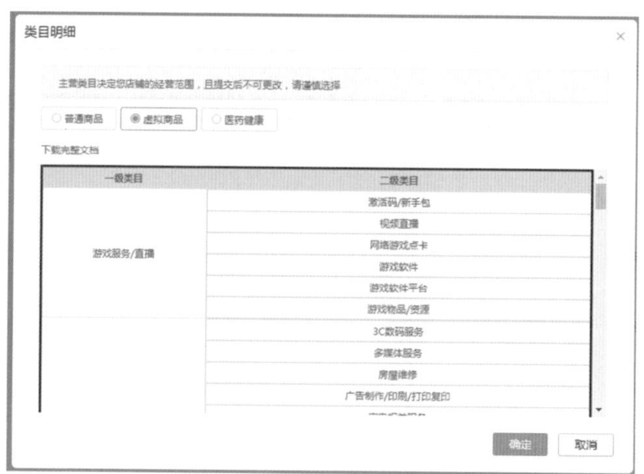

图 4-5 “类目明细”对话框

4.1.2 商品选款的两个原则

拼多多平台的流量红利非常大，但是这些流量还需要商家自己来争取，其中最重要的一步就是选款，这是在拼多多上获取流量打造爆款的关键环节。笔者认为，拼多多选款必须把握住两个重要原则：寻找时下的流行产品属性、打造差异化的产品。

1. 寻找时下的流行产品属性

在互联网时代，流行等于流量，因此运营好店铺就需要商家有强大的洞察力，能够跟上市场的流行步伐。如何做到这一点，有经验的老手可以根据自己所在行业的热点事件来预判市场变化，新手商家则可以借助数据分析工具来发现流行属性。

例如，商家可以打开拼多多管理后台，进入“数据中心→流量数据→商品热搜词”界面，查看商品热搜词，这是系统根据搜索人气拟合出的指数类指标，搜索人气越高，表示搜索人数越多，相关的商品越受欢迎，如图 4-6 所示。

图 4-6　查看商品热搜词

2. 打造差异化的产品

随着拼多多商家的不断增多，平台流量也在不断地被打散，此时如果商家没有差异化的产品，则会面临严重的同质化竞争，没有优势的产品很难吸引买家。满足常规化选款的所有要求后，这个产品可以算得上是一个优质产品了，大卖家做到这一步后，凭借本身的品牌、粉丝和推广等优势，通常就很容易打造出爆款了。

但是，中小卖家不能仅仅依靠常规化选款，而应该在“求稳”的环节上再做提升，打造个性化的卖点优势，这样才能吸引买家快速下单。如图 4-7 所示的这款打底裤产品，除了加绒加厚的基本保暖特征外，还加入了“魔术裤”的亮点特色，满足不同身材用户的需求，如图 4-7 所示。

如果商家打算吸引更细分的人群，产品特点就很重要了，产品的差异化就是吸引细分消费者的卖点。商家可以先分析同类产品，总结这些产品的特点，然后在自己的产品上打造差异化的特点功能；商家也可以观察它们的评价中涉及的优缺点，然后在自己的产品上弥补其中的缺点。

图 4-7　打底裤产品示例

4.1.3　商品选款的注意细节

价格实惠的高性价比产品是拼多多平台比较青睐的，除了这一特点外，商家在选款时还需要注意一些细节，如图 4-8 所示。

- 拼多多选款需要注意的细节（包括）
  - 产品的款式与流行趋势和店铺风格定位相符合
  - 产品的颜色分类和尺码等属性必须全面
  - 产品具有一定的性价比优势，同时也能保证利润
  - 库存充足，确认供应商能够正常及时发货
  - 符合市场偏好的应季产品，方便报名参与各种官方活动，获得更多的推广机会和展现率

图 4-8　拼多多选款需要注意的细节

专家提醒

爆款是所有商家追求的产品，显而易见，其主要特点就是非常火爆，具体表现为流量高、转化率高、销量高。不过，爆款通常并不是店铺的主要利润来源，因为大部分爆款都是性价比比较高的产品，这些产品的价格相对来说比较低，因此利润空间也非常小。商家在规划选品时，建议一个店铺只选择 1 ～ 2 件产品来打造爆款即可。尤其是在爆款前期，尽量不要考虑盈利，要把利润降低，具体可以设置在 -1% ～ 0% 左右。也就是说，卖家即使完全不赚钱，甚至亏一点钱，也要把爆款打造出来。

4.1.4 产品选择的极致玩法

做爆款要先学会选款，爆款产品本身可以很普通，但一定要大众，除了产品本身的基本功能之外，还需要一些吸引点，如运营模式、推广模式、市场定位等，这些因素是决定爆款是否能够成功的关键。下面介绍一些拼多多产品选择的极致玩法。

(1) 选择其他平台排名榜的热销产品。例如，商家可以使用淘宝网的“1688找货神器”工具，进入“淘宝排行榜”，里面分为热销榜和飙升榜，即可找到成交指数比较高的产品，作为爆款产品的参考，如图 4-9 所示。

图 4-9 “1688 找货神器”工具

(2) 选择首页 / 竞价活动的产品。这些产品能够上到拼多多首页，说明它们是经过测试的有爆款潜质的产品。商家可以打开拼多多管理后台，进入“店铺营销→竞价活动”界面，单击“查看更多”按钮进入“预测商品”界面，即可看到很多上过拼多多首页的爆款产品，同时商家还可以选择类目，寻找同款来提前寄样参与活动，如图 4-10 所示。

(3) 销量低、竞争小的冷门类目。这些行业的整体搜索人气比较小，商家可以多开几个小类目的店铺，以提升商品的搜索展现量。

(4) 蹭热度产品。商家可以通过微博、百度搜索风云榜等工具来寻找当下的热点事件，包括娱乐新闻、电影、电视剧、综艺节目、动漫作品、小说、游戏以及人物等，开发一些热点周边的同款产品作为参考，如图 4-11 所示。

(5) 淘宝平台的 TOP20 万词表。商家可以在百度搜索 TOP20 万词表，并下载无线端的 TOP20 万词表，其中会根据搜索人气指标从上到下对各个产品关键词进行排序，可以找到同类目下比较火的产品，如图 4-12 所示。

图 4-10　选择首页 / 竞价活动的产品

图 4-11　百度搜索风云榜

	A	B	C	D
1	关键词	一级类目	二级类目	三级类目
2	连衣裙	女装/女士精品	连衣裙	
3	女凉鞋	女鞋	凉鞋	
4	女t恤	女装/女士精品	T恤	
5	手机壳	3C数码配件	手机配件	手机保护套/壳
6	厌世丧系裙	女装/女士精品	连衣裙	
7	手机	手机		
8	自嗨锅	粮油米面/南北干货/调味品	方便速食	即食火锅
9	t恤男短袖	男装	T恤	
10	蓝牙耳机	影音电器	蓝牙耳机	
11	凉席	床上用品	凉席/竹席/藤席/草席/牛皮席	
12	泳衣 女	运动/瑜伽/健身/球迷用品	游泳	连体泳衣
13	短袖女t恤	女装/女士精品	T恤	
14	雪纺连衣裙	女装/女士精品	连衣裙	
15	吊带连衣裙	女装/女士精品	连衣裙	
16	牛油果绿连衣裙	女装/女士精品	连衣裙	
17	半身裙	女装/女士精品	半身裙	
18	华为p30	手机		
19	凉鞋	女鞋	凉鞋	
20	充电宝	3C数码配件	移动电源	

图 4-12　无线端 TOP20 万词表

4.1.5 商品选款的操作流程

拼多多开店有很多注意事项，商家首先要做的就是确定店铺的经营风格和目标客户，并以此来进行选款。一个产品之所以能被卖家选为爆款产品，一定有它自己的独特之处，这是区别于其他同款产品的优胜点。下面介绍拼多多从选款到爆款培养的操作流程。

1. 选款时间：截流选款

截流选款的重点在于“截流”，虽然操作方法和大盘选款差不多，不过不是找排名靠前的店铺和产品数据，而是找排名稍微靠后的，同时以手淘搜索流量为主要依据。爆款产品通常有一个生命周期（如图 4-13），截流选款就是选择出生期和成长期的同款来打造爆款。

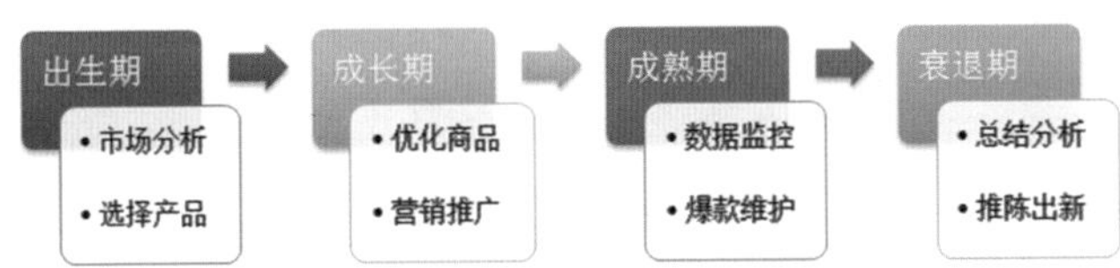

图 4-13 爆款产品的生命周期

这些产品通常处于起步期，拥有较大的爆款潜力，是卖家做爆款主要的竞争对象。卖家可以从中找一些销量不高，没有使用推广工具，而且商家不会运营的店铺，做性价比更高的同款，然后利用直通车来截流反超。

2. 选款规划：店铺风格

商家在选款前需要对店铺进行规划，确保所选产品符合店铺的整体风格定位，千万不能随意上架商品，这样店铺很难获得精准的人群标签，系统也就无法为你的店铺推送精准流量。因此，店铺风格一定要做到专注统一，具体原则如图 4-14 所示。

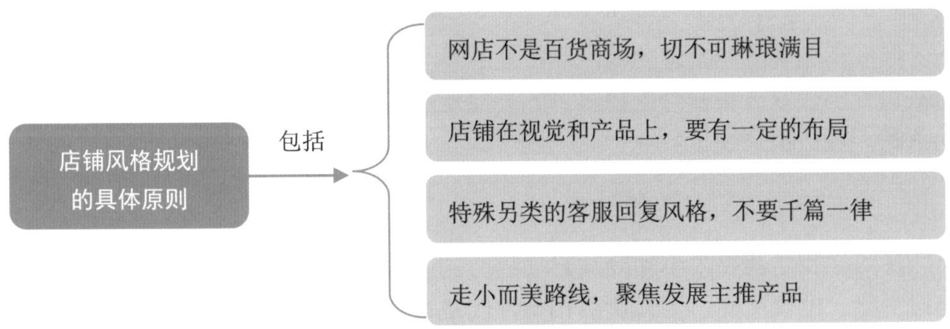

图 4-14 店铺风格规划的具体原则

3. 选款独特：找准需求

店铺选款不是简单地模仿同款产品，别人能做到爆款肯定是有他独有的优势的，即使是同款产品，也许你付出更多的推广成本也难以打败他。其实，商家在选款时，更重要的是找到市场需求和用户需求，只要这些需求并没有得到满足，那么你就有机会。因此，独特的选款非常重要，商家要尽可能去做自己有独特优势的产品。

如图 4-15 所示，同样是家纺床垫产品，左图中的商品销量达到 10 万 +，毫无疑问是一个爆款产品，但其采用的是低价引流策略，利润极低，甚至没有利润或者是亏损的；右图中的商品突出了“加厚款 12cm”的独特优势，产品销量虽然不到 8000，但价格却超过了前者的两倍。

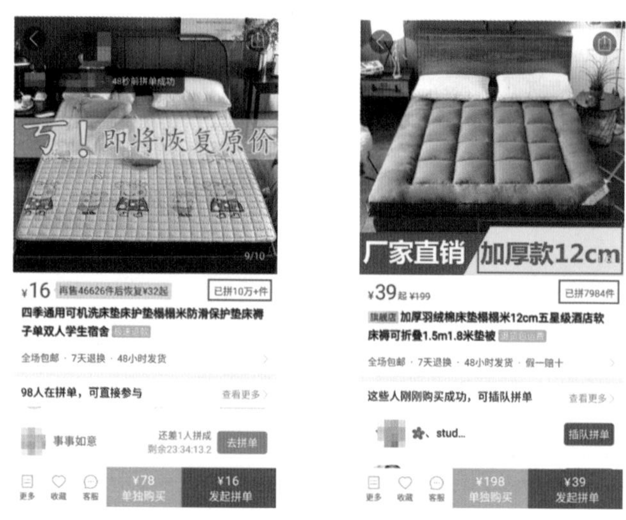

图 4-15 选款独特的案例分析

4.2 学会精准的产品定位

很多拼多多的商家是初入电商行业的新手，产品货源是一大问题，而且不知道从何入手。本节主要介绍拼多多的产品定位和选款技巧，帮助大家精准确定商品款式，赢在起跑线上。

4.2.1 货源渠道的选择分析

开网店找货源是中小型商家必须经历的过程，例如女装店铺的货源主要包括档口货品、授权货品、工厂货品和一件代发等渠道，商家要对比和分析这些渠道的优劣势，从而选择适合自己的货源渠道。

1. 货源获取方式

通常情况下，拼多多的货源获取方式分为线上货源渠道和线下货源渠道两种，如图 4-16 所示。

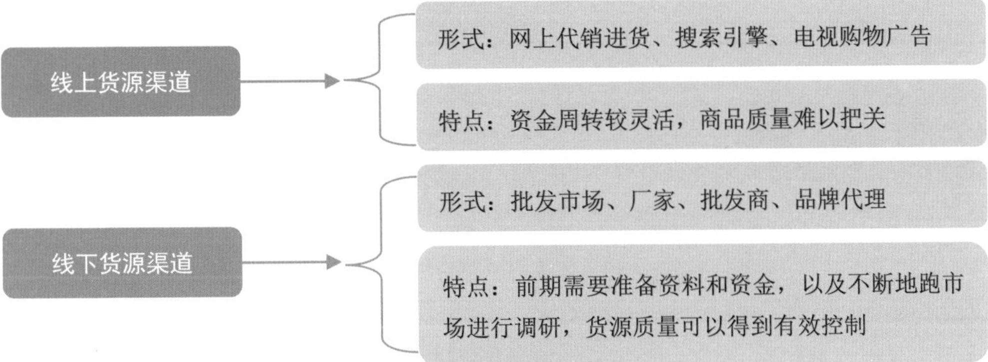

图 4-16 拼多多的货源获取方式

2. 消费人群定位

要选出好的货源，商家需要针对不同的消费人群进行店铺定位，包括价格定位、人群定位和款式定位 3 个方面，如图 4-17 所示。

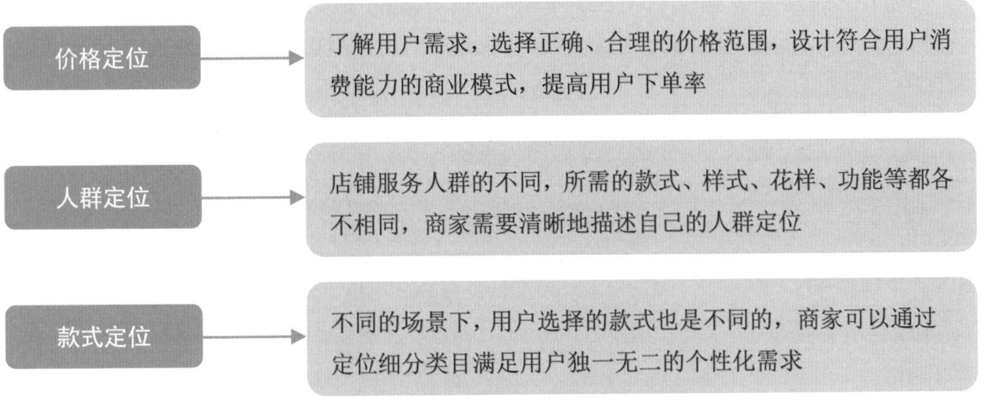

图 4-17 针对不同的消费人群来进行店铺定位

4.2.2 目标市场的定位分析

产品定位的目标市场分析主要是确定产品在目标市场上所处的位置，准确的定位可以有效地提高店铺转化率，市场定位的主要工作如图 4-18 所示。

在分析产品定位时，市场定位是我们不得不提到的一个词，商家必须了解这两个定位方式的区别。

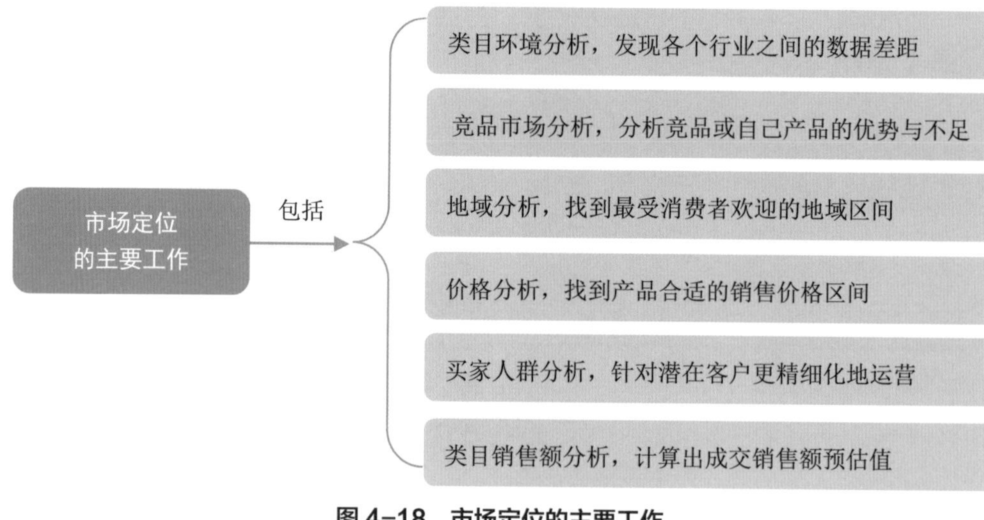

图 4-18 市场定位的主要工作

(1) 市场定位：选择目标消费者的市场，可以通过地域、性别、年龄等标准来综合选择的用户群。

(2) 产品定位：选择哪种产品，来满足目标消费市场的需求。

例如，有些商家有自己的工厂货源，有一定的生产款式和规模，可以将自己现有的款式与市场行情进行对比，即可快速定位出受欢迎的产品款式，具体步骤如图 4-19 所示。

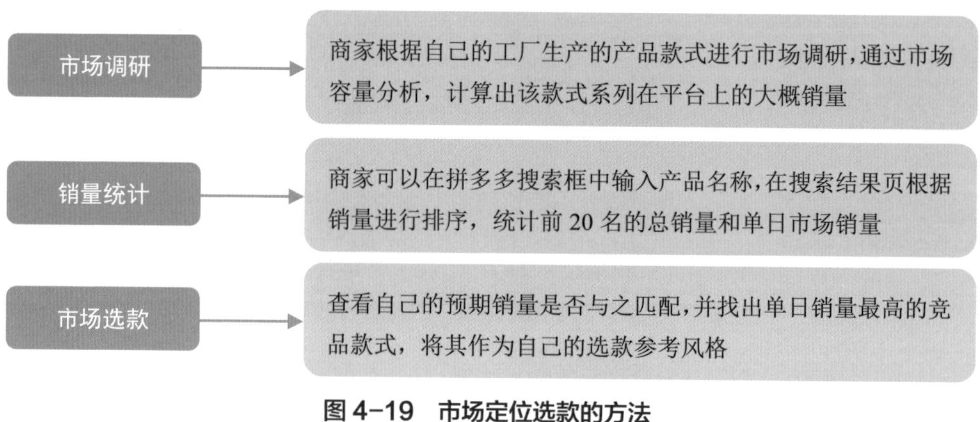

图 4-19 市场定位选款的方法

4.2.3 店铺精准定位的技巧

精细化运营是目前所有的电商平台的发展方向，千人千面就是精细化运营下的一种典型表现。拼多多平台会通过大数据算法，更加精准地匹配商品和目标人群，从而提升商品的转化率和成交额。

在这种大背景下，商家一定要给自己的店铺定位，否则如果系统无法识别你的店铺定位，那么也就无法给你推荐精准的流量。这样，看到你的店铺商品的人，可能都是没有需求的人，那么即使你花再多的钱去做推广，也是无济于事的，只能是白白浪费金钱和流量。

因此，商家需要先做好店铺精准定位，然后根据这个定位风格来选择商品，让店铺的整体风格更加清晰，这样拼多多平台也可以给你的店铺打上更加明确的标签，同时匹配更精准的用户去展现店铺。商家可以通过店铺定位快速地找到市场的着力点，并开发或选择符合目标市场的商品，避免店铺绕弯路，有更高的提升空间和时间效率，同时可以让商品能够更好地满足用户需求，把商品卖给需要的人。店铺精准定位的具体方法如图 4-20 所示。

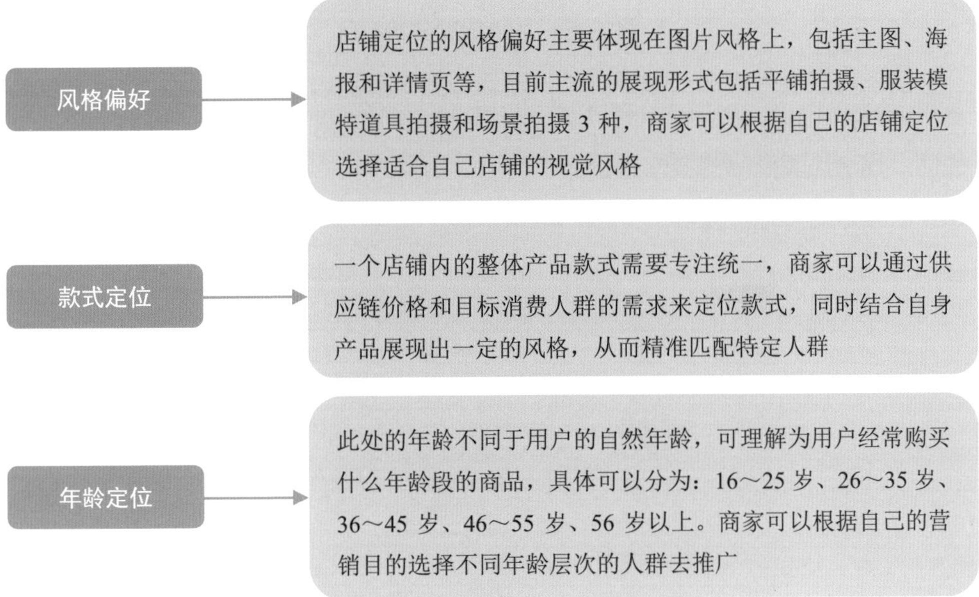

图 4-20 店铺精准定位的具体方法

4.2.4 产品定位和选款方法

拼多多店铺的产品定位可以从内部分析和目标市场定位两方面入手。内部分析包括产品性能、产品外观、产品包装、产品价格和产品竞争优势等。目标市场定位又可以分为硬性要求和软性要求，硬性要求包括用户的性别、年龄、职业和消费能力等；软性要求包括用户的爱好、地域、生活方式和受教育程度等因素。

以“男包－单肩包”为例，如图 4-21 所示，可以看到“男包”属于二级类目，而“单肩包”则属于三级类目，也就是我们在进行产品定位时需要分析的对象。

图 4-21　找到某个三级类目

商家可以进入后台“数据中心→流量数据→商品热搜词”页面，选择“单肩包”类目，查看该类目下的商品热搜词，如图 4-22 所示。商家可以根据这些属性词，找出热卖商品的属性是什么。

商品分类：箱包皮具/女包/男包　男包　单肩包

请输入关键词

查询

序号	热搜商品	搜索人气
1	单肩包男	698
2	男包	596
3	包包男士	563
4	斜挎包男	461
5	挎包男	415
6	男包斜挎包	397
7	男士包包	265
8	背包男	256

图 4-22　“单肩包”的商品热搜词

通过对这些商品热搜词进行分析，然后筛选排名靠前的两种热搜商品，我们可以得出一个结论，得出产品的主推款和次推款，这些都是爆款产品属性。总之，定位好产品属性，是正确选款的关键所在。

4.2.5　5 个产品选款的方案

选款后通常需要进行测款，这对于中小型卖家来说是一笔很大的开销。如果商家能够在选款时就选出一个优秀的款式，即可有效地减少测款的成本。下面介绍拼多多商家选款的五大基本方案，如图 4-23 所示。

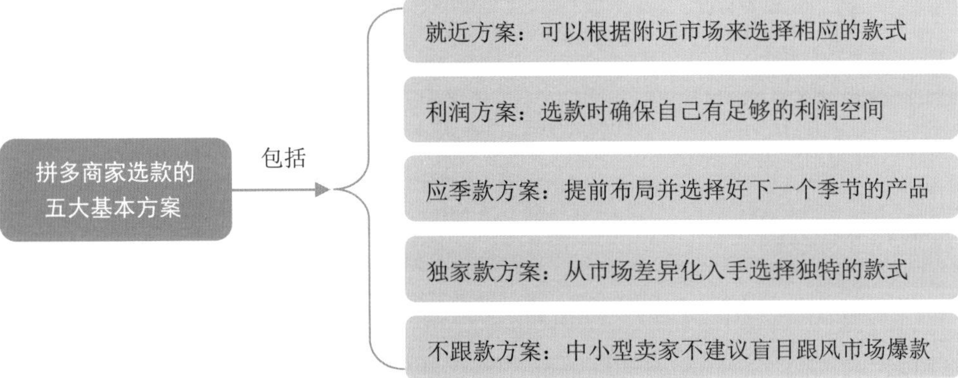

图 4-23　拼多多商家选款的五大基本方案

专家提醒

选款决定你后面的推广是否有效。就算勉强推广起来，后期维护成本也更大，而且运营更加困难。常见的选择是通过搜索转化率、收藏加购率、UV 价值、点击率这 4 个综合维度去考量，分析产品是否有竞争力，选择最优秀的款式。

4.3　掌握产品定价的规律

低价团购是拼多多平台的整体风格定位，用户最看中的就是产品的价格和性价比。因此，商家在做产品定价时，也需要考虑这一点。每个价格段都有专属的人群，商家进行价格定位，就是要找到最适合自己产品的价格，同时考虑如何做到利润和销量的最大化，仔细研究这两个因素的平衡点。

4.3.1　产品定价的基本原则

便宜其实并不是拼多多受欢迎的主要原因，大家之所以喜欢拼多多主要是因为其产品的性价比非常高。俗话说“便宜没好货”，但拼多多却打破了这种观念，不仅价格便宜实惠，而且还包邮。

尽管拼多多的产品价格普遍都很低，而且商家还要承担运费，但只要产品销量达到一定程度，还是会有不错的利润的，而且还能获得极大的流量，带动其他利润款产品的销量。因此，商家在给产品定价时，需要符合一个基本原则，即“满足用户追求经济实惠和高性价比的消费心理”。下面介绍一些拼多多产品的基本定价方法，如图 4-24 所示。

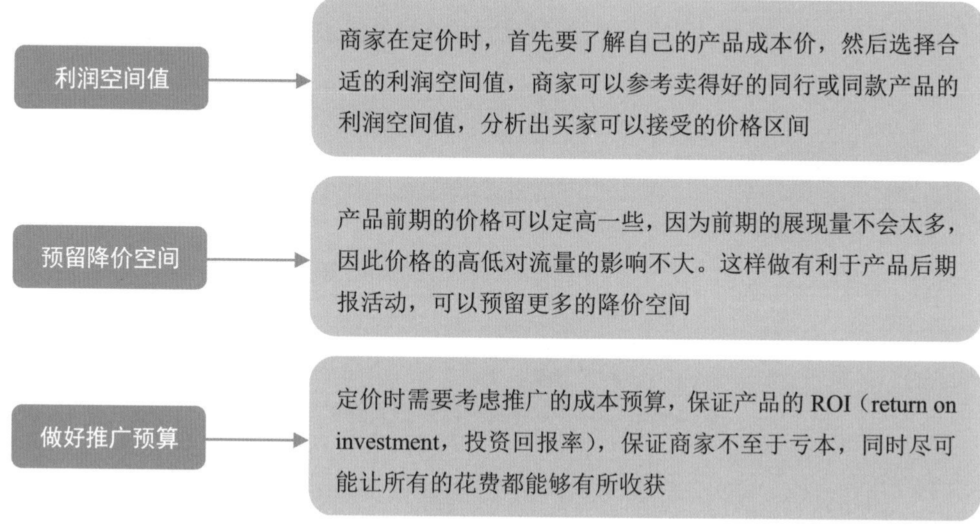

图 4-24　拼多多产品的基本定价方法

专家提醒

例如，引流款的主要作用是为了给店铺商品引流，给店铺带来更多潜在消费者。引流款产品主要用于走量，因此性价比也非常高，但利润比爆款产品要稍微高一些，在不亏本的基础上上浮一点点，通常利润预期为 0% ～ 1%。引流款要起到为整个店铺引流的作用，件数就不能设置得太少，建议一个店铺可以设置 5 个引流款产品，降低卖家的成本投入。同时，引流款产品可以与爆款产品相结合，来为店铺引流，这样效果会更好。

4.3.2　拼团价格差设计方法

拼多多不仅可以通过微信分享与好友一起拼团，还可以直接在商品详情页与其他已经下单的陌生人一起拼团。拼多多的拼单模式，使其在价格方面不同于淘宝和京东等电商平台，而是存在两种不同的价格类型，即单独购买和拼单价格，这是商家需要重点考虑的地方，这两种价格的价格差该如何去设计？

通常情况下，单独购买的定价和拼单购买的价格，一定要产生较大的差距对比，才能带给消费者拼单有更多优惠的直观感受。

商家在发布商品的设置定价环节时，平台会要求商家满足“团购价 < 单买价 < 市场价”的基本原则，否则商品可能会发布不成功，如图 4-25 所示。

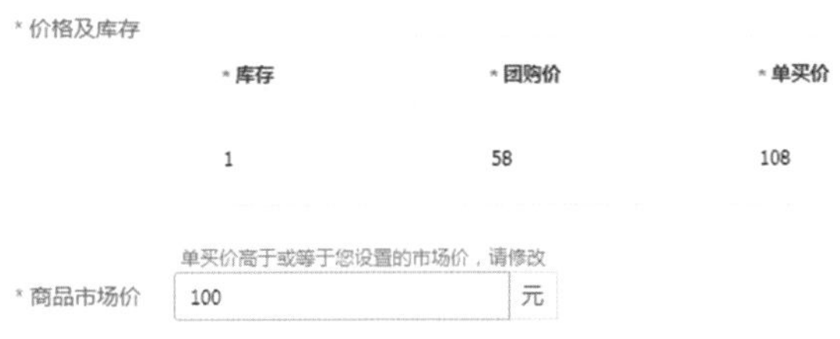

图 4-25　商品价格的设置

商家在设定这 3 个价格时，不能随意盲目设置，这些价格必须符合当下的市场行情，同时拼单团购价格差要符合实际情况，不能设置得过低或者过高，差距也不能太大。例如，如图 4-26 所示，下面这两款产品都是销量 10 万 + 的爆款产品，左侧的男包产品单买价为 45 元，团购价为 38 元，差距为 7 元；右侧的袜子产品单买价为 12.9 元，团购价为 7.82 元，差距为 5.08 元，都可以让买家感到团购价更实惠。

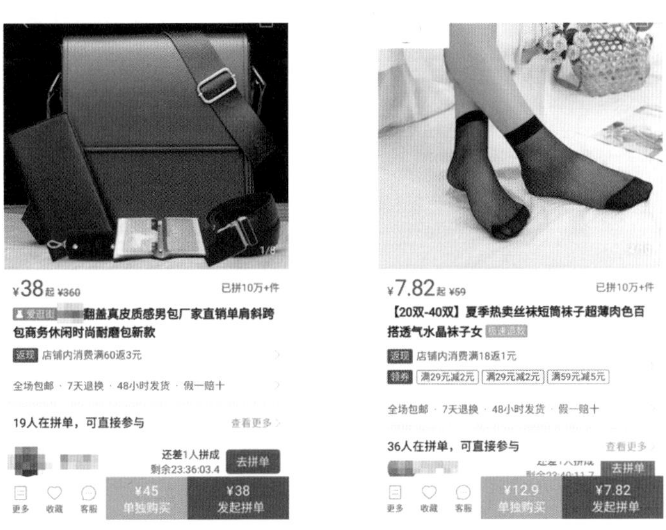

图 4-26　爆款产品拼单团购价格差的设计示例

4.3.3　用单品组合定价方式

很多店铺会采用单品组合定价的方式带动全店的销量。例如，有些店铺主推的是 9.9 元的产品，但成交更多的是 29.9 元的套装产品，这是因为大家觉得组合装更实惠。

店铺常见的组合款式包括“引流款+利润款+形象款”。引流款的目的不是赚钱，而是吸引大量的流量，带动店铺中其他款式的产品销售。店铺的最终运营目标都是盈利，想要盈利就离不开利润款产品。可以说，店铺中除了爆款和引流款，其他产品都能够产生收益，都可以成为利润款。

利润款产品的重点在于计算出合理的利润率，卖家可以根据商品预期利润率的估值来设定。利润款产品的主要特点就是利润高，但流量比较少。在规划店铺的利润款产品时，可以运用“二八原则”，即 20% 的产品为卖家带来 80% 甚至更多的利润。利润款产品的运营技巧如图 4-27 所示。

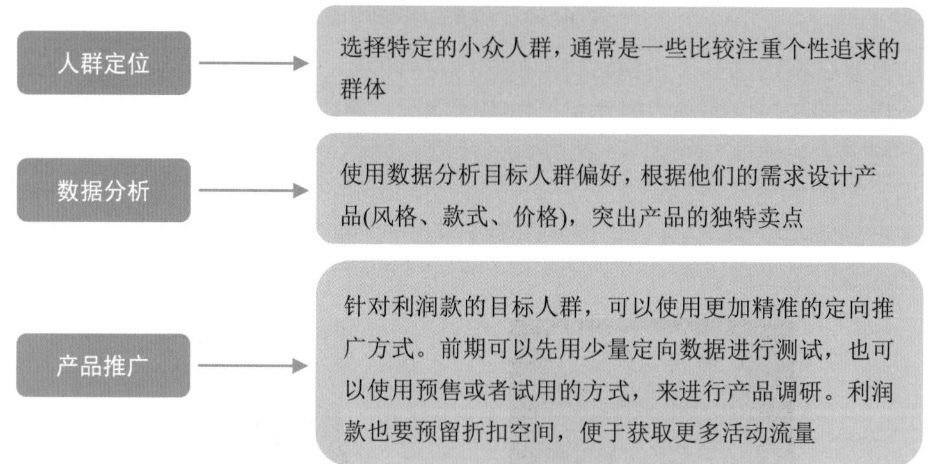

图 4-27 利润款产品的运营技巧

4.3.4 3 个商品定价的建议

拼多多商家在做产品定价时，一定要多参考和分析同行和同款产品，甚至其他平台的同款产品，同时还要考虑店铺评分和信誉等因素来合理定价，让店铺能够快速做大做强。下面针对拼多多的商家定价，笔者给出了 3 个小建议。

1. 核算成本，掌控利润

如今的电商成本不再是简单的商品进货成本，更多的是运营成本，如人工、场地、推广和售后等的成本，人工成本和场地成本只是小成本，更多的是获客成本。并不是每一款商品都有自己独特的优势，拼多多上很多是普通商品。对于消费者来说，他们更愿意去选择那些已经有成千上万销量的爆款产品，而不会选择零销量的新品。

因此，商家要关注获客成本值，来制定商品的推广策略。例如，某件产品的售价为 100 元，获客成本值为 30 元，则商家要产生 100 单的销量，需要付出 3000 元的获客成本。有了基础销量后，商家即可获得更多推广权重。

另外，商家也可以通过多多进宝主动做一些秒杀或限量抢购等不需要基础销量的活动，如果这些活动的推广成本小于获客成本值，那么商家可以尝试这个渠道。如果这些活动的推广成本大于获客成本值，则商家可以考虑换一种方法，用更小的成本把商品的基础销量做起来，如搜索推广、场景推广、明星店铺以及聚焦展位等。

2. 不同商品，因地制宜

不同的店铺阶段或者商品类型，可以制定不同的定价策略，下面从常规商品和新店商品两方面进行分析，给大家提供一些参考思路，如图 4-28 所示。

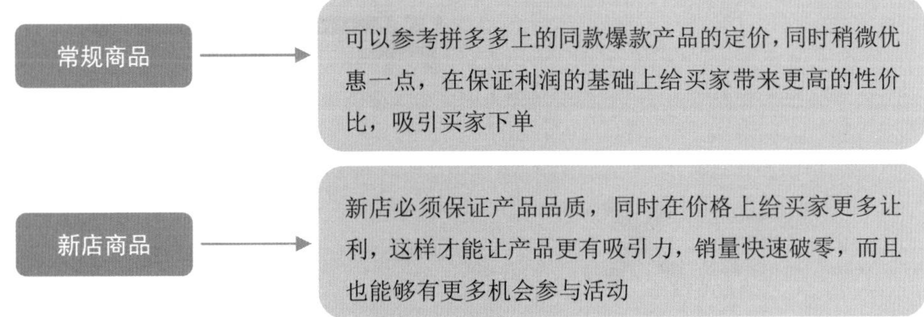

图 4-28 常规商品和新店商品的定价策略

3. 活动商品，合理定价

首先，商家要清楚活动商品的作用，那就是冲销量、抢排名。然后，商家需要选择活动的“主战场”，包括活动位置和频道的选择。接下来，商家要思考自己对活动效果的期望是什么，要通过活动达到多少单的销量，这些都要在前期做好具体的计划。最后，通过这些数据和条件，来确定活动商品的定价区间。

例如，品牌秒杀活动是一个仅针对品牌商品开放的营销活动，拥有千万级流量，是拼多多流量和转化率最好的频道之一，其优势如图 4-29 所示。

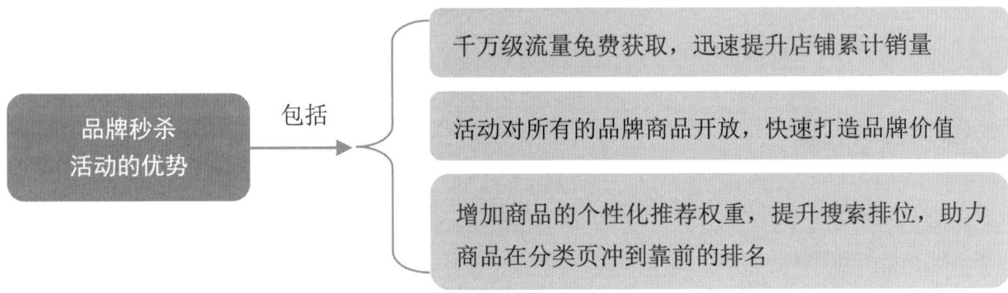

图 4-29 品牌秒杀活动的优势

虽然品牌秒杀活动的好处非常多，门槛也比较低，但也有一些基本要求，基本底线要求的第一条就是“全网最低价”，如图 4-30 所示。如果商家的商品一开始的定价就已经是全网最低价格了，那么在报名活动时，即使定价能够通过审核，但因为这个价格在后期很难做到大幅让利，因此也很难吸引买家下单。

三、商品要求和审核标准（包括但不限于以下几点）

3.1 基本底线要求

（1）全网最低价：商品基本要求是价格要满足全网最低价，参与活动的所有sku都必须是全网最低价（包含拼多多平台）

（2）禁止低价sku引流和乱拼款

卖的是臂力器，首页展示3.9元，但实际是用护手套做低价引流，属于恶劣的低价引流，直接驳回

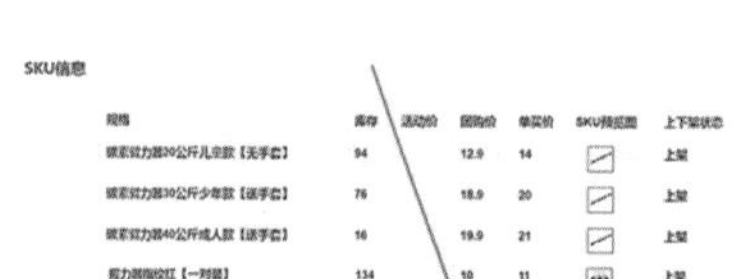

【鞋类】35码鞋低价引流，其他号码18.9元

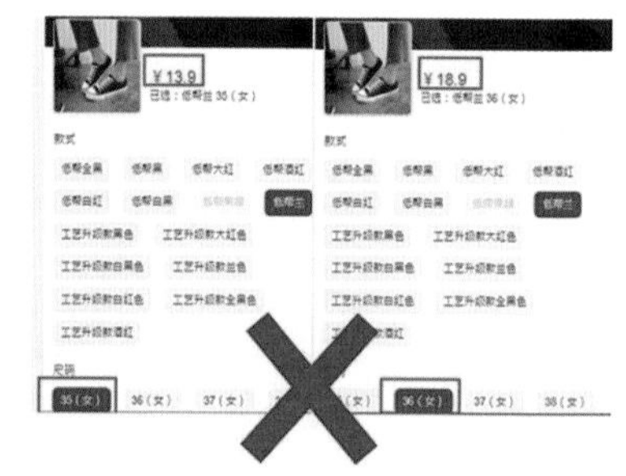

图 4-30　品牌秒杀活动的基本底线要求

4.3.5　打破同质化价格竞争

如今，拼多多平台可以说已经是各路高手云集了，每个人都有自己拿手的绝活，竞争非常激烈。对于普通大众商家来说，难免会陷入大量同款的同质化价格竞争。在这种情况下，商家该如何在众多同款中脱颖而出呢？首先，商家需要重点分析竞店的产品结构和单品销量，具体指标如图 4-31 所示。

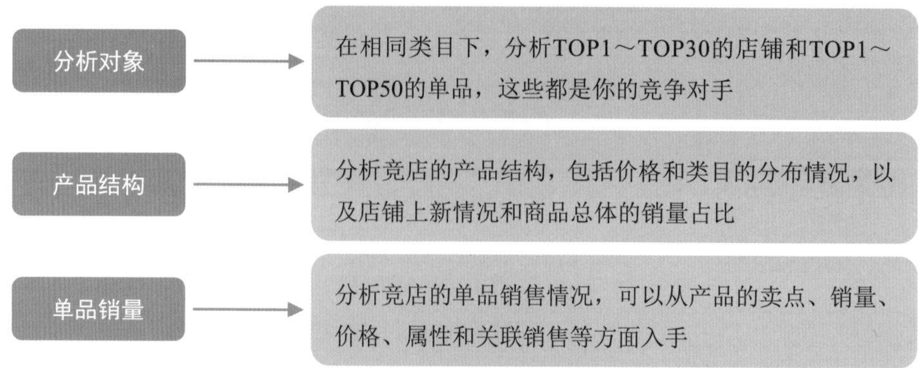

图 4-31　同款产品的竞店分析

接下来，商家需要做好自己店铺的人群定位，并根据这些人群的标签特点对商品进行优化，打造与同款的差异化属性，避免与强劲的竞争对手正面对抗。这里笔者给大家提供一个思路，那就是不必过分强调低价，而是可以将价格转换成品质，通过优化标题、主图和详情页来突出商品的品质优势，从而将竞品的优势淡化。商家可以查看竞品的差评，这些就是你需要提升的地方。

例如，这款女童绣花鞋商品的销量达到了8.1万件，拼单价格为15.26元，定价比较实惠，但是评论里普遍反映鞋子的尺码不标准，如图4-32所示。那么，商家就可以针对鞋子的尺码去做定制优化，突出自己的产品尺码标准的优势，来攻击竞争对手的“软肋”。

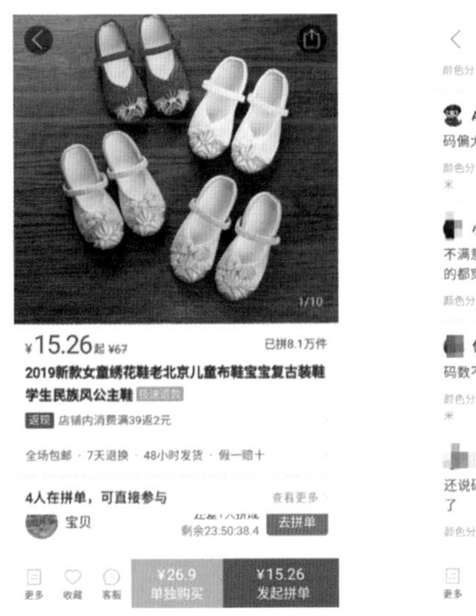

图4-32 从竞品的评论中找突破口

当然，除了从质量方面入手外，商家也可以通过服务入手来提高差异化的同款竞争优势，如选择更好的快递，或者采用更好的商品包装等。通过挖掘差异化的商品特点，能够有效地让商家避免陷入同质化的价格战中。

对于拼多多商家来说，千万不能单纯依靠价格战来吸引买家，低价确实能吸引到买家，但你不可能一直做低价，这样店铺很难盈利，也就很难生存下去，结果往往是“你死我亡”。而一旦你开始调整价格，那么前期积累的买家就会大量流失。所以，商家一定要善于用特色去吸引和留住买家，而不是靠单纯地打价格战。商家不要总是盯着对手的价格不放，而应该多分析竞品的优势，来打造自己的商品特色，从而获得更多新客，并提升转化率和客单价。

第 5 章

通过引流来获取流量

对于拼多多店铺运营者来说，顾客流量是非常重要的，流量决定了商品的销量和店铺的盈利。本章主要介绍拼多多店铺的多种引流技巧，分为免费和付费两类来进行介绍，以帮助商家获得更多流量。

5.1 拼多多免费引流技巧

流量的提升说难不难，说容易也不容易，关键是看你怎么做，舍得花钱的可以采用付费渠道来引流，规模小的店铺可以充分利用免费流量来提升产品曝光度。本节主要介绍一些重要的站内渠道引流技巧，帮助商家提升产品权重，进而引爆流量。

5.1.1 利用标签来精准引流

千人千面是拼多多搜索排名的一种推荐算法，从字面意思可以理解为“一千个人有一千张不同的面孔”。目前，拼多多的搜索规则主要是通过人群标签匹配商品标签来干预展现排名，实现“人货匹配”的。

1. 了解人群标签

人群标签是对关键词背后的人群进行分组化和标签化的具体表现，主要由用户行为、个人属性和用户喜好 3 个部分组成，如图 5-1 所示。

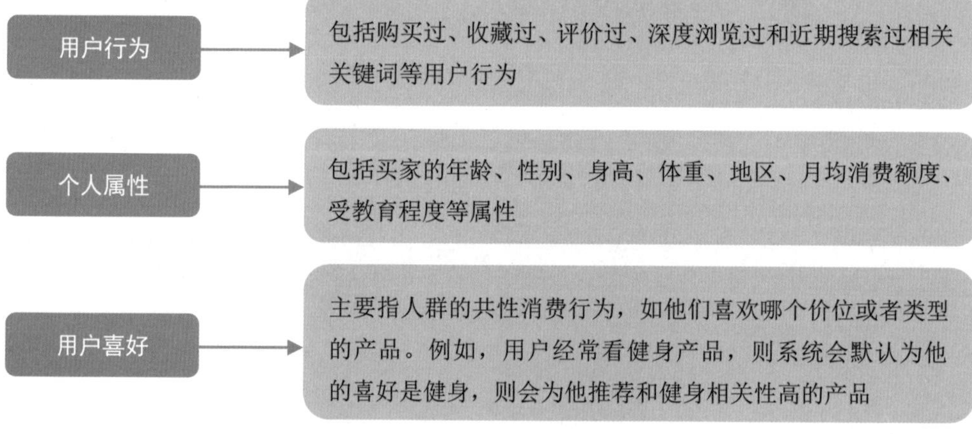

图 5-1 人群标签的 3 个组成部分

2. 了解商品标签

拼多多的商品标签主要由类目标签、价格标签和商品属性标签 3 个部分构成，具体内容如下。

1) 类目标签

商家在发布商品选择类目时，一定要与商品相匹配，否则无法获得精准的流量，更谈不上点击和转化了。

2) 价格标签

商家可以通过合理的商品 SKU(Stock Keeping Unit，库存量单位) 布局，来圈住更多不同价格层次的精准人群。

3) 商品属性标签

商品属性填写是否精准，对于流量的精准性影响非常大；商品属性填写是否完整，对于获得流量大小的影响非常大。精准、完整地填写商品属性，才能分配到更多的精准流量。

3. 了解店铺标签

店铺标签是指综合店铺所有的商品标签和人群标签两者的特点，从而进行精准定位生成清晰的店铺标签。当然，商家必须通过统一的风格打造清晰的店铺标签，这样才能让店铺获得精准的流量。

(1) 店铺的图片风格一致：包括主图、模特、主色调、拍摄场景、装饰元素以及详情页设计等。

(2) 店铺的商品款式一致：店铺内的商品款式都是围绕某一细分领域，进行精细化的运营。例如，卖装饰画的店铺内产品都是装饰画产品，不会出现其他假花绿植或者创意摆件等产品。

(3) 店铺的商品价格一致：商家在选款阶段就应该确定好店铺的主要价格区间，包括市场价、成本价、拼团价、单买价以及利润等，这些都需要提前规划好。

5.1.2 通过社交活动来引流

拼多多疯狂崛起的背后，其实是一场社交流量和电商产品的完美结合。“社交”是拼多多的最大优势所在，同时拼多多的“拼团”购物模式也在微信社交圈中产生了强大的裂变引流效应。

很多人第一次接触拼多多，大多是在微信群和朋友圈里的一些亲朋好友发来的“砍价免费拿”链接。用户只需在 24 小时内邀请到足够多的朋友帮忙“砍价”，即可免费获得商品。这些帮忙“砍价”的用户，在“砍价”的同时，也会注册为拼多多的用户。

好友砍价是一种非常重要的营销手段，商家可以在拼多多中发布需要推广的产品或服务，然后制定一个原价与活动优惠价，并规定相应的砍价人数。用户打开活动链接页面后，可以将其分享给微信好友，邀请他们帮助你一起砍价，邀请的人数越多，就可以砍到更低的价格，甚至可以免费获得商品。

砍价活动是一种非常实用的裂变营销工具，可以让拼多多形成病毒传播效果，尤其是将其投放到各种活跃的微信社群后，宣传规模将呈指数增长，引流效果和范围也会大幅扩大。如图 5-2 所示，为砍价活动的营销优势。

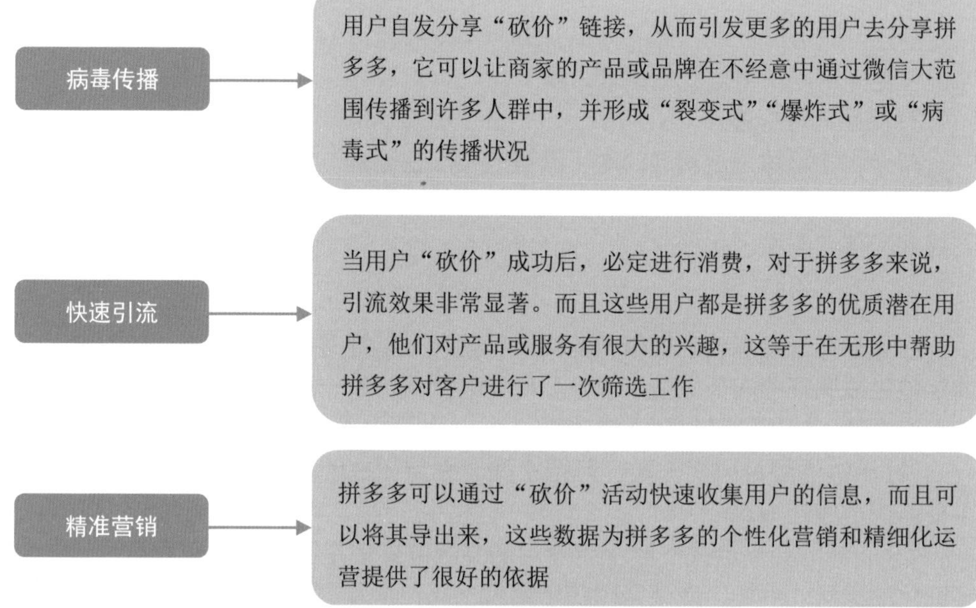

图 5-2　砍价活动的营销优势

拼多多站在微信这个巨人的肩膀上，通过在电商模式中注入大量的社交属性，并用高性价比来吸引用户，不仅满足了用户的基本消费需求，同时还激发了大量非刚性的购物需求，将更多的社交流量转化为订单。

专家提醒

根据移动互联网大数据公司 QuestMobile 的数据显示，拼多多用户平均每月要逛 4 小时 20 分钟，用户活跃度仅次于淘宝。

5.1.3　用拼多多小程序引流

移动社交电商一直是拼多多的平台定位，其中的社交离不开微信，拼多多通过小程序利用微信的大体量用户和强社交关联进行引流，实现用户规模的快速增长。如图 5-3 所示，为拼多多小程序的主界面，基本与 App 端的功能一致。

微信平台可以说是小程序运营者必争的流量入口之一，这不仅是因为微信拥有众多用户，更是因为微信中提供了多种小程序推广渠道，如果运营者营销得当，便可以轻松地获得一定的流量。借助微信平台的力量，商家可以通过扫码推广、分享推广、公众号推广等方式获取小程序的流量。

图 5-3　拼多多小程序的主界面

5.1.4　获取自然流量的途径

自然流量会受到店铺评分、销量、转化率和 GMV 等因素的影响，目前站内的自然流量获取途径主要包括推广活动、搜索优化和类目权重 3 个方面，商家可以从这些方面入手来提升单品自然流量。

1. 推广活动引流

商家可以参加平台推出的各种推广活动，获得更好的资源推广位置，提高商品权重，从而获得更多的自然流量。新店铺或者新品可以尝试参与竞价活动、品质招标以及多多进宝等活动。

2. 搜索优化引流

单品要获得更多搜索自然流量，商品标题的优化相当重要。除了前面介绍的商品热搜词外，下面笔者再介绍几种优化标题的找词渠道。

(1) 下拉框词。商家可以通过搜索框中系统自动推荐的下拉框词，找到高热度的长尾词，如图 5-4 所示。

(2) 热门搜索词。商家可以先去 App 上搜索几个与自己产品相关的词，然后在结果页中点击并浏览一些产品。当商家再次打开 App 搜索时，即可看到与自己产品相关的热门搜索词，如图 5-5 所示。需要注意的是，热门搜索词是不断更新的，商家在前期需要多搜索几次，这样才能找到更精准的热门搜索词。

连衣裙 搜索
连衣裙2019新款
连衣裙女夏
连衣裙女学生韩版宽松
连衣裙夏学生
连衣裙短款
连衣裙女童
连衣裙两件套夏
连衣裙腰带
连衣裙儿童
连衣裙长款

图 5-4 下拉框词示例

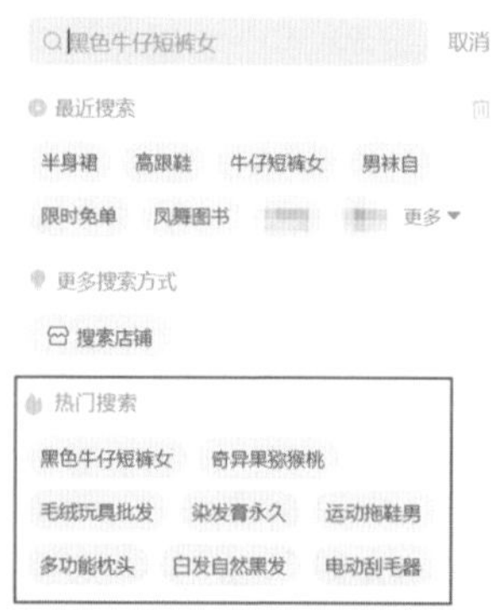

图 5-5 热门搜索词示例

(3) 商品页属性词。买家在搜索某个关键词浏览搜索结果时，是不是可以看到一些商品页属性词，可以方便买家进行筛选，这些词同样都是商家做标题时可以用到的热词，如图 5-6 所示。在搜索结果页面中，最多只展示商品标题的前 12 个汉字，因此要在这 12 个字上尽可能体现出产品的核心价值或卖点。在组合标题时，商家注意尽量不要拆分搜索热度高的核心词。下面笔者推荐一些商品标题的组合公式，供大家参考套用，如图 5-7 所示。

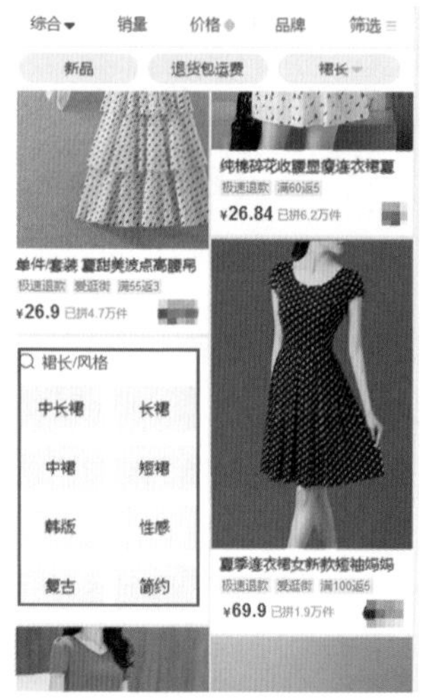

图 5-6 商品页属性词示例

常用的标题组合公式

- 品牌词+类目词+核心词+属性词
- 营销词+核心词+热搜词+卖点
- 下拉框词+核心词+长尾词+冷门词

图 5-7 常用的标题组合公式

商品标题是搜索流量的突破口，找到高热度、高转化的关键词是第一步，商家还需要使用合理的组合方式，将这些关键词组合成商品标题。不同的关键词组合形式，获得的排名结果差别也很大。

尤其是对于一些新上市的产品来说，没有权重和销量，此时就可以用这种方法找到一些精准长尾词或“黄金关键词”，它们对应的商品数量通常非常小，从而可以极大地提升你的商品排名，增加商品销量，让单品快速上首页。

3. 类目权重引流

买家在查找商品时，通常会用到拼多多的类目工具，通过类目的分类导航可以引导他们的购物大方向。此时，商家的类目权重如果比较高，则可以获得很好的类目排名，展现在更多买家面前。因此，商家可以从类目权重入手，提升单品近几天的全维度 GMV，来获得更多的类目流量。

5.1.5 通过微博为商品引流

微博是一个拥有巨大流量的互联网平台，下面笔者就来介绍通过微博引流的具体操作方法。

(1) 在拼多多平台上打开需要推广的商品详情页面，点击右上角的分享按钮，如图 5-8 所示。

(2) 执行上述操作后，在弹出的底部菜单中点击“复制链接”按钮，如图 5-9 所示。

图 5-8 点击分享按钮

图 5-9 点击“复制链接”按钮

(3) 打开微博 App，点击底部导航栏中间的 + 号按钮，如图 5-10 所示。

(4) 执行上述操作后，在弹出的快捷菜单中点击“文字”按钮，如图 5-11 所示。商家可以通过拍摄、上传商品图片，或者利用微博直播来给商品引流。

图 5-10　点击 + 号按钮

图 5-11　点击“文字”按钮

(5) 进入“发微博”界面，输入相应的商品文字宣传信息，并粘贴在拼多多菜单中复制的商品链接，如图 5-12 所示。

(6) 点击底部的图片按钮，插入相应的商品图片，如图 5-13 所示。

图 5-12　输入相应信息

图 5-13　插入商品图片

(7) 点击“发送”按钮，即可发布微博动态，如图 5-14 所示。

(8) 点击“网页链接”超链接，即可在微博中快速打开商品详情页面，同时左上角还显示了推广者的相关信息，如图 5-15 所示。

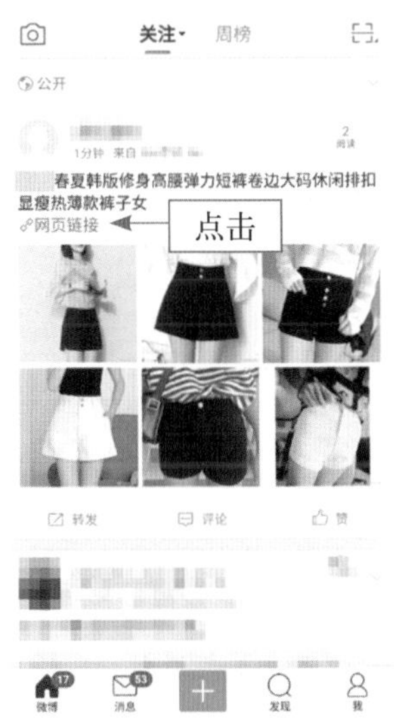

图 5-14 发布微博

图 5-15 打开商品详情页面

微博吸粉引流的关键是要提供用户感兴趣的内容，围绕这个内容产生互动，自然而然地，用户就会成为我们的粉丝。例如，做女装类目的商家可以在微博上发布关于穿衣搭配的文章，迎合年轻女性的需求，使她们对发布的内容产生兴趣，从而成为商家的粉丝。

5.1.6 通过微信为商品引流

相比微博，微信主要以社交为主，不仅可以直接为拼多多商家引流，而且还能帮助他们更好地管理和维护店铺客户群。

“熟人经济”在微信出现后，越来越被人们接受，很多人把自己微信里的好友变成了自己的客户，这种角色定位的改变源于朋友之间的相互信任，因为信任你，才愿意信任你的产品。

下面介绍通过微信引流的具体操作方法。

(1) 在拼多多平台上打开需要推广的商品详情页面，点击右上角的分享按钮，在弹出的底部菜单中点击“微信”按钮，如图 5-16 所示。

(2) 执行操作后，会直接打开微信，进入“选择”界面，用户搜索好友或者在下方直接选择好友或群聊。选择分享对象后，弹出“发送给”对话框，确认无

误后点击“分享”按钮，如图 5-17 所示。

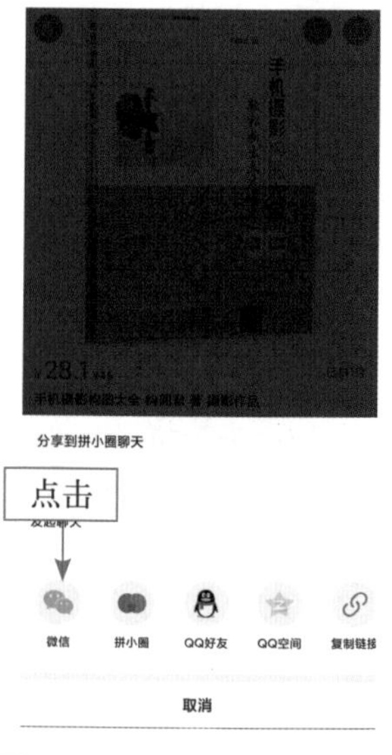

图 5-16　点击“微信”按钮

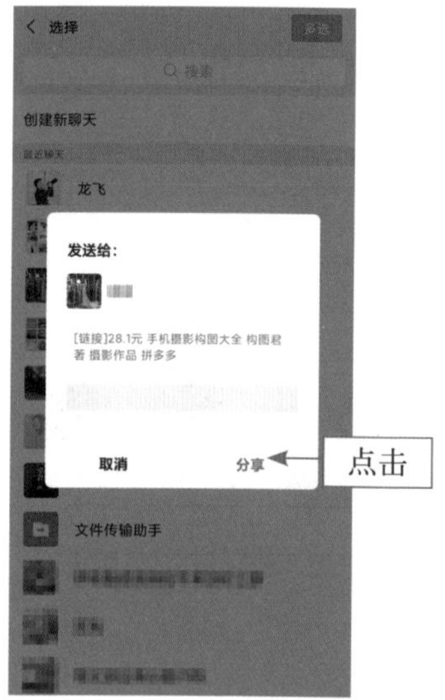

图 5-17　点击“分享”按钮

(3) 执行创作后，即可将商品分享给相应的微信好友，进入其聊天界面，可以看到分享的带有拼多多标签的商品链接，如图 5-18 所示。

(4) 点击该商品链接，即可直接在微信中打开相应的商品页面，好友可以直接下单购买，如图 5-19 所示。

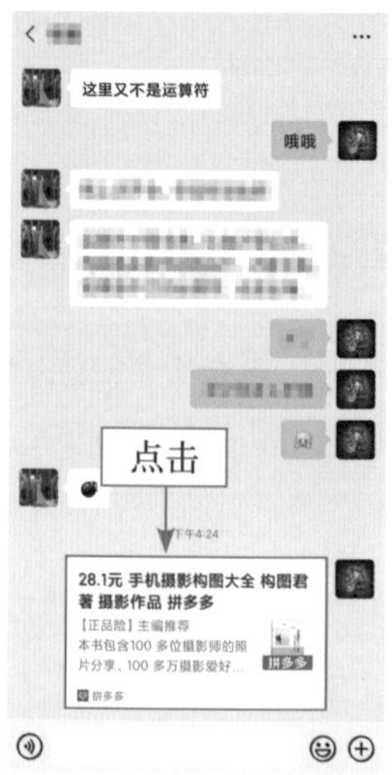

图 5-18　聊天界面中分享的商品链接

图 5-19　在微信中打开商品页面

另外，微信朋友圈也是一个可以随时发表自己当时的动态、心情、图片、分享链接等的地方，人们很喜欢在闲暇时刷朋友圈，看看自己的朋友们在做什么。所以，商家可以利用微信朋友圈来给店铺或商品引流，从而获取更多的好友流量、产品曝光率以及品牌关注度。

5.1.7 通过社群营销来引流

如今，社群营销是一种极其火爆的营销方法，它是由“小米”“罗辑思维”等带起来的一种新型营销方式，它的核心就是企业与用户建立起“朋友”之情，不是为了广告而去打广告，是为了朋友而去建立感情。

当你的社群有了一定的粉丝数量和活跃度后，即可开始制定推广战略。注意，千万不要一开始就发广告、发商品链接，这样很容易引起大家的反感，从而屏蔽社群信息，甚至会直接退群。我们要和群成员建立一定的感情基础后，再去做店铺推广。

做社群营销的战略，至少要把店铺中的产品描述清楚、说得明白，分享信息时需要有自己的观点，要学会点赞和点评。分享的东西必须是正面的、积极的和正能量的，有利于塑造店铺的品牌形象。

例如，对经营美食店铺的卖家来说，可以在社群里分享一些美食制作方法或者健康食谱，中间再自然而然地介绍自己的产品或者原材料，而群友又都是一些“吃货”或者美食制作达人，就很容易接受并购买你介绍的产品，从而增加社群用户的黏合度。

下面介绍相关的微信社群推广技巧。

(1) 发福利：逢年过节的时候，也是大家的消费高峰期，商家可以在微信群内发红包或者一些小赠品，提升节日气氛的同时还能吸引大家到店铺里消费。有条件的商家甚至可以每天都发红包，金额不用太多，只需要保证微信群的活跃度即可。

(2) 预上新：当店铺有新品即将上架时，可以首先在微信群中发布新品的优惠互动信息，让喜欢尝鲜的群友及时下单购买。

(3) 多激励：可以经常在微信群或者朋友圈中举办一些有奖活动，如分享有礼，可以在转发内容中添加商品分享链接或者二维码，对于转发的朋友可以给他们私发红包或者小礼物，激励朋友们多分享自己的店铺和商品。

商家千万不能错过微信这个强大的社交引流工具，一定要多和自己的粉丝互动，为店铺的发展带来更多机会。

5.1.8 自媒体和短视频引流

常见的自媒体引流和变现渠道包括今日头条（头条号）、一点资讯（一点号）、搜狐公众平台、简书、腾讯内容开放平台（企鹅号）、百度自媒体平台（百家号）、阿里大文娱平台（大鱼号）以及网易新闻（网易号）等。

例如，在今日头条号后台的“发表文章”页面中，除了可以插入图片、视频和音频等多媒体文件外，还可以把第三方平台的商品插入到文章中，如果设置成功，用户可点击文章的商品图片实现快速购买，如图 5-20 所示。

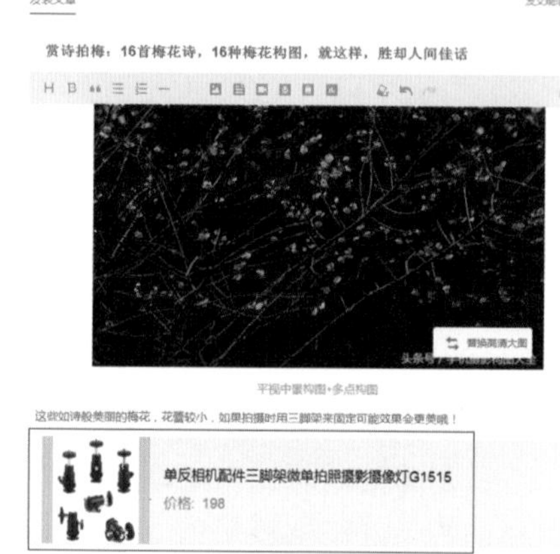

图 5-20　在头条内容中插入商品

另外，商家还可以在自媒体内容中植入广告，把内容与广告结合起来，来为商品引流。例如，商家可以通过抖音短视频，创意植入商品广告，即将内容、情节很好地与广告的理念融合在一起，不露痕迹，让观众不容易察觉。商家可以考虑从短视频的角度更好地植入商品，如台词植入、剧情植入、场景植入、道具植入、奖品提供以及音效植入等。相比较而言，这种创意植入广告的方式引流效果更好，而且接受程度更好，其具体内容如下。

1) 台词植入

台词植入即视频的主人公通过念台词的方法直接传递品牌的信息、特征，让广告成为视频内容的组成部分。这样的植入方式不仅直观地展示了相关产品的优点、性能，而且还能够有效地提升观众对品牌的认同感、好感度等。

2) 道具植入

道具植入即让产品以视频中的道具身份出现，道具可以包括很多东西，比如手机、汽车和抱枕等。通过这种方式植入，要遵循适度原则，不能太多、太生硬，因为频繁地给道具特写显得有些刻意，容易引起用户的反感，结果适得其反。

3) 奖品植入

很多自媒体人或“网红”为了吸引用户关注，让视频传播的范围扩大，往往会采取抽奖的方式来提升用户的活跃度，激励他们点赞、评论、转发。此时，他们可能会在视频的结尾处，植入奖品的品牌信息进行传播。

4) 音效植入

音效植入是指用声音、音效等听觉方面的元素起到了暗示作用，从而传递品牌的信息和理念，达到广告植入的目的。比如各大著名的手机品牌都有属于自己独特的铃声，使得人们只要一听到熟悉的铃声，就会联想到手机的品牌信息。

5) 场景植入

场景植入是指在视频画面中通过一些广告牌、剪贴画或标志性的物体来布置场景，特别是在一些视频中多次展示其店家名称、牌匾等，从而吸引观众的注意。

6) 剧情植入

剧情植入就是将广告悄无声息地与剧情结合起来，比如演员收快递的时候，吃的零食、用的手机，以及去逛街买的衣服等，都可以植入广告。

5.1.9　SEO + UEO 结合引流

现在拼多多上的店铺非常多，但大多数店铺的搜索排名和流量都不太理想，从而让商家感到苦恼。所以，我们常常会想怎么样才能把店铺做得让搜索引擎喜欢，才会让用户喜欢，进而才会有好的排名和流量呢?

其实，在站外渠道引流时，店铺还有一个优化新思路，那就是 SEO 与 UEO(User Experience Optimization，用户体验优化) 的结合，可以得到更好的推广效果。通过 UEO 优化可以极大地改善网站功能、操作、视觉等与用户体验息息相关的各种要素，从而牢固 SEO 引流的效果。

UEO 的加入可以让 SEO 的作用从抽象变得更加具体，通过 SEO 优化可以让用户达到指定网页，然后通过 UEO 优化，让进入到网页的用户获得更好的体验，从而提高流量转换率其主要优化方法如图 5–21 所示。

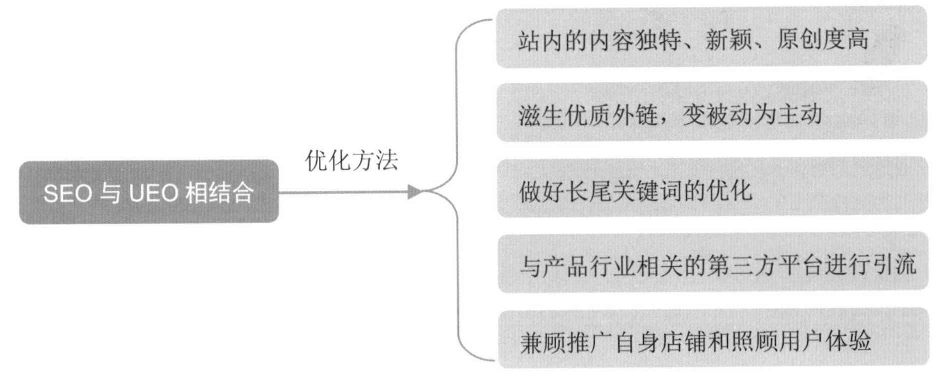

图 5–21　站外 SEO 与 UEO 相结合的优化方法

5.2　拼多多付费引流技巧

前面讲的是拼多多的免费引流技巧，接下来笔者就为大家介绍拼多多付费引流的相关内容。

5.2.1　通过搜索推广引流

什么是搜索推广？买家在搜索商品时，商家只要购买相应的关键词，即可让自己的商品从万千商品中脱颖而出，快速地被买家看到。买家在搜索某个关键词时，从结果页的第一个商品开始，每 6 个商品就有 1 个搜索推广广告位，如图 5-22 所示。

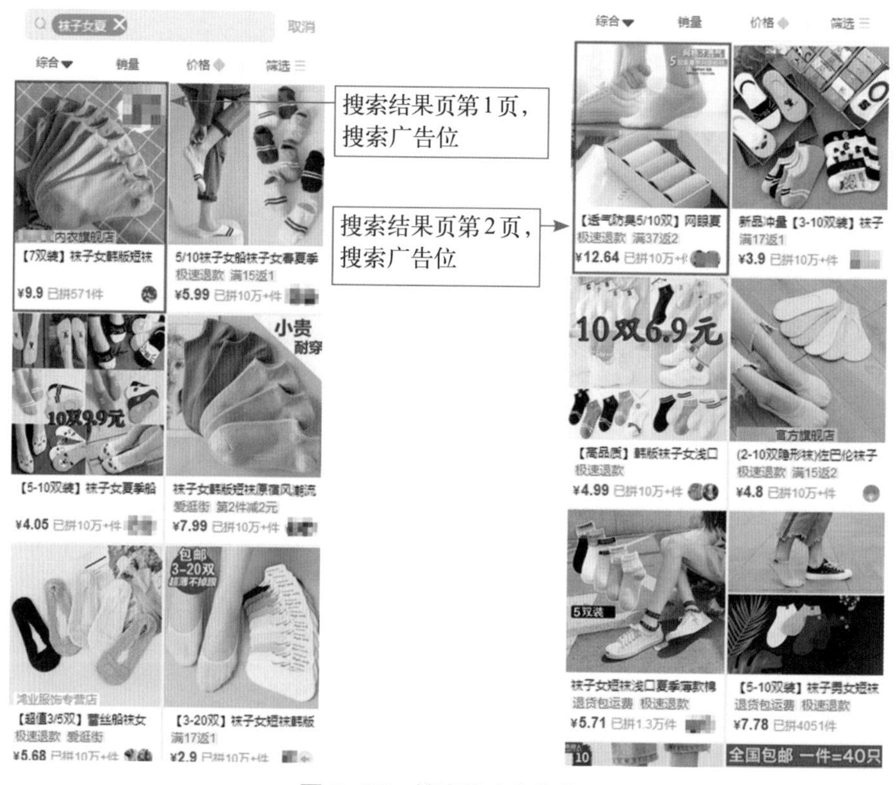

图 5-22 搜索推广广告位

搜索推广只按点击收费，展现不扣费，引流成本比较低。同时，搜索推广支持相关人群定向，可以抓取更精准的流量。

专家提醒

拼多多搜索推广排名规则的计算公式如下：

综合排名 = 关键词（广告出价）× 关键词质量得分

因此，质量分越高，综合排名就越高，流量获取的能力就越强。质量分是一个综合性的搜索推广指标，可以用来衡量搜索关键词、商品信息及买家搜索意向三者之间的相关性，主要受关键词相关性、类目相关性和推广商品质量的影响。

搜索推广主要通过关键词竞价来让商品获得更好的排名，可以更好地为商品和店铺引流，从而提升商品销量。搜索推广功能入口位于拼多多管理后台的“店铺推广→拼多多推广→搜索推广”页面，商家在推广新商品时，可以通过以下4个渠道来创建推广计划，如图5-23所示。

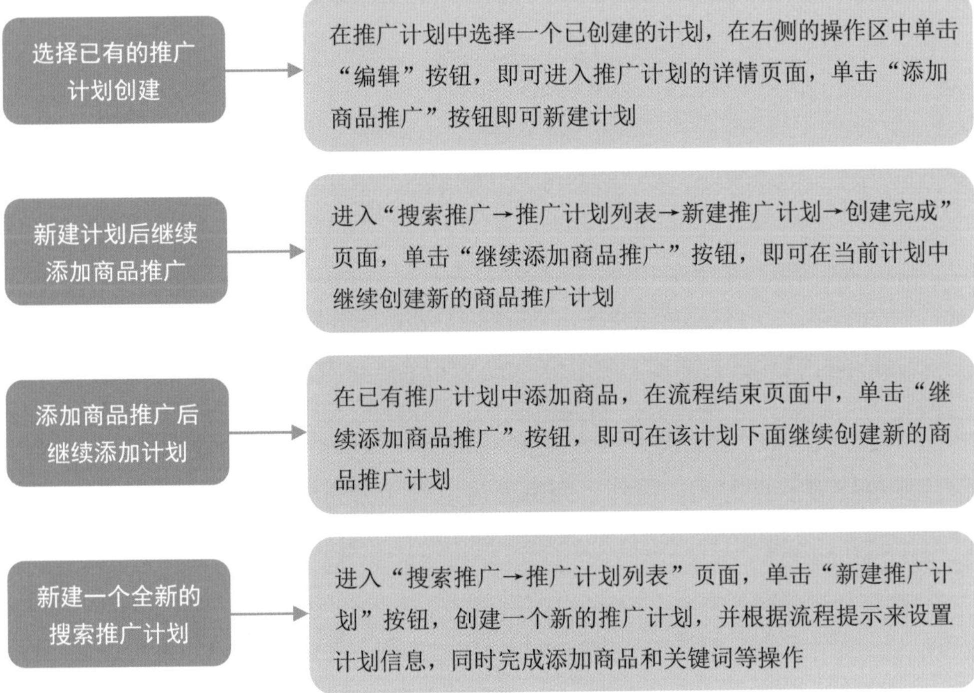

图5-23 创建搜索推广计划的4个渠道

创建好搜索推广计划后，商家可以进入“店铺推广→推广概况”页面查看推广计划的实时数据和历史数据，并根据数据来调整和优化计划，如图5-24所示。在推广账户选项区中，会根据店铺的实际推广消耗实时展示账户余额，并在日终进行结算，当天全部的店铺推广消耗可在次日0点查看。

在创建搜索推广计划时，添加完关键词之后，商家可以给每个关键词分别进行出价。当买家在搜索相应的关键词时，商家推广的产品会根据产品的出价和质量得分等因素，在系统内部进行排序，并依次展现给消费者。如果买家点击了之后，会进入对应的产品详情页中，同时系统也将根据扣费公式进行扣费，完成了一次广告投放。

商家可以在推广计划列表页中单击相应的推广计划名称，进入到单元列表，单击推广单元名称进入到单元详情，在“出价”一栏中进行改价操作，如

图 5-25 所示。

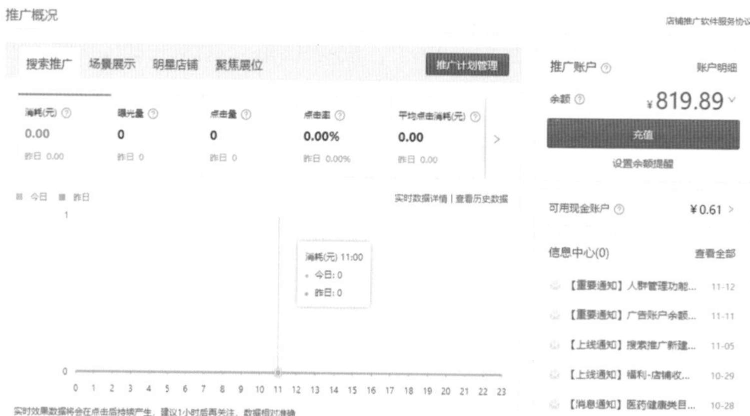

图 5-24　查看推广计划的相关数据

根据前面介绍的搜索推广的相关公式可以看出，关键词的出价主要受到质量分的影响，质量分越高，推广费用就越低，同时展示排名也越高。在使用搜索推广时，商家可以逐步提高出价，直到推广商品产生曝光，这样做的好处是成本低，缺点则是比较浪费时间。另外，商家还可以利用分时折扣出价功能，设置系统根据不同时间自动调整出价，让流量高峰和低谷期的出价更加精准，如图 5-25 所示。

图 5-25　调整出价

5.2.2　用场景展示推广引流

场景展示推广主要通过精准定向来展示商品和店铺，并且通过实时竞价的方式争取优质资源位。建议商家可以先做场景展示推广，然后根据转化率数据逐步优化推广计划，当达到一定的转化效果后，再考虑是否使用搜索推广来配合。

在创建场景展示推广计划时，商家可选择推广商品和设置合适的点击价，并选择精准的定向用户进行推广，然后根据曝光和点击等数据来优化计划，促进交易转化，最终实现销量和交易额的提升。其产品概况的具体内容如下：① 排名规则。排序原理是覆盖定向人群，根据综合排名进行排序，影响因素为商品质量分、销量和点击率。② 扣费规则。收费方式为 CPC（按单次点击扣费，展现不扣费），收费规则是同一买家多次点击同一商品，只记一次；被系统过滤掉的虚假点击不计扣费。

场景展示推广的展示渠道覆盖全网精准流量，包括移动端 App 以及 H5 商城等，如类目商品页、推文红包、现金签到页、商品详情页的“相似商品”区等。

商家可以进入拼多多管理后台的“推广中心→推广计划→场景展示”页面，查看已有的推广计划，也可以单击“新建推广计划”按钮创建新计划，如图 5-26 所示。

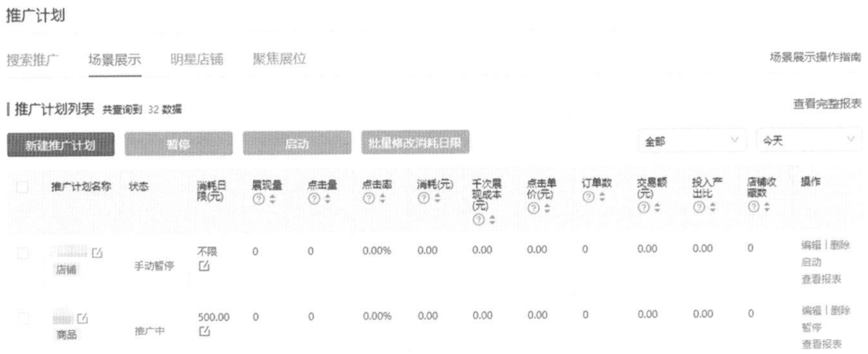

推广计划

搜索推广　场景展示　明星店铺　聚焦展位　　　场景展示操作指南

推广计划列表 共查询到 32 数据　　　查看完整报表

新建推广计划　暂停　启动　批量修改消耗日限　　　全部　今天

推广计划名称	状态	消耗日限(元)	展现量	点击量	点击率	消耗(元)	千次展现成本(元)	点击单价(元)	订单数	交易额(元)	投入产出比	店铺收藏数	操作
店铺	手动暂停	不限	0	0	0.00%	0.00	0.00	0.00	0	0.00	0.00	0	编辑 | 删除 启动 查看报表
商品	推广中	500.00	0	0	0.00%	0.00	0.00	0.00	0	0.00	0.00	0	编辑 | 删除 暂停 查看报表

图 5-26　“场景展示”页面

(1) 设置计划信息。新建推广计划时，商家首先需要设置计划信息，包括计划名称（不超过 30 个字符）、推广类型、消耗日限（最低预算为 100 元）以及投放时段等。当计划达到消耗日限设置的金额时，推广计划将会被系统自动停掉。

(2) 选择推广商品。接下来商家需要选择推广商品，建议选择有基础销量、性价比高的商品，这样更具有吸引力。

(3) 定向人群 / 资源位。人群定向包括访客重定向、相似商品定向、叶子类目定向、相似店铺定向以及兴趣点定向等 5 种方式，如图 5-27 所示。建议定向人群的出价要比普通用户高 10% 左右，这样才能获得更好的推广效果。商家选择定向人群后，接下来选择溢价资源位及设置出价，主要包括类目商品页、商品详情页和营销活动页等溢价资源位。

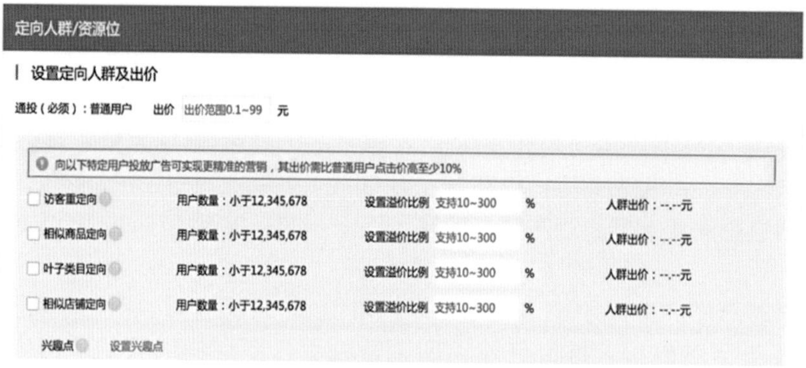

定向人群/资源位

设置定向人群及出价

通投（必须）：普通用户　出价　出价范围0.1~99　元

向以下特定用户投放广告可实现更精准的营销，其出价需比普通用户点击价高至少10%

访客重定向	用户数量：小于12,345,678	设置溢价比例 支持10~300 %	人群出价：--.--元
相似商品定向	用户数量：小于12,345,678	设置溢价比例 支持10~300 %	人群出价：--.--元
叶子类目定向	用户数量：小于12,345,678	设置溢价比例 支持10~300 %	人群出价：--.--元
相似店铺定向	用户数量：小于12,345,678	设置溢价比例 支持10~300 %	人群出价：--.--元

兴趣点　设置兴趣点

图 5-27　“定向人群 / 资源位”设置页面

5.2.3　CPT 推广资源位引流

拼多多的 CPT(Cost Per Time，按时长付费) 推广资源位主要包括首页 banner 和多多果园 icon，拥有超过亿级的流量资源。CPT 推广适合新店、新品上线，可以快速地注入新鲜流量，迅速地打响知名度，带来 GMV 和新用户的迅猛提升，突破销量瓶颈。CPT 推广还非常适合在重要的营销节点时使用，可以帮助商家稳坐“舞台中央”，打造品牌影响力。

通过 CPT 和活动资源的整合营销，互相促进，共同发力，实现更高的 GMV 产出。CPT 广告主打首页场景，不仅可以吸引在首页里浏览的闲逛用户，CPT 和活动资源互为补充，还可以获得更大的曝光，吸引活动资源位中有明确需求的频道用户。

5.2.4　用明星店铺推广引流

明星店铺推广是商家在拼多多平台上的一个“闪亮名片”，用户在搜索盼盼、蓝月亮等品牌词时，即可看到相应的明星店铺推广广告位，如图 5-28 所示。

1. 明星店铺的推广优势

明星店铺非常适合大品牌和大商家，其主要优势如下。

(1) 刺激用户购买欲。明星店铺推广不仅能够展示店铺海报、推广品牌，而且还能展示单品，推广热卖款。有购买意愿的用户搜索某个品牌名时，如“飞利浦”，即可出现明星店铺广告为霸屏，强烈刺激用户的购买欲，如图 5-29 所示。

图 5-28 明星店铺推广广告位示例

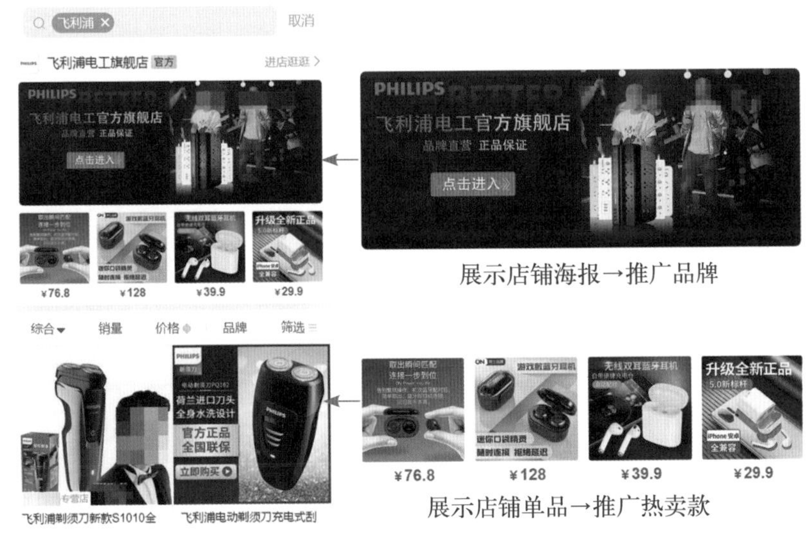

图 5-29 “飞利浦”的明星店铺推广广告位示例

(2) 千人千面下的高转化率。不同的用户使用不同的品牌词搜索时，都能够展现品牌的明星店铺推广广告位，同时根据千人千面的搜索逻辑，展现不同的推广单品。如某用户直接搜索品牌词时，如“李宁”，则下方会展现店铺 TOP4 的热销单品；如果用户搜索“品牌词 + 商品词”时，如“李宁运动鞋”，则下方会展现 4 款与关键词相关性最高的产品，如图 5-30 所示。

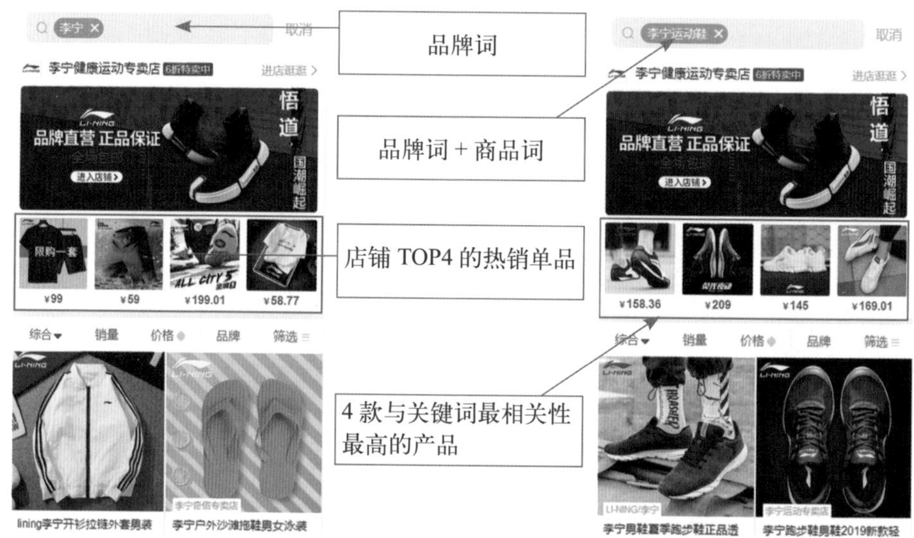

图 5–30　明星店铺推广千人千面下的高转化率案例

(3) 抢占流量先机。商家参与明星店铺推广后，可以反复曝光品牌，让用户产生好奇心，主动搜索品牌名，然后通过明星店铺广告位来承接流量，避免精准流量被其他商家抢走。如图 5–31 所示，为 VIVO 的明星店铺推广案例。

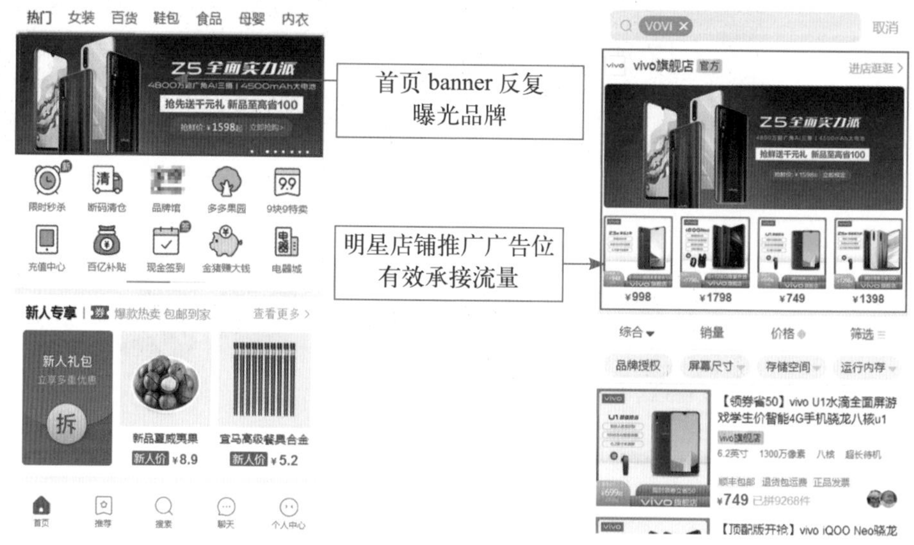

图 5–31　VIVO 的明星店铺推广案例

(4) 打造“品牌永动机”。使用明星店铺推广后，商家可以制作一些创意海报，从而让店铺品牌调性得到充分展示，同时还可以帮助店铺快速“圈粉”，有效地引导买家收藏店铺，积累源源不断的自然流量。

2. 创建明星店铺推广计划

店铺类型为旗舰店、专卖店、专营店的店铺可以申请明星店铺。商家可以在拼多多管理后台的“推广中心→推广计划”中，选择“明星店铺”进入其界面，第一步单击“品牌词管理”按钮新建品牌词，如图 5-32 所示。弹出“新建品牌词”对话框，申请新的品牌词，单击“提交申请”按钮，之后需要系统审核。注意，品牌词必须与商标名称完全一致，一个商品注册证对应一个品牌词。

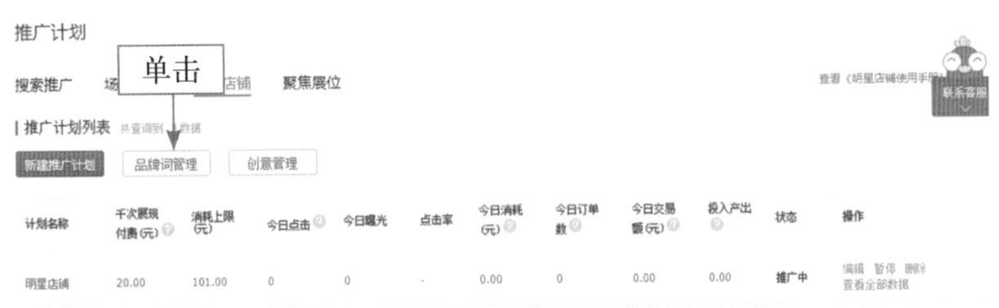

图 5-32　单击“品牌词管理”按钮

第二步是创意编辑，单击“创意管理”按钮，进入“新增创意”界面，商家必须注意其中的样式要求（见图 5-33），根据提示上传符合条件的创意样式，即可提交审核。

图 5-33　创意样式要求

当品牌词和创意都审核通过之后，最后一步即可开始创建明星店铺计划。单击“新建推广”按钮进入“创建明星店铺计划”界面，如图 5-34 所示。商家可以在此输入品牌词和计划名称，设置千次展现出价、每日消耗上限，然后在已通过的创意样式中选择创意，单击“创建计划”按钮，即可完成明星店铺推广计划的创建，创建之后自动发布。

图 5-34 “创建明星店铺计划”界面

5.2.5 通过聚焦展位上首页

聚焦展位是商品上首页的一条捷径，是目前平台上最优质的广告位，可以帮助商家轻松地将商品推上首页。

1. 聚焦展位的推广优势

聚焦展位的主要优势如下。

(1) 高效地抓取大流量：聚焦展位覆盖 3 亿 + 庞大用户基数，是用户进入拼多多后必展现的钻石级展位。

(2) 左右逢源：商家不仅可以通过聚焦展位来推广店铺、打造品牌，而且还可以推广单品、打造爆款，实现销量暴增。

(3) 正面连锁反应。聚焦展位能够有效地引导进店用户收藏店铺，提升免费的自然流量，而且还可以引发连带效应，通过大流量带动提高产品权重，从而提升其他付费推广的效率。

(4) 流量多元化。聚焦展位可以通过多种定向推广抓取精准人群，如竞品的人群、行业潜在消费人群以及店铺本身的用户群等群体。

(5) 流量可控，成本低。聚焦展位主要按照展现数来计费，千次展示 2 元起，点击不收费，商家能够吸引多少流量进店完全由自己决定。

专家提醒

聚焦展位的推广主体包括店铺和单品，商家可以设计个性化的创意素材，并设置好精准的定向人群和出价，让创意能够得到更多曝光，从而实现高效引流。

2. 创建聚焦展位推广计划

商家可以在拼多多管理后台的“推广中心→推广计划”中，选择“聚焦展位”进入其界面，首先单击“创意管理”按钮设置 Banner 创意图片，如图 5-35 所示。商家在正式投放聚焦展位推广计划之前，可以搭配测试创意，找到最佳的创意图片来投放。另外，商家还可以设置不同时段投放不同素材，来提升点击率和 ROI。

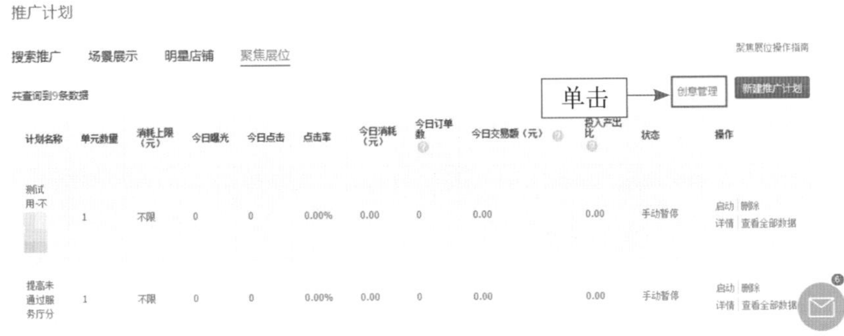

图 5-35 单击“创意管理”按钮

注意，创意图片必须符合相关的样式要求和《广告法》要求，如图 5-36 所示。另外，如果推广计划里面涉及相关的明星或品牌，必须得到相关的授权才行。推广创意提交后必须通过审核才可以创建聚焦展位推广计划。

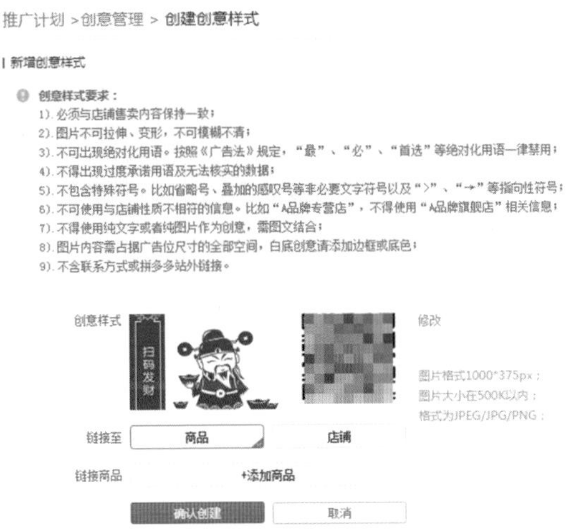

图 5-36 聚焦展位创意样式要求

在“聚焦展位”界面单击“新建推广计划”按钮，进入“创建聚焦展位计划”

界面，设置计划状态、计划名称、消耗日限，单击“确认并继续设置”按钮，如图 5-37 所示。计划名称不能超过 30 个字符，每个计划最低预算为 100 元。

推广计划 > 创建聚焦展位计划

设置推广计划基本信息

计划状态： 新建计划

计划名称： 请输入计划名称 0/30个字符

消耗日限：
不限
自定义 请填写≥100的数值 元

· 如当前推广计划达到每日消耗上限时，计划将自动暂停。第二天将自动启动。
· 如推广计划因达到日限额自动暂停，您可通过调整日限额使推广计划重新上线。

确认并继续设置 取消

图 5-37 “创建聚焦展位计划”界面

接下来进入“编辑单元与推广设置”界面，设置推广单元名称，选择推广创意，最后选择定向并设置出价，如图 5-38 所示。单击“保存编辑”按钮即可创建成功计划，并开始投放。

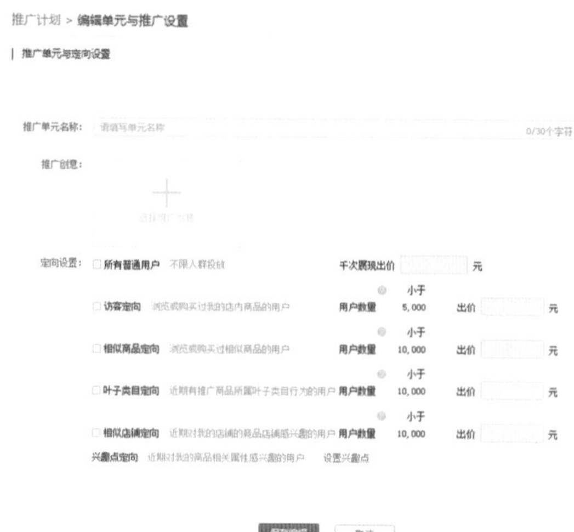

图 5-38 “编辑单元与推广设置”界面

5.2.6 用推广账户自动充值

拼多多的正常充值流程并不复杂，商家可以通过手机电脑非常方便地为推广账户充值。商家可以在手机后台的店铺页点击“推广数据”按钮，进入“店铺经营数据”界面，在“推广账户余额”选项右侧点击“充值”按钮，如图5-39所示。

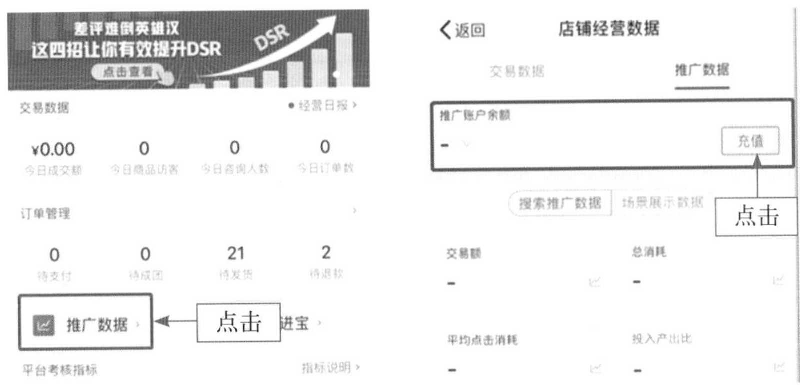

图5-39　使用手机进行推广账户充值

执行操作后，即可进入“充值推广账户”界面，在“充值金额”文本框中输入需要充值的金额，然后点击“确认充值”按钮即可，如图5-40所示。如果商家的“可用现金账户”中的余额不足时，还可以通过货款余额、支付宝、微信支付等渠道向推广账户充值，如图5-41所示。

图5-40　输入充值金额　　　　图5-41　多种充值渠道

虽然充值过程很简单，但商家不可能时刻去关注自己的推广账户。商家每天的工作都很繁忙，如进货发货，还有家庭和生活上的日常事务，因此难免会遇到无法兼顾推广账户的情况。这样容易导致商家原本推广账户很稳定，不论是流量还是推广效果都非常好，但是突然某天推广账户的余额消耗完毕，而商家却忘记充值，此时所有的推广都将自动停止，推广数据也直线下降，这样商家要花更多的时间和精力来补救。

因此，拼多多商家必须明白到维持推广账户稳定的重要性。为了让商家能够更加自动化地对推广账户进行充值管理，拼多多推出了自动充值功能。需要注意的是，商家首次进行推广账户充值时，需要先绑定银行卡，才能开启自动充值功能。开通自动充值的商家，可以点击“余额提醒及自动充值”按钮，在弹窗中可以对单次充值金额和单日充值限额进行修改。开通自动充值功能后，商家能够更加稳定地获得流量和提升质量分。

自动充值不会增加推广花费，花费本质上还是由推广关键词及出价决定的，加上绝大多数计划都有计划日限额，推广花费并不会超过日限额。如果是不设上限的推广计划，也会有“单次单日充值上限”以及充值内在的检测系统，这样通过“三大保险”来杜绝充值风险。

第 6 章

排名和关键词的优化

在拼多多店铺的运营中，要想增加店铺的流量和商品的曝光量，就得优化商品的关键词、提升商品的排名。本章主要讲解搜索排名的算法和底层逻辑，以及提高商品排名和曝光量的技巧，还有筛选优质关键词的方法。

6.1 排名算法和底层逻辑

本节主要介绍搜索排名的算法和底层逻辑，让商家对“多多搜索”推广方式有一个系统性地认识，避免进入运营误区，从而提升时间和资金的效率。

6.1.1 搜索流量的公式算法

做过拼多多或者其他电商平台运营的商家，都知道商品标题的重要性，但至于为什么要制作好标题，标题到底有什么作用，大家可能一知半解。正确的标题有以下两个原则。

效果：获得的搜索词组合越多越好，同时搜索人气越高越好。

前提：标题中的关键词与产品高度相关，不要顾虑这些词的竞争度。

设计标题时，可以采用包含性规则，也就是说，在商品标题中是否必须包含某个关键词，才能被用户搜到。例如，“女士短裤”这个商品，在标题中不体现“士”这个词，能不能被买家搜索出来，如图 6-1 所示。

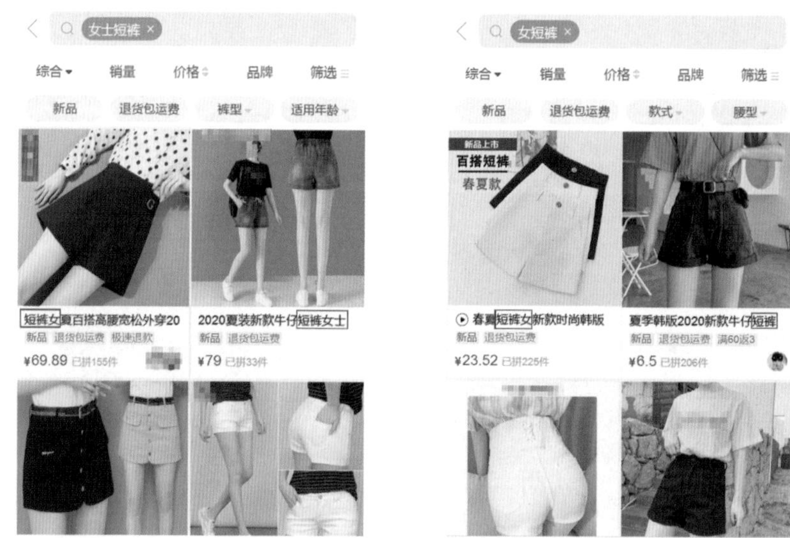

图 6-1 搜索不同关键词的结果

从图 6-1 中可以看到，搜索“女士短裤”这个关键词时，在一些商品标题中，部分词并没有完全连在一起出现，因此说明这个关键词是可以拆分的，如“短裤”“女”和“士”都是可以分开的。

因此，商家只要在对应类目中找到符合商品属性的关键词，然后经过拆分组合形成标题即可。也就是说，标题虽然只有 30 个字，表面上只有 15 个词组，但经过拆分组合后可以形成更多的词组。因此，在制作商品标题的时候，商家不要只按照常规顺序来选词，还要分析更多潜在的关键词组合，否则会错过很多搜索流量。

搜索流量的基本公式为“搜索流量 = 搜索展现量 × 搜索点击率”。其中，搜索展现量是由平台决定的，而搜索点击率则是由买家决定的。在这两个指标中，商家都可以进行优化调整，来提升搜索流量。在拼多多平台上，商品要想获得展现量和流量，还必须了解其构成模型，如图 6-2 所示。

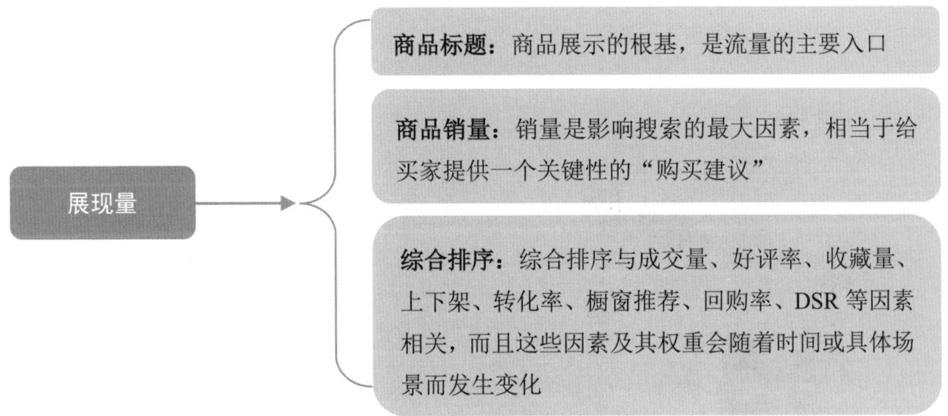

图 6-2 展现量的构成模型

在等同的推广花费下，商品的点击率越高，则获得的点击量就越大，平均点击扣费（获客成本）相对来说就会越低，即商家的盈利就会越多。

6.1.2 自然排名的排序方式

拼多多的自然排名规则主要包括综合、评分、销量、品牌和价格等排序方式。其中，综合排序和销量排序存在很大的区别，这是商家必须了解的地方。不然，可能商家的商品与竞品的搜索排名展现位置差不多，但销量却低很多，这就是综合排序和销量排序的猫腻所在。

1. 综合排序

综合排序主要是根据商家的商品在一段时间内产生的销量、价格、质量、售后和商品评分等条件，进行综合评分来排名并更新的。例如，在搜索“女鞋春季”关键词后，点击“综合”按钮，在弹出的快捷菜单中选择“综合排序”选项，即可采用综合排序的方式排列所有的商品，如图 6-3 所示。

综合排序的搜索结果是千人千面的，不同的买家搜索同一个关键词，看到的结果是不一样的。商家可以通过提高商品质量分，或者利用推广工具提升商品的基础数据，来提升综合排序的自然搜索排名。

2. 销量排序

销量排序主要是根据商品近 30 天的销量数据进行排名的。采用销量排序模式时，排在靠前位置的商品基本都是销量 10 万 + 的商品。

不过，细心的商家可能会发现，很多商品销量明明比较小，却能够排在前面，如图 6-4 所示。这是因为销量排序依据的是商品近 30 天的销量，而搜索结果页面展现的是商品的所有销量，所以只要做好近期的销量，即可获得更好的排名。

图 6-3　综合排序

图 6-4　销量排序

对于大部分消费者而言，都觉得销量好的商品质量肯定不会差，这是正常人的消费思维。如果商家的商品和竞品完全一致，甚至性价比更高、搜索排名更靠前，但日销量就是比竞品低，这就是销量排序带来的结果，因为竞品的销量排序要比你的商品更高。

3. 匹配原理

搜索排名的匹配是由商品标签（所在类目、属性、标题关键字）和用户标签共同决定的。其中，用户标签的组成部分如下。

(1) 用户基本属性标签：用户在注册平台账号时设置的基本资料，如年龄、地区、性别等，这些资料会形成部分用户基本属性标签。不过，用户可能会随时修改这些资料，因此这种标签的稳定性比较差。

(2) 用户行为标签：用户浏览、收藏、购买某个商品的记录，形成的用户行为标签，这种标签对于搜索结果的影响非常大。

- 收藏的商品：主要针对买家收藏的商品，不限时间，都会在搜索结果页和推荐页中展示该标签。

- 购买过：买家成功拼团购买了一件商品，则会在搜索结果页和推荐页中展示该标签。
- 好评过：买家购买并给予商品一次好评，会在搜索结果页和推荐页中展示该标签。注意，系统默认好评不算。
- 我评价过 N 次：买家给予某个商品的好评超过 2 次，其中 N 为具体的评价次数，则会在搜索结果页和推荐页中展示该标签。注意，系统默认好评不算。

如果商家无法在短期内快速拉新，不妨回头看看自己的老客户，这些老顾客的作用是新客户无法替代的。维护老顾客不仅可以帮助商家减少广告支出成本、沟通成本和服务成本，还能获得相对稳定的销量。商家在打造爆款产品时，可以转换一下思路，利用用户标签来吸引和维护店铺的老顾客，让店铺的生意更长久、更火爆。

专家提醒

用户标签主要反映了买家和商品的各种关系，如果商品质量确实很好，则能够吸引有需求的买家再次购买。同时，拼多多还有展现买家与店铺关系的用户标签，如“我好评过的店铺”“我收藏过的店铺”等标签，以及展现买家的微信好友和商品之间关系的用户标签，如“好友买过的店 / 商品”“N 位好友买过的店 / 商品”“好友收藏过的店 / 商品”“N 位好友收藏过的店 / 商品”“好友好评过的店 / 商品”“N 位好友好评过的店 / 商品”等标签。

当然，如果还没有老顾客，则商家可以利用搜索推广来打标签，根据产品的人群定位来选择精准的关键词作为引导标签，并通过场景推广提升精准人群的溢价，以及优化商品的“内功”，来给商品打上精准的用户标签。

商品的综合排名是根据标题、标签和权重来组合产生的，同时其中还有很多看不到的系统算法。对于中小商家来说，只需要从这 3 个方面努力，即可有效提升店铺的订单量和销售额。

6.1.3 搜索优化的关键指标

搜索流量主要来自拼多多 App 的搜索入口，自然搜索流量是免费的，而且它引来的流量非常精准，能够有效地提高店铺的转化率。例如，某买家在拼多多上搜索“休闲女裤”时，她在搜索结果中找到并点击了你的店铺商品，而你却没有做任何宣传广告，这就是免费的自然搜索流量，如图 6-5 所示。

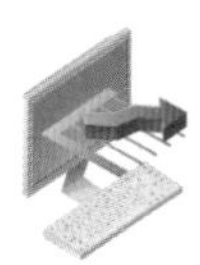

搜索排名受到诸多因素的影响，具体包括商品标题、关键词适配度、点击率、转化率、产品类目、销量、上架时间、客单价、售后服务、DSR(Detail Seller Rating，卖家服务评级）评分和商品评价等，这些因素对于搜索排名的影响作用也有大有小，同时搜索结果还会遵循千人千面的展示逻辑。

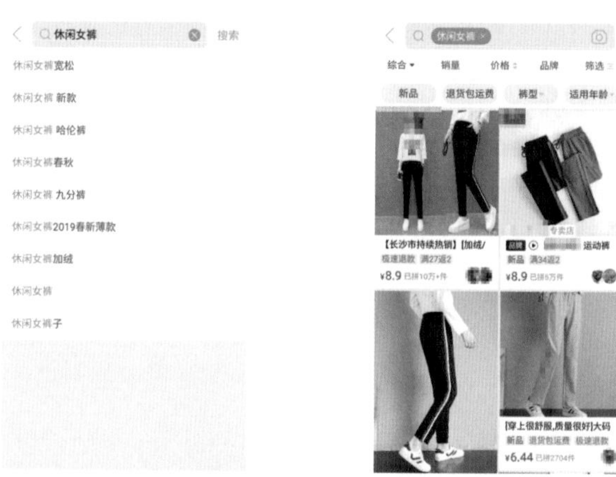

图 6-5　搜索流量示例

对于新店铺或者新品来说，这些基础数据几乎都为零，此时可以从曝光、访客和销量这 3 个最底层的指标来努力，从而获得更好的搜索排名。

当买家搜索一个关键词的时候，拼多多的搜索机制就会在后台筛选相关的商品，最终选择 SEO(Search Engine Optimization，搜索引擎优化）做得好的商品展示在前面。如果商家在发布商品时，类目属性放错了，或者商品的标题不够准确，抑或是店铺的相关性不够高，则商品就会被搜索引擎筛选掉，这是拼多多 SEO 精准性小而美的体现，也是所有商家需要注意的地方。搜索优化的关键指标如图 6-6 所示。

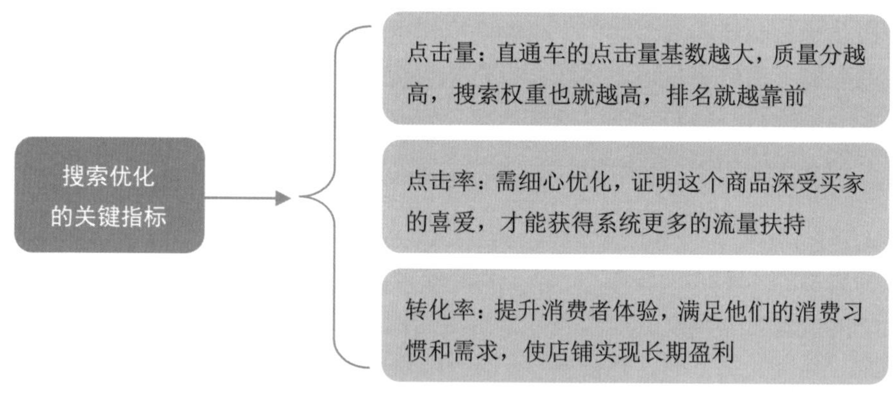

图 6-6　搜索优化的关键指标

同时，搜索引擎会计算出商品的综合分数，综合分数越高，在综合排序中排在前端的时间就越长。最后，系统会按照所有商品各自获得的综合分数来排序，将其一个个排列在搜索结果页面中，等待买家选择和点击。

6.1.4 产品权重和店铺权重

权重是一个相对概念，是针对某一指标而言，如拼多多权重就是平台根据商品表现给出的一个估值，用于评估商品获取流量和排名的能力。

1. 提升产品权重

拼多多产品的常见流量来源主要包括自然搜索、场景、类目、搜索、推送和活动等 6 个方面，这也是影响产品权重的主要因素，具体分析如表 6-1 所示。

表 6-1 影响产品权重的主要因素

权重类型	权重独立性	影响因素	提升技巧
自然搜索权重	强	影响最大：标题和属性与关键词的匹配度 影响其次：对应关键词累积的 GMV 其他因素：评分、回购率、跳失率、退款率、非搜索 GMV	优化标题，完善属性，积累更多的关键词 GMV
场景权重	强	商品质量分	做好场景计划的创意图测试，提升点击率
类目权重	弱	商品全维度 GMV	通过活动推广、页面设计等方法提升 GMV
搜索推广权重	强	关键词质量分	搜索推广计划采用多创意图策略，前期选择长尾词，提高关键词与标题 / 属性的匹配度，找到精准的投放时间段
活动权重	强	UV(Unique Visitor，独立访客) 价值	提高产品在活动中的单位曝光营业额
推送权重	中	UV 价值	提升产品的点击率和转化率

2. 提升店铺权重

店铺权重包括开店状况、服务指标、销售额、销量、店铺动销率、店铺转化率以及相关性等因素。卖家必须通过了解和掌握这些影响店铺权重的因素，不断

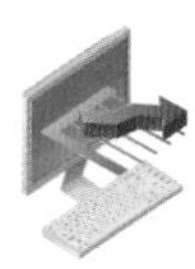

地调整店铺的基本设置和推广方案，来提升店铺的销量。

(1) 开店状况：包括开店的时间，商品的分类、数量和销售情况，以及违规扣分情况等因素。

(2) 服务指标：包括店铺资质、DSR、客服服务、售后服务、发货速度、评价以及买家秀等因素。

(3) 销售额、销量：店铺商品有没有人购买，有多少成交，不仅影响店铺的销量权重，也反映了商品的潜力。

(4) 店铺动销率：动销率 = 有销量的商品 ÷ 在线销售的商品。例如，店铺上架了 100 款产品，但只有不到 10 款产品有销量，其他的产品都没有产生销量，说明该店铺动销率非常低。

(5) 店铺转化率：最能提升搜索权重的转化率就是搜索转化率，通过搜索关键词，进入店铺达成交易的比率越高，权重就会越大，排名一般就会靠前一些。

(6) 相关性：相关性筛选，不相关的产品，系统会直接屏蔽掉，比如买家搜“单肩包”，卖家如果是做牛仔裤的，就会被直接屏蔽。

- 店铺相关性：主营占比。
- 类目相关性：产品发布到相关类目。
- 标题相关性：标题里面词的相关性。
- 图片相关性：主图、活动图的相关性。
- 属性相关性：属性填全且精准。
- 关键词相关性：关键词的关键属性与类目属性，与商品标题有相关性。

店铺排序主要按照以上综合权重进行排序，同时采用千人千面的展示逻辑。商家可以优化店铺标题和关键词的匹配程度，并提升店铺的销量和 DSR 等维度，来提升店铺的排序。

6.2 提高排名和曝光量的技巧

当商家发现自己的付费推广没有曝光时，可以先根据以下原因进行自查。

- 分时折扣是否设置为 0，推广计划有没有生效。
- 出价是否过低，从而无法获得曝光。

排除以上原因外，商家还需要从商品自身优化推广计划。本节将从搜索推广和场景展示推广计划的优化入手，介绍帮助商家提高商品排名和曝光量的技巧。

6.2.1 商品标题的优化技巧

标题优化的作用是让买家能搜索到、能点击到，最终进入店铺产生成交。标题优化的目的则是为了获得更高的搜索排名、更好的客户体验、更多的免费有效的点击量。

商品标题是体现商品品牌、属性、品名和规格等信息的文字。商家在创建商品时，还需要在商品标题下方填写商品的相关属性，如图 6-7 所示。好的商品标题可以给商品带来更大的曝光，能够准确地切中目标用户，所以商家一定要重视标题。需要注意的是，商品标题最多只能包含 60 个字符或者 30 个汉字，而且要符合商品属性的相关描述。

图 6-7 设置商品标题和商品属性

系统会根据商品标题为商品贴上各种标签，当买家通过关键词搜索商品时，系统会匹配用户行为标签和商品标签，优先推荐相关度高的商品。

商家在做标题优化的时候，首要的工作就是“找词”，即找各种热门关键词的数据，包括商品的款式、属性、价格以及卖点等这些做标题要用到的关键词。

专家提醒

标题的基本编写公式如下：

标题 = 商品价值关键词 + 商品商业关键词 + 商品属性关键词

6.2.2 影响曝光的 5 个因素

影响搜索推广的曝光因素主要包括以下 5 个方面。

(1) 关键词的数量足够多。在搜索推广计划中，精准关键词的数量越多，获得的曝光量就越大。例如，商品 A 的推广关键词有 100 个，而商品 B 的推广关键词只有 60 个，则商品 A 得到的曝光量显然会大于商品 B。

(2) 关键词的搜索热度高。搜索热度是指关键词搜索次数，数值越大，代表搜索次数越多。搜索热度低的关键词说明其搜索人气也非常低，搜索该关键词的用户群体自然也会很低，从而影响该关键词的整体曝光量。因此，商家在选择关键词时，可以参考搜索热度指标进行筛选，如图 6-8 所示。

添加关键词

关键词推荐　关键词拓展　自定义加词　　已选 0/150

推荐排序　热搜词　质优词　飙升词　潜力词　长尾词　同行词

关键词	相关性	搜索热度	上升幅度	竞争强度	点击率	市场平均出价	建议出价
a字连衣裙 热 潜		3709	2.89%	2142	4.12%	0.21	0.23
白色连衣裙 小个子		284	0.00%	52	3.46%	0.26	0.11
长版连衣裙		120	35.95%	30	3.23%	0.21	0.19
裙子韩版气质		147	0.00%	102	3.68%	0.31	0.35
连衣裙长款 最新款 显瘦		85	19.74%	30	3.56%	0.25	0.34
复古连衣裙 中国风		162	0.00%	110	4.97%	0.12	0.19
新款打底连衣裙		121	9.76%	199	2.90%	0.24	0.29
短款连衣裙 新款		117	0.00%	106	4.86%	0.13	0.11

图 6-8　参考搜索热度指标筛选关键词

(3) 提高单个关键词的出价。拼多多的搜索推广是根据关键词出价进行排名的，因此商家可以通过调整关键词出价，使其高于竞品的关键词出价，从而提高推广商品的展示位置来增加曝光量。

(4) 选取的关键词要足够精准。如果商家选择的关键词与商品属性相差比较大，或者毫无关系，也会影响商品的整体曝光量。

(5) 合理设置分时折扣选项。在流量的高峰期和低谷期，获取的曝光量差距非常大。商家可以通过分时折扣设置，根据流量趋势来合理设置搜索推广的关键词出价，在流量高峰期适当地提高关键词出价，来获得更多曝光量。

6.2.3　场景推广的卡位技巧

场景推广的溢价设置包括人群溢价和资源位溢价两个方面，商家可以从中入手设置不同的溢价组合。

卡位就是通过频繁调整人群溢价和资源位溢价的组合，让商品在某个资源位的排名能够保持稳定不变。通常情况下，商品越排在前面，就越有可能获得更高的点击率，同时还能够直接提升商品的质量分。

以相似商品定向和类目商品页的溢价组合为例，商家可以通过调整“相似商品定向＋类目商品页”组合的溢价，使商品始终排在类目商品页资源位的首位。此时，若竞品调高溢价比例，商家也跟着调高溢价比例，使商品排名保持在首位。

商家可以使用“搜索行业分析”这个推广工具查看商品排名，进入拼多多管理后台的“推广中心→推广工具→搜索行业分析”界面，在下方的“搜索商品排行榜”中设置相应的统计时间、行业、二级类目和三级类目，即可查看商品的排名情况，如图 6-9 所示。

图 6-9　查看热销商品的排名情况

专家提醒

需要注意的是，推广商品要在类目商品页获得排名和曝光，是有一定的销量门槛的，基本要求为“一级类目需要累计 500 个销量”。

6.2.4　超级运营提高曝光量

“超级运营”是一个可以帮助商家提高搜索排名和自然流量的推广工具，能够实现搜索推广和场景展示推广计划的智能托管，轻松获得百万曝光量，其核心功能如图 6-10 所示。

商家可以进入“推广中心→推广工具→超级运营”界面，购买该应用后进入详情界面，即可使用搜索计划托管、场景计划托管、店铺诊断、打造爆款、标题优化等功能，如图 6-11 所示。

核心词卡位
卡位抢排名
实时抢，卡首屏

批量推广
操作简单
智能一键批量推广

智能加词
亿级词库
智能加类目热搜词

标题优化
标题引流评估
智能优化标题

全自动托管
全自动托管
省时省力不费心

创意制作
一键制作
50套精选模板

图 6-10　“超级运营”推广工具的核心功能

图 6-11　“超级运营”界面

例如，标题优化功能主要包括标题长度的控制、关键字分布、关键字词频及关键字组合技巧等，可以让商品标题快速地在竞品中获得更靠前的排名，增加曝光率、点击量以提升转化率。

6.2.5　商品诊断提高竞争力

商品诊断工具可以为商家提供搜索推广计划下的商品投放诊断和商品竞争分析服务，帮助商家提高行业竞争力。商家可以进入“推广中心→推广工具→商品诊断”界面，选择相应的推广计划，即可进行曝光诊断、点击率诊断和转化率诊断，并列出相关的问题及原因，如图 6-12 所示。

当系统诊断推广计划存在问题时，同时还会给出相应的优化建议，如开启智能词包或者添加优质关键词，来提升推广商品的排名和曝光量，商家可以直接单击“一键开启”按钮或者“一键采纳”按钮，根据系统方案快速做出优化，如

图 6-13 所示。

图 6-12 “商品诊断”界面

图 6-13 商品诊断的优化建议

另外，在“商品诊断”推广工具页面的最下方，商家可以查看近 7 天的竞品累计数据对比情况，查看商品与竞品的差异，找出问题所在并进行优化调整。

专家提醒

例如，当商家经过商品诊断，发现点击率低于竞品时，则可能是由于已购买关键词的整体点击率低且存在优质关键词未添加等情况，此时商家可以通过添加优质关键词和高潜力关键词，来获得更多优质曝光和点击。

6.3 筛选优质关键词方法

关键词一定要精准，不仅要流量大、搜索人气高，而且相关性也要高，必须是成交数据最好的关键词，这样才能给推广的商品带来流量和转化。

6.3.1 关键词词根使用方法

词根是指关键词的最小组合单位，例如某商品的标题为“针织背心女装2020 新款 v 领冰丝小吊带百搭性感显瘦蕾丝花边打底夏”，可以拆分出不同的词根。其中“小吊带”就是一个词根，它是一个连着的词，如果将其拆分为“小”和“吊带”，这样“小”这个词就没有任何意义了。

商家在组合标题时，也需要注意词根的运用，以及了解关键词的组合结构。

(1) 顶级关键词（类目关键词）：又称为核心词，一般由 2 ~ 3 个字组成，如“女装”。顶级关键词的主要优势是搜索量非常大，劣势则是市场竞争非常激烈，新商品很难去竞争这些关键词的流量。

(2) 二级关键词（包含类目关键词）：即加入了商品属性的核心词，通常由 4 ~ 5 个字组成，如“背心女装”等。二级关键词的主要优势能够获得较大的搜索流量，劣势同样是竞争比较激烈。

(3) 长尾关键词（包含二级关键词）：通常由 5 个字以上或多个词组成，如：“针织背心女装”。长尾关键词是指在二级关键词的基础上加入更多的属性词，主要优势是搜索流量的精准度高、竞争度小，而劣势则是搜索流量比较小。

拼多多系统通过搜索识别商品标题，将商品标题拆分成词根，进行检索匹配。如图 6-14 所示，为拼多多关键词的排序规则。

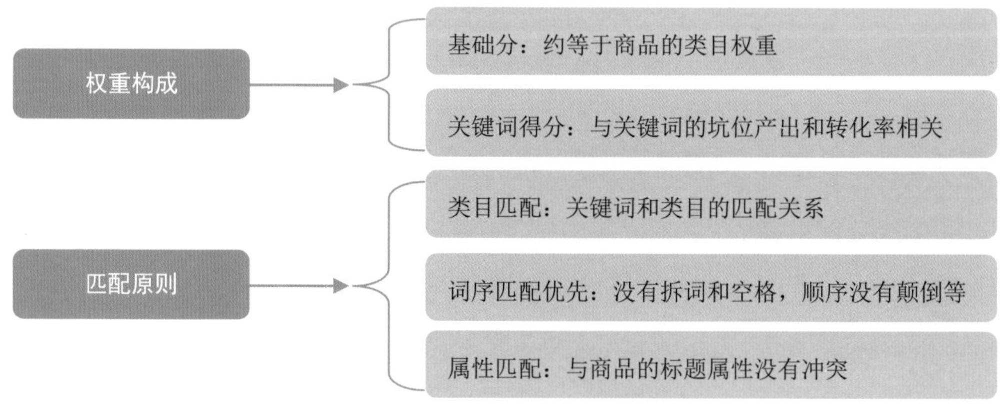

图 6-14　拼多多关键词的排序规则

6.3.2 关键词选词基本途径

在创建搜索推广计划时，商家需要选择一个销量高、评价好的产品，这样转化率会更高。接下来便是选词，搜索推广计划的选词途径包括商家后台的商品热搜词、系统推荐词、搜索下拉词、第三方软件推荐以及质量分 / 相关性高的词。如图 6-15 所示，为“关键词及人群”设置界面，商家可以在此为推广计划添加关键词。

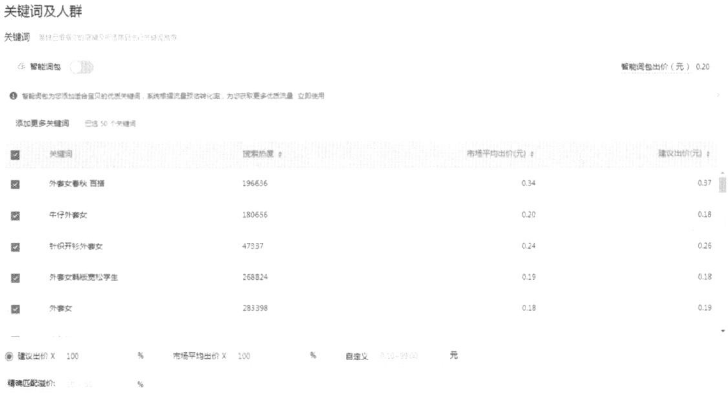

关键词及人群

关键词

智能词包 智能词包出价（元） 0.20

添加更多关键词

关键词	搜索热度	市场平均出价(元)	建议出价(元)
外套女春秋 百搭	196636	0.34	0.37
牛仔外套女	180656	0.20	0.18
针织开衫外套女	47337	0.24	0.26
外套女韩版宽松学生	268824	0.19	0.18
外套女	283398	0.18	0.19

建议出价 X 100 % 市场平均出价 X 100 % 自定义 元

精确匹配溢价: %

图 6-15 “关键词及人群”设置界面

单击“添加更多关键词”按钮打开“添加关键词”窗口，商家可以通过关键词推荐、关键词拓展和自定义加词 3 个渠道来添加关键词。

在“关键词推荐”选项卡中，商家可以单击推荐排序、热搜词、质优词、飙升词、潜力词、长尾词、同行词等标签来快速选词，也可以根据相关性、搜索热度、上升幅度、竞争强度、点击率以及市场平均出价等指标来对所有的关键词进行排序，从而筛除出优质的关键词，如图 6-16 所示。

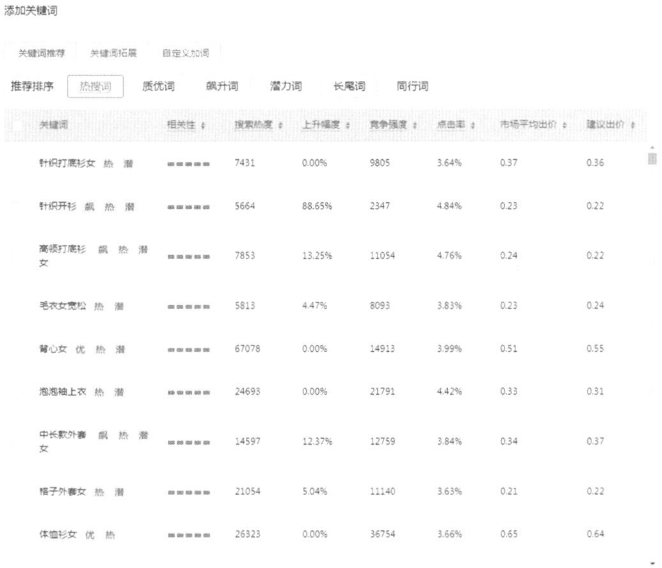

添加关键词

关键词推荐 关键词拓展 自定义加词

推荐排序 热搜词 质优词 飙升词 潜力词 长尾词 同行词

关键词	相关性	搜索热度	上升幅度	竞争强度	点击率	市场平均出价	建议出价
针织打底衫女 热 潜		7431	0.00%	9805	3.64%	0.37	0.36
针织开衫 飙 热 潜		5664	88.65%	2347	4.84%	0.23	0.22
高领打底衫女 飙 热 潜		7853	13.25%	11054	4.76%	0.24	0.22
毛衣女宽松 热 潜		5813	4.47%	8093	3.83%	0.23	0.24
背心女 优 热 潜		67078	0.00%	14913	3.99%	0.51	0.55
泡泡袖上衣 热 潜		24693	0.00%	21791	4.42%	0.33	0.31
中长款外套女 飙 热 潜		14597	12.37%	12759	3.84%	0.34	0.37
格子外套女 热 潜		21054	5.04%	11140	3.63%	0.21	0.22
体恤衫女 优 热		26323	0.00%	36754	3.66%	0.65	0.64

图 6-16 “关键词推荐”选项卡

专家提醒

“关键词推荐”选项卡中各个快捷标签的含义如下。

(1) 热搜词：搜索热度高于平均水平的关键词。

(2) 质优词：点击转化率或者投入产出比较高的词。

(3) 飙升词：近期搜索量快速增长的关键词。

(4) 潜力词：有一定的搜索热度，但市场出价水平和竞争程度较低的关键词。

(5) 长尾词：搜索热度较低，但是点击率较高的关键词。

(6) 同行词：同行购买，有一定搜索热度且点击率高于平均水平的关键词。

其中，搜索热度是指关键词的搜索次数，其数值越大，代表搜索次数越多。上升幅度是指该关键词搜索量的上升百分比，其数值越大，代表搜索上升幅度越强。竞争强度是指关键词同一时间竞价的商家数量，其数值越大，代表竞争越强。

切换至“关键词拓展”选项卡，商家可以在搜索框中输入一个关键词，然后单击“查询”按钮，系统会围绕这个关键词为商家推荐更多相关词，如图 6-17 所示。

关键词推荐　关键词拓展　自定义加词

春秋女装　查询

推荐排序　热搜词　质优词　飙升词　潜力词　长尾词　同行词

关键词	相关性	搜索热度	上升幅度	竞争强度	点击率	市场平均出价	建议出价
女装春秋款 热 潜 荐		13116	6.90%	9424	2.78%	0.33	--
春季女装 热 潜 荐		13279	0.00%	33787	3.34%	0.30	--
中年女装 热 潜 荐		20318	0.00%	13809	3.16%	0.39	--
女装2020新款潮 热 潜 荐		130104	0.00%	47403	2.92%	0.32	--
春秋女装洋气 热 潜 荐		806	0.00%	436	2.81%	0.24	--
大码女装 热 潜 荐		24438	0.00%	35787	3.91%	0.24	--
韩版女装 热 潜 荐		14380	0.00%	22709	3.16%	0.28	--
春秋女装上衣 热 潜 荐		2014	0.00%	2040	3.16%	0.27	--

图 6-17　“关键词拓展”选项卡

专家提醒

在推广计划投放过程中，要结合点击量、点击率、收藏、加购、ROI 等数据来辅助判断关键词的加减。

- 例如，小预算的付费推广由于没有过多的资金，因此更需要关注投入产出比数据来控制关键词的选择。
- 再如，商家的预算有限，而且商品类目是一个大类目，如果想让商品的质量得分快速上升，则需要优先考虑行业点击率和点击转化率这两个指标。

6.3.3 关键词属性分类方式

从关键词的属性来看，可以分为物理属性关键词和抽象属性关键词。

(1) 物理属性关键词：从商品的图片上即可看出来的关键词。例如，“五分袖”“半高领”“棉针织衫”这些词都属于物理属性关键词，如图 6-18 所示。

(2) 抽象属性关键词：是指概念和人群需求比较模糊，难以界定属性的产品关键词。例如，如图 6-19 所示，标题中的“修身”“显瘦”等关键词，在图中并不能很好地进行判断和界定，因此这些关键词就是抽象属性关键词。

图 6-18 物理属性关键词示例

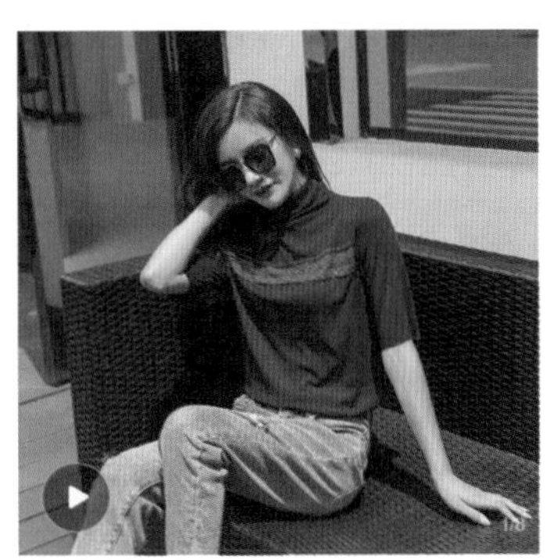

图 6-19 抽象属性关键词示例

6.3.4 关键词选词基本原则

关键词的选择精髓在于两个字——“加减”，需要不断地通过数据的反馈来加关键词或者减关键词。在关键词选择初期，商家可以参考系统默认推荐的关键

词，结合店铺选品的实际情况，根据对应的指数来选择关键词。

在选择关键词时，商家还需要注意“相关性”指标。相关性是根据关键词与商品标题内容、类目匹配、用户行为等多个维度分析计算所得，得分越高，代表推广商品与关键词的相关性越高。

1. 关键词与商品本身信息的相关性

这个相关性主要是指商家购买的关键词与商品的相符程度，主要体现在商品标题、创意标题信息上。如果是商家商品标题中用到过的关键词，尤其在搜索推广标题中出现过的，这些关键词与商品本身信息的相关性就会提高。

在自然搜索端，70% 的流量来自于关键词搜索，优化关键词也是获取免费流量的重要手段，同样，优选出来的关键词一定要进行重点优化。

2. 关键词与商品类目的相关性

这个相关性主要是指商品发布的类目和关键词的优先类目相同。这是一个非常关键的指标，在“添加关键词”窗口中，系统推荐的关键词大部分是在同一类目下的关键词，但是有的商家希望获取更多流量，擅自使用其他类目的词汇，这会导致类目相关性降低，质量得分会非常低。

3. 关键词与商品属性的相关性

这个相关性主要是指商家发布商品时选择的属性与关键词的一致性，尽可能填写符合自己商品特征的属性。例如，买家在搜索“铁衣架”关键词时，商品属性中包括该关键词的商品会获得更好的展现，如图 6-20 所示。

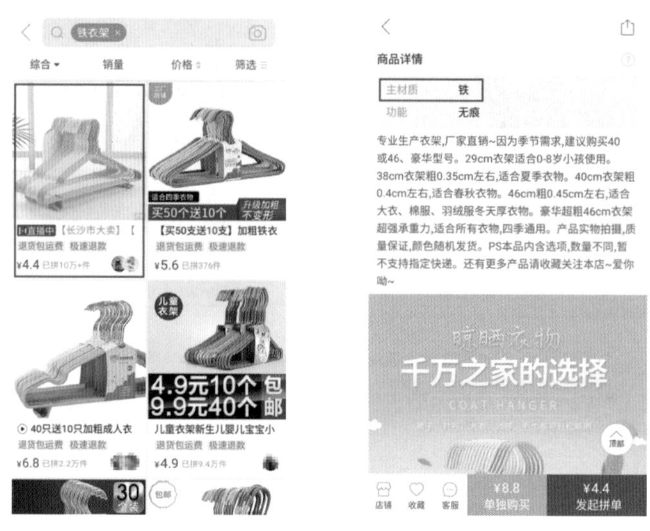

图 6-20 关键词与商品属性的相关性案例

6.3.5 用搜索词分析来选词

商家可以进入拼多多管理后台的“推广中心→推广工具”界面，在“拼多多推广工具”选项区中选择“搜索词分析”工具。进入“搜索词分析”工具主界面，在“搜索词排行榜”中可以选择热搜词或热门长尾词，如图 6-21 所示。

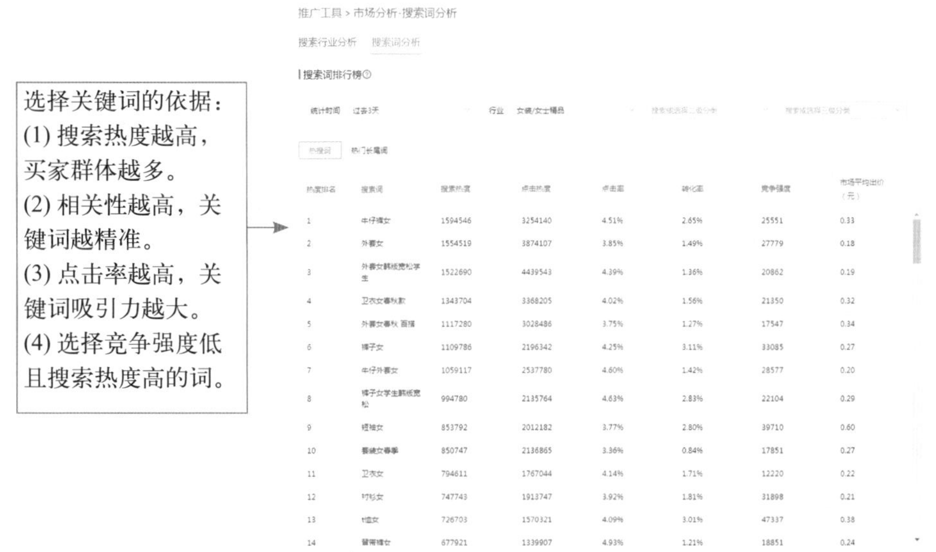

热度排名	搜索词	搜索热度	点击热度	点击率	转化率	竞争强度	市场平均出价（元）
1	牛仔裤女	1594546	3254140	4.51%	2.65%	25551	0.33
2	外套女	1554519	3874107	3.85%	1.49%	27779	0.18
3	外套女韩版宽松学生	1522690	4439543	4.39%	1.36%	20862	0.19
4	卫衣女春秋款	1343704	3368205	4.02%	1.56%	21350	0.32
5	外套女春秋 百搭	1117280	3028486	3.75%	1.27%	17547	0.34
6	裤子女	1109786	2196342	4.25%	3.11%	33085	0.27
7	牛仔外套女	1059117	2537780	4.60%	1.42%	28577	0.20
8	裤子女学生韩版宽松	994780	2135764	4.63%	2.83%	22104	0.29
9	短袖女	853792	2012182	3.77%	2.80%	39710	0.60
10	套装女春季	850747	2136865	3.36%	0.84%	17851	0.27
11	卫衣女	794611	1767044	4.14%	1.71%	12220	0.22
12	衬衫女	747743	1913747	3.92%	1.81%	31898	0.21
13	t恤女	726703	1570321	4.09%	3.01%	47337	0.38
14	背带裤女	677921	1339907	4.93%	1.21%	18851	0.24

图 6-21 使用“搜索词分析”工具选词

“搜索词排行榜”中显示的一级行业为商家店铺下历史 90 天销售量最大的商品所属的一级行业。若商家在历史 90 天内未销售出去商品，此功能将自动关闭。

接下来为“搜索词查询”功能，商家可以在“关键词搜索”文本框中输入相应的关键词，单击“查询”按钮，即可查看该关键词在某段时间范围内的搜索热度、点击热度、点击率、转化率、竞争强度以及市场平均出价等指标趋势。同时，商家还可以添加对比词进行对比，找出更好的关键词。

在该界面的最下方，为“相关搜索词推荐”功能，商家可以在列表中选中多个关键词；单击“添加至推广单元”按钮，如图 6-22 所示。

执行操作后，弹出“请选择推广单元”对话框，在“推广单元”列表中选择合适的推广单元，单击“确定”按钮，即可快速地将所选关键词添加到推广计划的相应单元中，如图 6-23 所示。

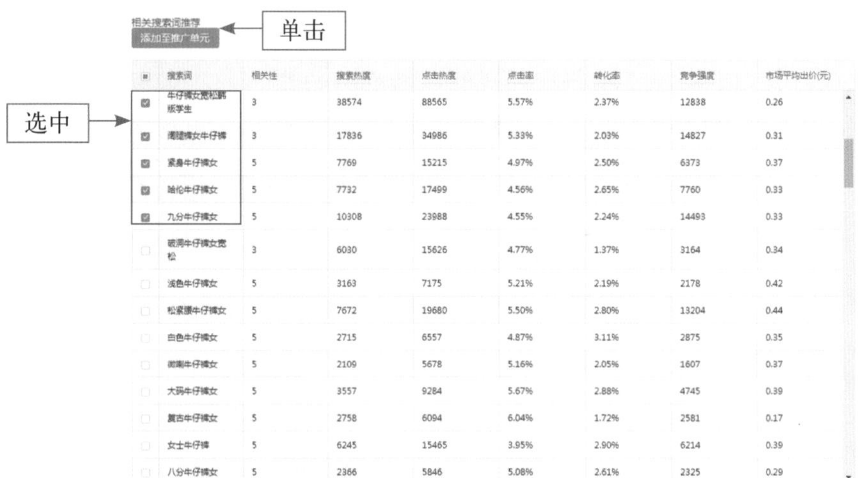

搜索词	相关性	搜索热度	点击热度	点击率	转化率	竞争强度	市场平均出价(元)
牛仔裤女宽松韩版学生	3	38574	88565	5.57%	2.37%	12838	0.26
阔腿裤女牛仔裤	3	17836	34986	5.33%	2.03%	14827	0.31
紧身牛仔裤女	5	7769	15215	4.97%	2.50%	6373	0.37
哈伦牛仔裤女	5	7732	17499	4.56%	2.65%	7760	0.33
九分牛仔裤女	5	10308	23988	4.55%	2.24%	14493	0.33
破洞牛仔裤女宽松	3	6030	15626	4.77%	1.37%	3164	0.34
浅色牛仔裤女	5	3163	7175	5.21%	2.19%	2178	0.42
松紧腰牛仔裤女	5	7672	19680	5.50%	2.80%	13204	0.44
白色牛仔裤女	5	2715	6557	4.87%	3.11%	2875	0.35
微喇牛仔裤女	5	2109	5678	5.16%	2.05%	1607	0.37
大码牛仔裤女	5	3557	9284	5.67%	2.88%	4745	0.39
复古牛仔裤女	5	2758	6094	6.04%	1.72%	2581	0.17
女士牛仔裤	5	6245	15465	3.95%	2.90%	6214	0.39
八分牛仔裤女	5	2366	5846	5.08%	2.61%	2325	0.29

图 6-22　使用“相关搜索词推荐”功能

图 6-23　选择推广单元

6.3.6　用 App 的下拉框选词

商家可以打开拼多多 App，在搜索框中输入与自己产品相关的属性词，通常可以选择两个属性。例如，输入“裤子女”，查看下拉框中的词是否有符合自己产品属性的词，然后增加属性词继续搜索，直到找到更精准的关键词。

需要注意的是，App 搜索下拉框是一个最大的同时能够影响用户搜索习惯的关键词入口，而且会随着季节和人群搜索习惯的变化而变化，因此商家要经常关注这个地方。建议商家每周对 App 下拉框中的关键词进行统计，从而找到更新、更热门的关键词。

6.3.7 多种场景的选词技巧

商家在日常运营、上新、测图测款或者冲量期间，都可以采用不同的关键词选择方法。

(1) 测图测款：商家要准备 6 ~ 10 个关键词，小类目只需要 2 ~ 4 个关键词即可。在创建搜索推广计划时，打开“添加关键词”窗口，按照相关性进行排序，选择其中搜索热度高的关键词，如图 6-24 所示。这样操作的目的在于测试关键词的点击率，点击率越高说明款式和创意图越好。

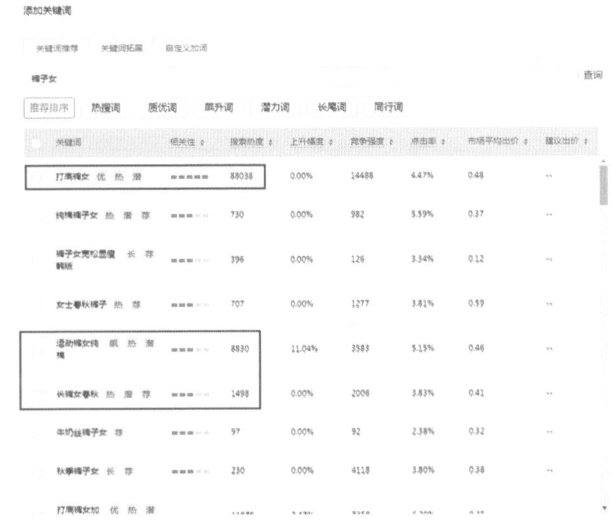

图 6-24　按照相关性进行排序选择搜索热度高的关键词

(2) 推出新品：在上新阶段，商家需要准备 10 ~ 15 个二级词或者长尾词，目的在于快速提升产品的权重和搜索排名。二级词可以保证新品获得足够大的曝光量，而长尾词则能够让新品获得精准的用户群体。

(3) 产品冲量：在产品冲量阶段，需要极大的曝光量来支持，此时商家可以在原有的关键词数量的基础上，再增加 3 ~ 6 个类目词、行业大词或搜索热度最高的词。这样操作的目的在于快速提升商品的 GMV，使其达到平台活动的报名门槛。

(4) 日常运营：在日常运营推广中，选择关键词主要分为以下 3 步。

- 前期：提升排名。商家可以选择曝光量较大的二级词，同时配合能精准曝光的长尾词，来提升商品的曝光量、权重和搜索排名。
- 中期：冲击销量。商家可以选择“一级词 + 二级词 + 长尾词”的关键词组合方式，使曝光量、点击率和转化率等推广数据达到平衡状态，实现

商品销量的快速提升。该阶段暂时无须关注 ROI 数据。

- 后期：持续盈利。商家可以选择点击率和转化率都比较高的优质关键词，同时注意控制关键词的 ROI 数据，使其保持在日常的 1.5 倍左右，实现商品的热卖和预期盈利目标。

6.3.8 关键词的添加和删除

商家在使用搜索推广时，如果推广计划的点击率、ROI 都已经优化到最佳，无法继续上升时，可以考虑在推广计划中适当地增加一些新的优质关键词，或者删除一些无用的关键词，来突破推广计划的“峰值”瓶颈。

当然，不管是添加关键词，还是删除关键词，商家都不能随意操作，需要根据点击率、曝光量和 ROI 指标进行操作，如图 6-25 所示。

创意 | 关键词 | 定向人群

关键词	状态	推广方案	点击率	投入产出比	曝光量	点击转化率
小胸聚拢内衣	推广中	自定义推广	5.16%	1.57	110,519	1.07%
网红美背	推广中	自定义推广	4.37%	7.01	15,379	3.13%
美背文胸	推广中	自定义推广	4.64%	1.49	12,443	0.87%
美背	推广中	自定义推广	8.45%	3.04	10,958	1.62%
内衣女	推广中	自定义推广	3.02%	0.80	5,953	0.56%
内衣女 胸小	推广中	自定义推广	1.82%	0.00	3,181	0.00%
卡卡同款美背	推广中	自定义推广	21.68%	1,385.94	1,402	4.28%
网红背心	推广中	自定义推广	4.88%	3.11	1,147	1.79%
胸罩女 性感美	推广中	自定义推广	3.54%	0.00	1,074	0.00%
裹胸内衣	推广中	自定义推广	2.81%	0.00	926	0.00%
本页合计	-	-	5.24%	24.52	162,982	1.37%

图 6-25 根据点击率、曝光量和 ROI 指标进行加词或删词操作

(1) 根据点击率加词或删词。当关键词能够获得一定的曝光量，但点击率却非常低，或者没有达到推广计划的平均水平时，可以考虑删除或替换该关键词。

(2) 根据曝光量加词或删词。针对推广计划中有曝光量但没有点击量的关键词，商家可以观察一段时间（两天左右），如果情况仍然没有改善，则可以果断地将其删除，并更换新的关键词。

(3) 根据 ROI 加词或删词。当关键词的曝光量和点击率都正常，但点击转化率却极低甚至为零，导致投入产出比数据不好的时候，可以先观察两三天，如果没有改善，则可以删除或替换该关键词。

6.3.9 关键词出价的操作方法

在创建搜索推广计划时，添加完关键词之后，商家可以给每个关键词分别进行出价。当买家在搜索相应的关键词时，商家推广的产品会根据产品的出价和质量得分等因素，在系统内部进行排序，并依次展现给消费者。如果买家点击了之后，会进入对应的产品详情页中，同时系统也将根据扣费公式进行扣费，完成一次广告投放。

商家可以在推广计划列表页单击相应的推广计划名称，进入到单元列表，单击推广单元名称进入到单元详情，在“关键词”选项卡的“出价”一栏中进行改价操作，如图 6-26 所示。

图 6-26　调整出价

另外，在“关键词诊断”一栏中，商家可以查看待优化的关键词信息，同时可以单击“一键采纳”按钮，快速地采用系统提供的优质词建议出价设置方案。

关键词的出价主要受到质量分的影响，质量分越高，推广费用就越低，同时展示排名也越高。因此，在使用搜索推广时，商家可以逐步提高出价，直到推广商品产生曝光，这样做的优点是成本低，缺点是比较浪费时间。

另外，商家还可以利用分时折扣出价功能，设置系统不同时间自动调整出价，让流量高峰期和低谷期的出价更加精准。

6.3.10　关键词的匹配和权重

商家可以先将产品的所有功能都罗列出来，找出市场大词，然后依次组合核心词和属性词，形成多个二级关键词。如果产品的核心词比较多时，可以依次进场组合。

拼多多关键词匹配的 4 大逻辑如图 6-27 所示。商家在设置标题关键词时，注意采用“热词优先”的基本原则，即根据后台的数据，先布局热搜词和热搜词的下拉词来做标题。同时，商家在做标题时还需要注意设置合理的词序。

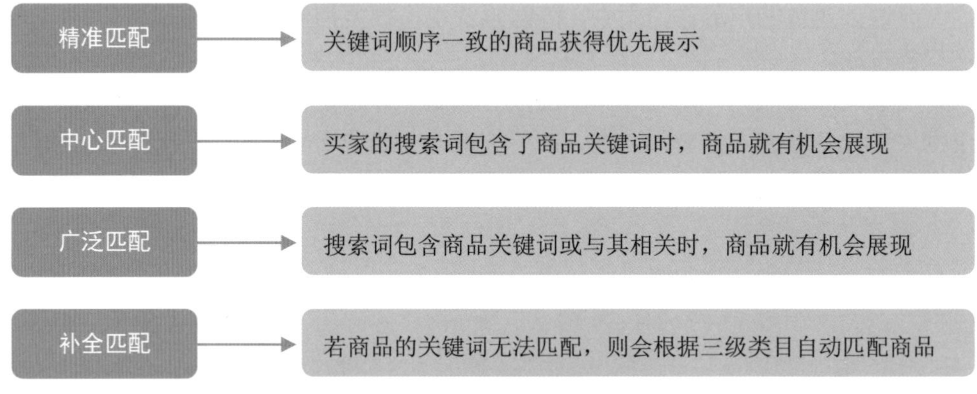

图 6-27　关键词匹配的 4 大逻辑

另外，买家在拼多多搜索某个商品的关键词时，在众多的商品中系统有一个搜索排名规则，搜索排名越靠前，在展现页面的位置也会相应地靠前。其中，这个搜索排名就是靠关键词权重来衡量的。自然搜索流量可以为店铺带来最精准的访客，转化和销量自然也会更好。优化关键词权重的要点如图 6-28 所示。

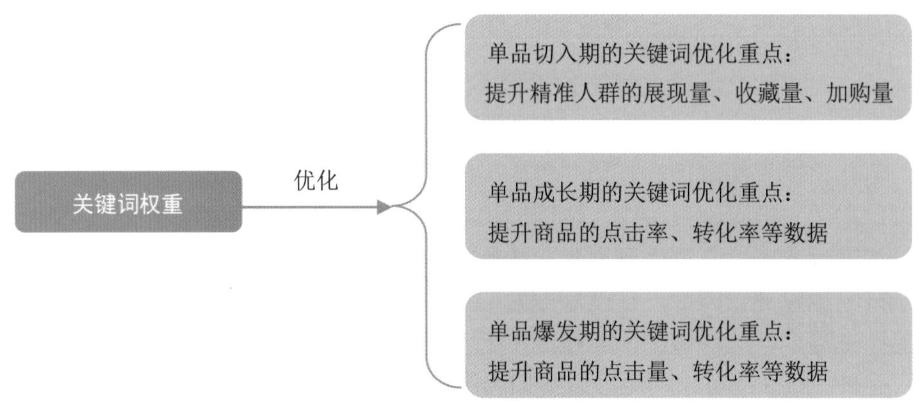

图 6-28　关键词权重的优化要点

6.3.11　关键词选词常见误区

在选择关键词的时候，还存在一些常见的误区需要避免。

- 误区一：搜索推广中的关键词越多越好。
- 正确做法：在推广计划的不同执行阶段，选择最优的关键词。
- 误区二：在搜索推广计划中盲目添加毫无意义的关键词。
- 正确做法：通过搜索推广的数据反馈，来合理添加或删除关键词。
- 误区三：胡乱设置关键词出价。

- 正确做法：根据关键词的点击率和 ROI 数据，合理设置关键词出价，具体方法如图 6-29 所示。

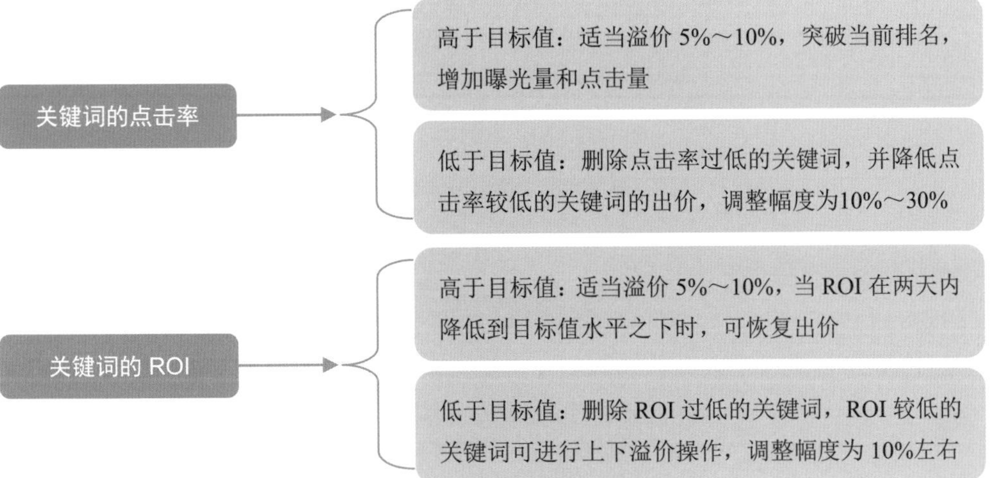

图 6-29 关键词的调价技巧

第 7 章

拼多多运营活动玩法

在拼多多平台上，经常会开展各种优惠福利活动来吸引用户，商家可以利用这些活动吸引更多流量，增加商品销量。本章主要从平以大促活动和营销活动以及店铺活动这 3 个方面来介绍拼多多平台运营的活动玩法。

7.1　拼多多平台大促活动玩法

商家可以利用平台的大促活动为店铺引流、拉新，实现店铺销量再创新高的目标。但是，如果商家不能很好地把握大促活动的节奏，不仅会让店铺利益受到损失，而且还会给店铺造成难以挽回的负面影响。下面笔者总结了两点拼多多大促活动运营的注意事项，商家一定要小心防范。

1. 填错活动价

在报名活动时，商家需要注意不要填错活动价，否则会造成价差损失，后期更改活动价还需要先下架资源位并重新报名，这样就失去了先发优势，不仅错失大流量的机会，而且还会影响商品权重。商家可以在“营销活动”界面查看“已报名”活动，查看活动价生效的时间，避免与大促活动重合，如图 7-1 所示。

图 7-1　查看“已报名”活动

单击“查看更多”按钮，进入“营销活动＞报名记录”界面，切换至“活动中”选项卡，在此可以查看已报名活动的记录，包括活动信息、报名商品、提交时间、活动时间、活动状态，以及降价和取消活动等操作，如图 7-2 所示。

图 7-2　查看已报名活动的记录

选择相应的活动，单击“我要降价”按钮，弹出“填写降价信息”对话框，商家可以在此选择商品规格和价格类型（一口价、折扣），来批量设置活动价格，如图 7-3 所示。注意，降价后的活动价不能高于原报价。

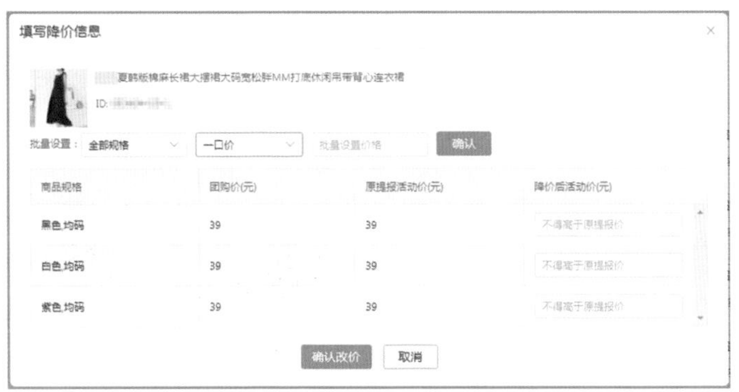

图 7-3　设置活动降价信息

2. 优惠券设置

商品详情页的价格并没有直接算上优惠券的折扣，因此商家要关注自己设置的优惠券的使用时间，不要与活动时间重叠，避免造成损失。

商家可以进入“店铺营销→营销工具→优惠券→优惠券管理”界面查看优惠券，如图 7-4 所示。如果商家发现有优惠券与活动价重叠，则可以自己盘算一下买家最终支付的价格，是否有足够的利润空间。

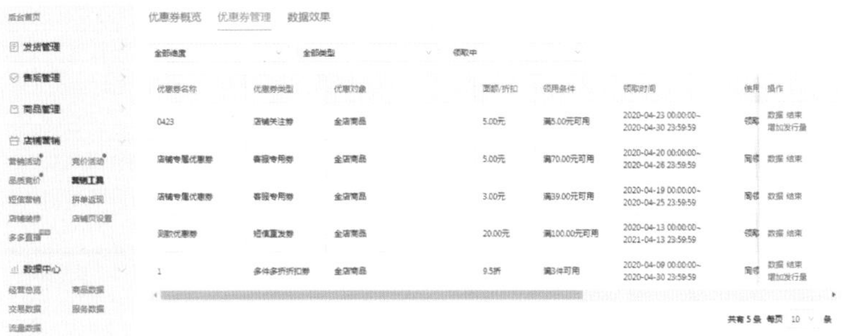

图 7-4　“优惠券管理”界面

7.1.1　百亿补贴能获得权重

“百亿补贴”活动是指拼多多官方给提供优质商品的商家进行精准补贴，报名成功的商品能够在站内外各个渠道获得更多的免费流量，以促进商品有更好的销量。

参与“百亿补贴”活动的商品，平台会在成本价的基础上给予一定比例的补贴，帮助消费者买到更具价格优势的品牌商品。针对参与活动的商品补贴款，商家可以自主选择发放形式，包括“推广红包”和“货款汇入”两种方式。

同时，“百亿补贴”活动的商品会优先在拼多多的搜索位和分类页等位置进行展示，标题增加大促标志和展示活动的横幅，让商品销量暴增，如图7-5所示。

图7-5 通过搜索位和分类页等优质资源位展示活动商品

“百亿补贴”活动的报名入口为“商家管理后台→营销活动→平台补贴”，商家可以进入报名页面查看具体的活动报名要求，如图7-6所示。

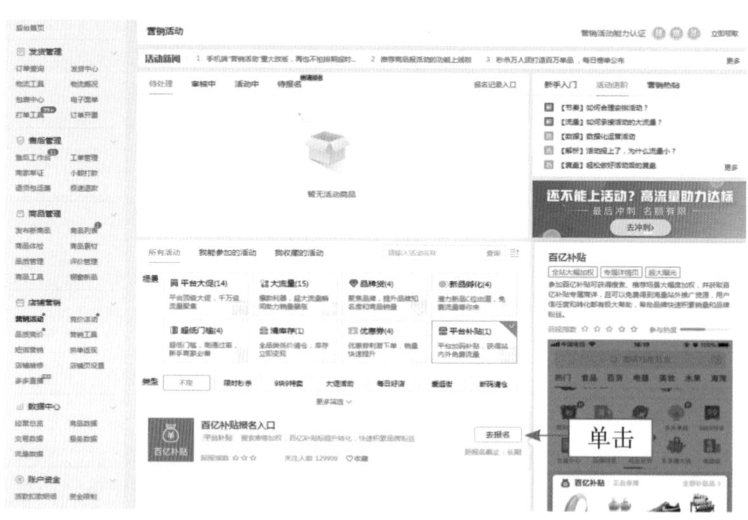

图7-6 “百亿补贴”活动的报名入口

选择“百亿补贴”活动后，单击“去报名”按钮，进入“百亿补贴报名入口”界面，单击“立即报名”按钮，选择参加活动的商品，并提交报名信息，即可快速报名，如图 7-7 所示。

图 7-7 “百亿补贴报名入口”界面

目前，报名“百亿补贴”活动需有对接运营，若商家已经报名成功后续需要报销，建议商家先与自己的对接运营确认相关流程。商家可以进入拼多多管理后台的“店铺管理→商家 / 店铺信息→基础信息”界面，查看是否有对接运营，如图 7-8 所示。若无对接运营信息（如招商对接小二、招商对接联系方式无内容），则说明商家还没有对接运营，需要先优化运营。

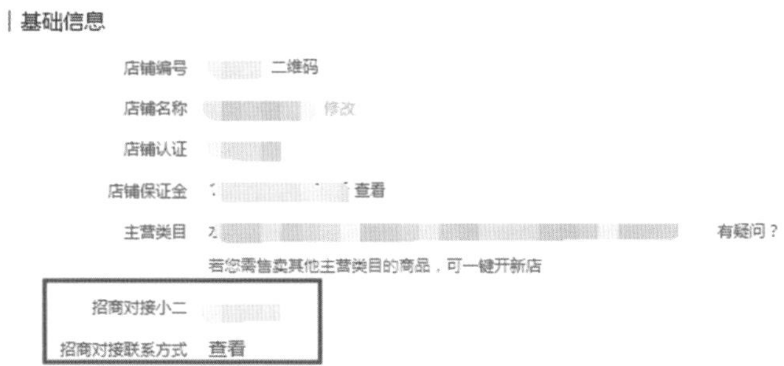

图 7-8 查看对接运营信息

报名“百亿补贴”活动成功后，商家不仅可以获得相应的标签，同时还将获得优先审核权和更高的审核通过率，以及在各频道、搜索和推荐场景中获得更大的加权权重。“百亿补贴”活动有以下频道流量入口。

拼多多 App 首页的不规则 banner（原品牌特卖位置），如图 7-9 所示。

拼多多 App 首页 banner 的第一帧广告位（不定期）。

拼多多开屏广告（不定期），如图 7-10 所示。

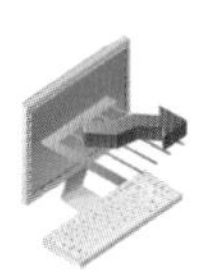

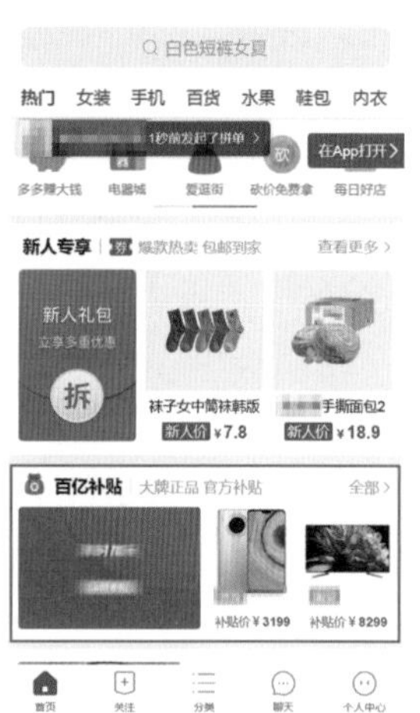

图 7-9　首页不规则 banner

图 7-10　拼多多开屏广告

站内优惠活动通知的消息推送。

通过什么值得买、快手、抖音、今日头条、朋友圈广告等热门 App 渠道，对活动商品进行官方免费曝光。

7.1.2　618 大促提高转化率

拼多多的 618 大促活动一共有 10 个报名通道，主要分为 1 个全类目搜索池、5 个类目限量抢以及 4 个特色会场，如图 7-11 所示。

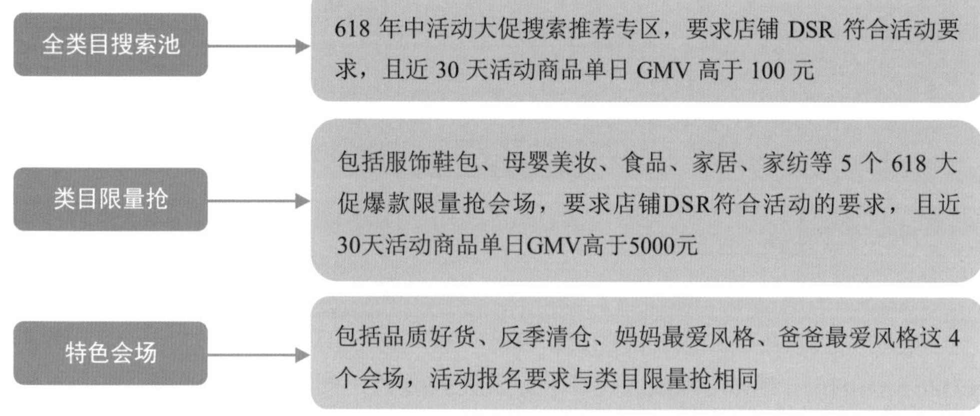

图 7-11　拼多多的 618 大促活动报名通道

从上面可以看到，全类目搜索池的活动门槛是最低的，类目限量抢活动则对于商品的价格及货值的要求比较高，而特色会场主要是平台定向邀请商家参与的，商家无法主动报名。

需要注意的是，商家如果选择参与“618 大促爆款限量抢”活动，选择活动商品后，还要设置 3 个价格，分别为一个活动价和两个阶梯价，具体内容如下。

(1) 活动价：针对商家要报名的活动商品，活动页面会显示建议价。当限量库存抢完后，同时恢复活动价。

(2) 阶梯价：阶梯价有两个价格，一个是在类目主打当日生效，另一个则是在高潮返场期生效。阶梯价不能超过活动价，且均为拼单价的 5 折。

商品的货值越高，可以增加活动报名的成功率。例如，618 大促爆款限量抢——服饰鞋包会场的商品单日货值至少需要达到 10000 元以上，即阶梯价 × 库存≥ 10000 元。例如，阶梯价为 10 元，则商品库存应为 1000 件以上。

7.1.3 双 11 大促打造爆款

“双 11”购物狂欢节是指每年 11 月 11 日的网络促销日，如今已成为中国电子商务行业的年度盛事。商家可以进入拼多多管理后台的“店铺营销→营销活动”界面，通过搜索“双十一”“双 11”或“11.11”关键词，查询“双 11”活动报名入口以及相关活动会场的报名要求，如图 7-12 所示。

图 7-12　查询“双 11”活动

拼多多平台的“双 11”大促活动通常有一个主会场和多个主题会场，如搜索推荐专区、满减店铺、品牌商品、品类券专区、爆款会场商品、领券中心大额券等。

不管是商家还是消费者，都非常期待“双 11”这种大促活动。尤其是对于商家来说，都想在这一天获得更多的订单，这样才会有好的收入。所以，这就需要商家们在“双 11”之前做好准备，对活动进行预热。

经过“双 11”活动之后，产品排位基本已经是在同类目的前排了，但是如果想长时间保持爆款效应，商家必须懂得做巩固工作，相关技巧如下。

(1) 保持店铺促销活动：可以继续沿用之前的促销信息，为那些在“双 11”当天没有下单的买家提供同样的优惠，保持爆款流量的稳定性。

(2) 调整付费推广方案：更换掉“双 11”活动的创意图片和关键词，尤其是那些没有什么流量的关键词，一定要及时进行替换和优化，并添加一些行业点击转化率较高的关键词，让优质流量集中在 ROI 较高的关键词上。查看推广报表，根据转化率调整推广计划，减少无效成本。

(3) 多多进宝 + 付费推广：多多进宝推广可以帮爆款商品稳固销量，保证商品排位，同时用付费推广进行辅助，可以稳固商品流量，延长爆款的生命周期。

7.1.4　双 12 大促的 3 个阶段

“双 12”大促活动是指每年的 12 月 12 日期间的网络促销日。拼多多“双 12”大促活动有 3 大会场，分别为品类会场、搜索推荐会场和特色会场。如图 7–13 所示，为“双 12”大促活动的展示资源位，同时活动商品标题前会打上“12 · 12”的大促标签。

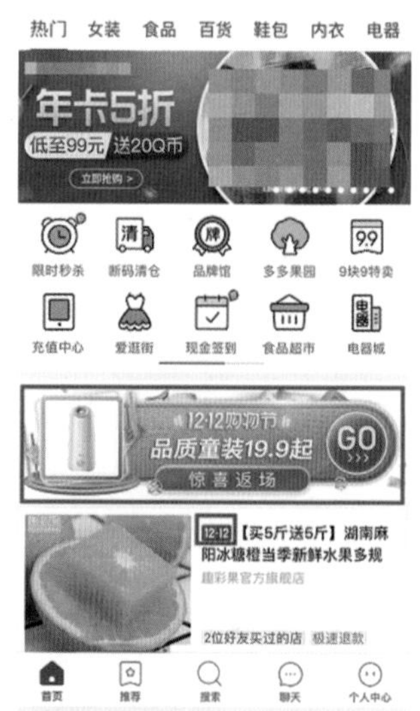

图 7–13　“双 12”大促活动的展示资源位和活动商品标签

(1) 品类会场：包括食品生鲜、女装、内衣裤袜、美妆个护、母婴、家纺家具、男装、家居、家电、运动户外、鞋包、时尚穿搭等分会场。

(2) 搜索推荐会场：“12 · 12”狂欢节搜索推荐专区。

(3) 特色会场：“双 12”营销商品。

“双 12”大促活动可以分为预热、爆发和返场 3 个阶段。

预热期：从“双 11”活动结束（11 月 12 日）开始到“双 12”活动开始

(12 月 1 日) 这段时间为预热期，商家的主要任务为累计店铺 / 单品销量、营造活动氛围、积累店铺流量、提前优化转化率。

爆发期：从“双 12”活动开始 (12 月 1 日) 到返场活动开始 (12 月 13 日) 这段时间为爆发期，商家的主要任务为营造抢购氛围、刺激购买转化、提升客单价、为持续销售造势。

返场期：从返场活动开始 (12 月 13 日) 到返场活动结束 (12 月 16 日) 这段时间为返场期，商家的主要任务为维持活动氛围、实现持续销售。

7.2 拼多多营销活动玩法

在拼多多平台上，做活动营销就是快速获得粉丝的一种方法，能够挖掘平台上的更多隐性流量，给产品和店铺带来更多的展示机会，让商家彻底抓住粉丝的心。因此，对于商家来说，活动不要嫌少，这是一个很大的逆袭机会，能够获得长久的流量曝光。

7.2.1 9 块 9 特卖活动的介绍

9 块 9 特卖活动的定位为“低价物美的小物频道”，适合价格在 29.9 元以下的小商品，其中价格不超过 10 元的商品非常好卖，其活动资源位如图 7-14 所示。

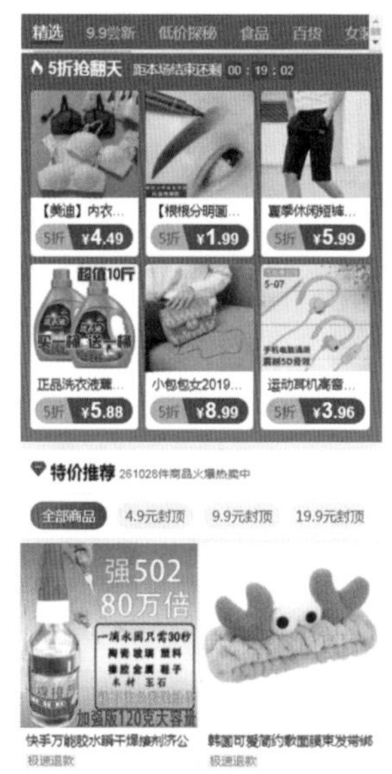

图 7-14　9 块 9 特卖活动的部分资源位

商家可以在拼多多管理后台的“店铺营销→营销活动”界面，在“我能参加的活动”下方单击“9 块 9 特卖”标签，即可看到自己当前可以参与的 9 块 9 特卖活动的报名入口，如图 7-15 所示。

图 7-15　9 块 9 特卖活动的报名入口

以“9 块 9【首页 banner 爆款】报名通道”活动为例，选择该活动后进入报名页面，商家可以单击“收藏”按钮收藏该活动，同时还可以在下方查看相关的活动介绍、活动要求和报名记录，如图 7-16 所示。

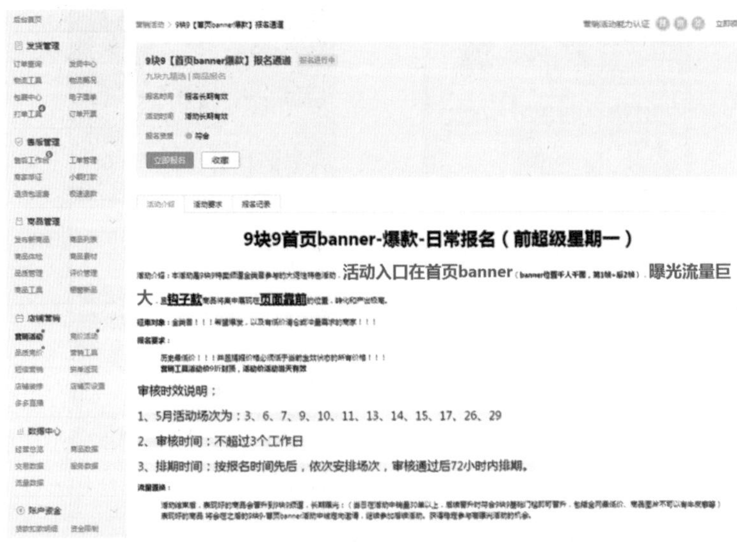

图 7-16　“9 块 9【首页 banner 爆款】报名通道”页面

单击“立即报名”按钮，进入“选择商品”界面，商家可以在此选择参加活动的商品，并提交报名信息即可参与活动。如果商家没有看到可参与活动的商品，可以进入“不可参与活动的商品”界面，查看不可参与活动的具体原因。

专家提醒

9块9特卖活动的基本要求为：店铺需要开通并使用电子面单服务；店铺不得处在处罚期；店铺近90天描述、物流、服务评分要高于行业平均水平的25%；医药健康类目店铺需要有相关资质才可报名。

7.2.2 限时秒杀活动的介绍

限时秒杀活动的定位为“大流量和快速成单”，适用于有一定出货能力且需要快速积累销量的质优价好的商品。限时秒杀活动的流量入口位于拼多多App首页导航栏的第一个位置，不仅拥有千万级流量，而且转化率非常高，其频道页面如图7-17所示。

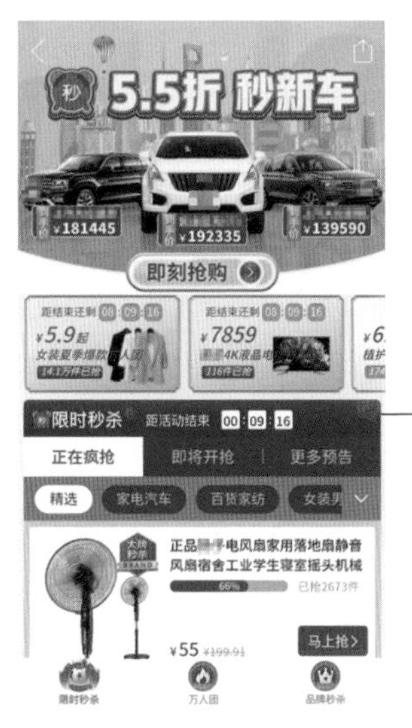

限时秒杀活动频道页面中包括：正在疯抢、即将开抢、更多预告、万人团和品牌秒杀等资源位

图7-17 限时秒杀活动的频道页面

限时秒杀活动针对所有的拼多多商家开放，报名门槛比较低，可以帮助商家提升商品的搜索排名，以及助力商品冲刺分类页排序，同时还会增加商品的个性化推荐权重。商家可以在拼多多管理后台的“店铺营销→营销活动”界面，在“我能参加的活动”下方单击“限时秒杀”标签，即可看到自己当前可以参与的限时秒杀活动的报名入口，如图7-18所示。

图 7-18　限时秒杀活动的报名入口

选择相应的限时秒杀活动报名入口，单击“去报名”按钮，进入限时秒杀活动报名界面，如图 7-19 所示。注意，限时秒杀活动对于商品有一些基本要求和审核标准，包括价格、标题、图片和库存等，具体要求商家可以进入活动报名页面查看。

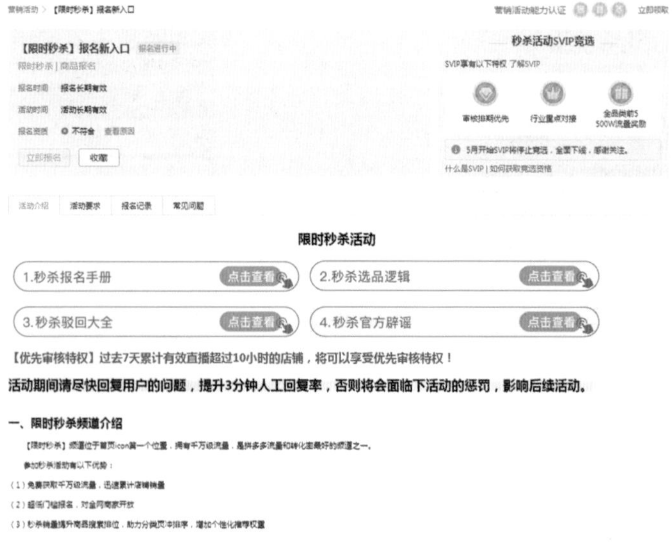

图 7-19　限时秒杀活动报名页面

在限时秒杀的“活动介绍”选项卡中，商家可以在下方查看报名流程和相关注意事项（见图 7-20），以及商品要求、审核标准和活动规则。

二、限时秒杀报名流程

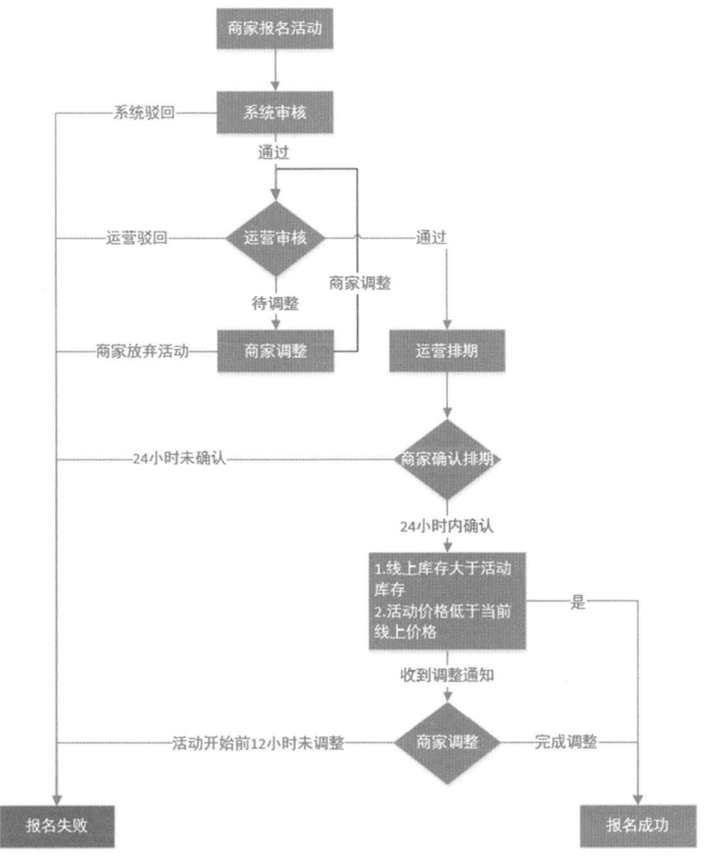

【注意事项】

1、提交报名后，参与活动的商品规格（SKU）将被锁定，不可修改。

2、审核通过且排期后，平台会通过消息盒子推送活动确认和限购库存通知，商家需在24小时内点击确认，确认前请确保线上库存充足。

图 7-20　查看限时秒杀活动的报名流程和相关注意事项

7.2.3　断码清仓活动的介绍

“断码清仓”是拼多多平台打造的一个“电商清仓卖场”，活动入口位于拼多多首页的第二个 icon 位，商家参与“断码清仓”活动后，可以获得拼多多 App 和官方公众号的长期推送，以及大促期间的导流支持和首页长期导流 banner，能够覆盖千万消费者。“断码清仓”活动的流量庞大且稳定，非常适合商家快速集中地清掉知名品牌断码货、尾货。图 7-21 所示为“断码清仓”活动的报名入口。

图 7–21　“断码清仓”活动报名入口

选择相应的报名入口，即可进入“断码清仓”报名详情页面，活动的报名流程如图 7–22 所示。

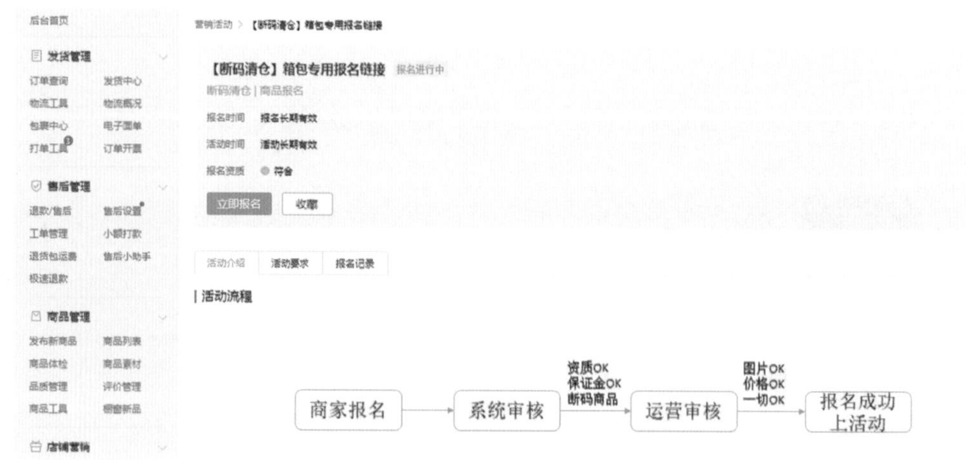

图 7–22　“断码清仓”活动的报名流程

需要注意的是，商家的品牌必须入驻断码清仓频道，这样商品才能报名参加活动。商家可以在断码清仓活动的报名界面的“活动介绍”选项卡中，单击相应的链接发起品牌入驻申请，如图 7–23 所示。

另外，在断码清仓活动报名界面的“活动介绍”选项卡中，商家还可以查看断码清仓活动的报名流程及规则，如图 7–24 所示。了解这些活动参与的规则和技巧，能够提高商家报名断码清仓活动的成功率。

拼多多 · 新电商开创者　拼着买 才便宜

拼多多官方不会以任何形式要求您上传身份信息及其他敏感数据，如有此类问题请勿作答

【断码清仓频道】品牌入驻申请

一、品牌入驻申请说明

（1）【断码清仓】活动位于首页icon第二个位置，集中清仓处理知名品牌断码货、尾货，流量超千万。

（2）品牌只有入驻了断码清仓频道，商品才可以报名参加活动哟！

（3）若曾报名过“断码清仓”活动，因不符合“店铺下审核通过的品牌个数需大于0”的品牌，可在本链接里申请哦！

（4）提报品牌申请后的7日内完成审核

二、品牌入驻申请

详情请见下方问卷内容

*1.【单选】品牌隶属类目

男装

女装

鞋靴（男女鞋）

运动

母婴

内衣

家纺

箱包

配件

珠宝配饰

腕表眼镜

图 7-23　发起品牌入驻申请

二、报名流程及规则

商家报名活动

系统评分驳回

运营驳回

运营审核

审核通过

价格调整等

商家放弃

商家协商

商家同意

保证金

可重新报名

无保证金

OK

报名失败

报名成功

【报名规则】

（1）本活动只需要资源位活动价，该活动价将长期生效，除非商品取消参与本活动。

（2）便于快速清掉尾货，参与本活动的断码清仓品必须保持在品牌应季品的1-5折！不然会被驳回，驳回超过三次，该id不能再报名同类型活动了！

（3）商品要求白底图，左上角打logo；标题前面加品牌名，且标题一定不许出现【】符号

图 7-24　断码清仓活动的报名流程及规则

7.2.4　每日好店活动的介绍

每日好店就是针对那些风格统一、品类统一、质好价优的店铺推出的活动频道，可以帮助商家实现全店曝光，快速积累粉丝，抓住精准流量，提高转化率和店铺销售额。其频道主界面如图 7-25 所示。

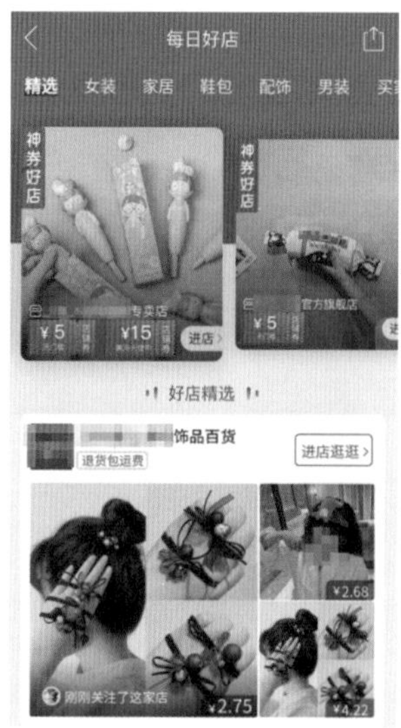

图 7-25　每日好店的部分资源位

每日好店活动面向全体商家开通报名通道，报名入口如图 7-26 所示。

图 7-26　每日好店活动的报名入口

单击“去报名”按钮，即可进入每日好店活动的报名界面，如图 7-27 所示。商家成功报名每日好店活动后，系统会针对频道中点击率高、转化率高、收藏率高的店铺给予更多流量奖励。因此，商家可以在活动期间提报更多的款式和设置更多的店铺优惠，来提升店铺的整体数据。

图 7-27　每日好店活动的报名界面

在每日好店活动的报名界面切换至“报名记录”选项卡，可以查看商家的报名记录信息，包括活动信息、报名信息、提交时间、排期时间和活动状态，如图 7-28 所示。在操作栏中单击“查看详情”按钮，可以进入报名记录详情界面，查看每日好店的活动进度和提报详情。

图 7-28　查看每日好店活动的报名记录信息

另外，新店铺在没有 DSR 的情况下，也可以通过寄样或者提供站外的同店链接等方式，来证明店铺的商品质量，从而获得每日好店活动的参与资格。

7.2.5　品牌秒杀活动的介绍

品牌秒杀活动非常强调品牌特性，同时给予强大的活动资源位扶持优质的品牌商家。图 7-29 所示为品牌秒杀活动的报名入口。

图 7-29　品牌秒杀活动的报名入口

商家可以根据自己的主营类目来选择合适的报名入口，单击“去报名”按钮，即可进入品牌秒杀活动的报名详情页面，如图 7-30 所示。例如，经营女装的商家可以选择“5 月上半月女装非名品秒杀专场”活动，女装全部类目，商家都可以进行报名。

图 7-30　品牌秒杀活动的报名详情页面

在品牌秒杀活动的报名详情页的“活动介绍”选项卡中，商家可以查看详细的报名流程和相关注意事项，如图 7-31 所示。品牌秒杀活动的商品展示位置位于限时秒杀频道的“品牌秒杀”界面，可以为商品带来千万级流量，帮助商家迅速累积店铺销量。

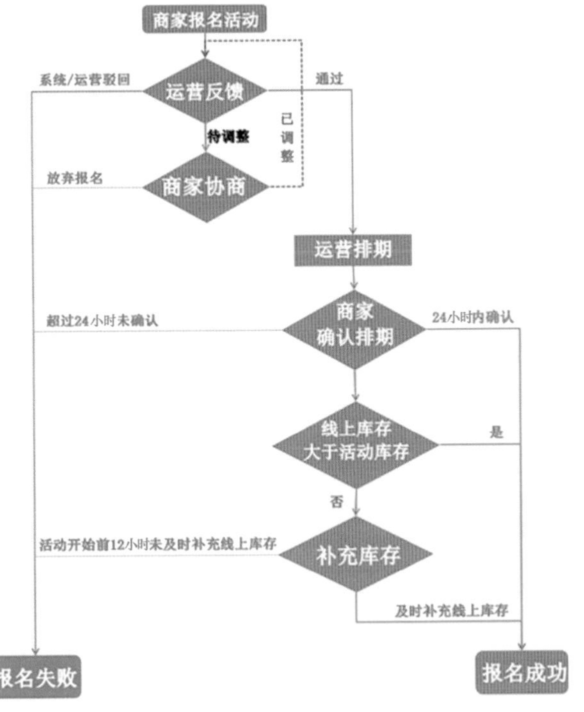

【注意事项】

- 报名数量：每个商家每24小时只能报名1个商品。
- 提交报名后，商品的规格（sku）将被锁定，不可修改。
- 报名通过后，平台会推送活动确认通知，商家需24小时内确认排期和线上库存，确保商品所有规格线上库存都大于活动库存，否则视为自动放弃。
- 活动确认后，商品的活动库存和价格将被锁定，不可修改。
- 秒杀活动期间，商家要时刻关注商品所有规格线上实时库存，及时添加库存，商品某个规格一旦线上库存售罄，该规格直接灰度下架无法销售。

图 7-31 品牌秒杀活动的报名流程和相关注意事项

7.2.6 省钱月卡活动的介绍

省钱月卡是一个可以有效提升客单价和用户黏性的营销工具，可以为店铺长期带来回访和回购，其活动资源位入口位于拼多多 App 的“首页”第 2 屏和“个人中心”页面，如图 7-32 所示。

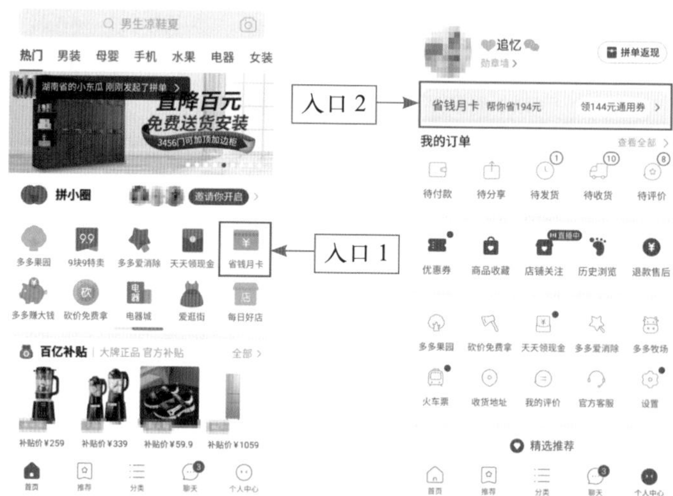

图 7-32　省钱月卡活动的资源位入口

用户开通省钱月卡后，可以享受更多优惠券，包括无门槛券和满减券，如图 7-33 所示。这些优惠券对于经常在拼多多上购买商品的用户来说，是比较划算的。

图 7-33　省钱月卡活动的优惠券

同时，用户还有活动免单特权、拼单送好礼、免费试用、售后无忧、月卡精选等服务和权益，如图 7-34 所示。

其中，针对拼单送好礼和免费试用这两个省钱月卡活动资源位，平台推出了相关的活动报名入口，包括“省钱月卡－免费试用（精选池）”和“省钱月卡－

拼单送好礼”，商家可以根据需要前往后台选择，如图 7-35 所示。

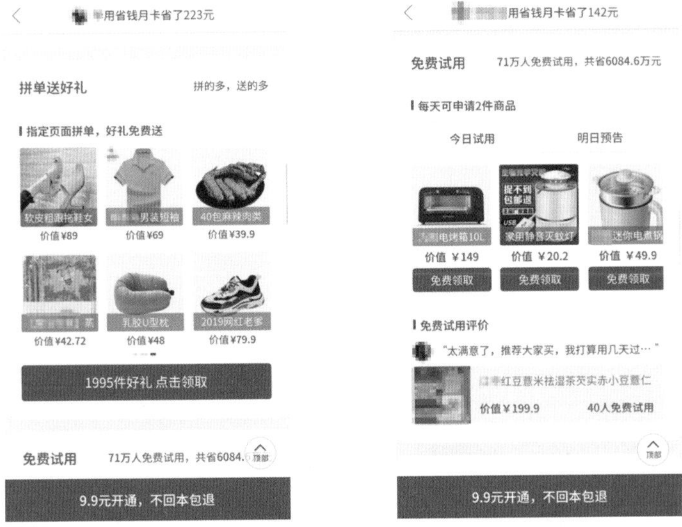

图 7-34　拼单送好礼和免费试用活动的资源位

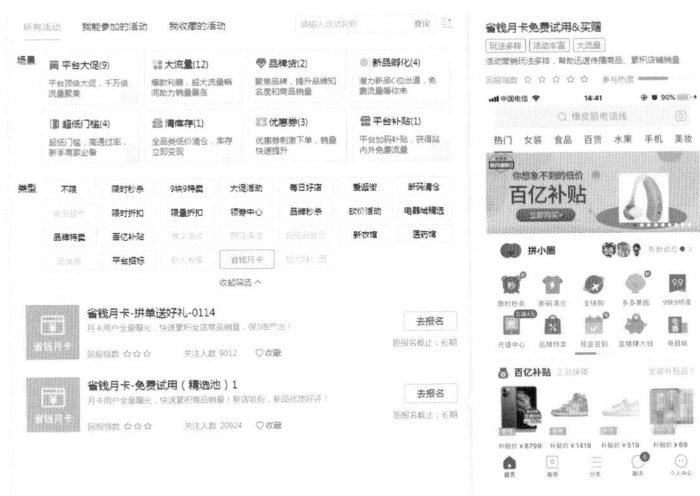

图 7-35　省钱月卡活动的报名入口

(1)“省钱月卡－拼单送好礼”活动：商家提报的商品将作为“赠品”免费送给用户，并自行承担成本，平台不提供补贴。其活动报名详情页面，如图 7-36 所示。参加该活动后，系统会拉取店铺内的全部商品进入月卡拼单送好礼的下单商品池，面向月卡用户全量曝光，不仅曝光流量非常大，而且转化率极高，同时平台还会为商家提供 3 倍产出 (赠品发放总成本 ×3) 的保障。

图 7-36 “省钱月卡 - 拼单送好礼”活动报名详情页面

(2)“省钱月卡 - 免费试用 (精选池)”活动：开通省钱月卡的用户可以申请 0 元试用商品，对于新品或新店来说，该活动可以快速累积商品基础销量、提升好评率，同时让店铺收藏量和商品收藏量得到大幅提升。需要注意的是，活动商品的成本由商家自行承担，同时 0 元活动价不会计入历史最低价，具体活动要求如图 7-37 所示。

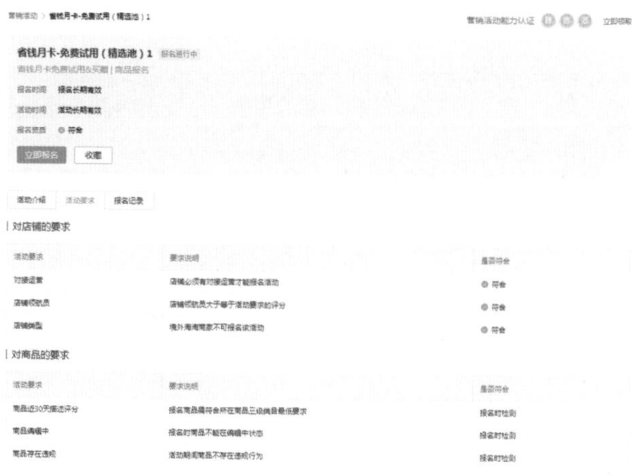

图 7-37 “省钱月卡 - 免费试用 (精选池)”的活动要求

7.3 拼多多店铺活动玩法

拼多多的店铺活动以优惠券为主，包括拼单返现、优惠券、限时限量购、多件优惠、限时免单等，商家可以选择适合自己的营销活动，更好地提升店铺内的商品销量，从而拉高整个店铺的 GMV 数据。

7.3.1 通过优惠券获取粉丝

优惠券是拼多多商家最常用的营销工具，能够快速提升 GMV 和销售额，是商家打造爆款的“不二法宝”。拼多多的优惠券类型非常多，如图 7-38 所示。

图 7-38 拼多多的优惠券类型

(1) 商品立减券：这是针对单一商品使用的无门槛优惠券，可以帮助商家实现爆款促销和交易额破零等目标。

(2) 全店满减券：消费者在店铺内消费达到一定金额后即可使用，通过这种凑单优惠的形式能够提高客单价。

(3) 店铺关注券：这是消费者关注店铺即可获得的优惠券，能够帮助商家快速获取大量粉丝。

(4) 多件多折券：消费者一次购买多件商品可享受折扣优惠，购买的商品数量越多，获得的折扣就越大，通过 这种方式能够有效地提高客单价。

(5) 拉人关注券：这是消费者为店铺拉来粉丝可获得的无门槛券，能够让店铺实现裂变吸粉。

(6) 拼单券：这是消费者邀请好友拼单成功即可获得的无门槛券，可以鼓励消费者进行分享拼单。

(7) 领券中心券：这是通过领券中心资源位形式对消费者发送的商品券，可以获取高额流量。

(8) 省钱月卡商品券：这是在省钱月卡页面向消费者发放的高额无门槛商品

券，通过优惠券可以吸引用户关注店铺，从而帮助商家获取粉丝。

(9) 私密券：这是商家通过私人渠道分发给亲朋好友或老客粉丝的店铺券或商品券，适用于有大量私域流量的商家。

(10) 短信直发券：这是通过短信渠道发送的优惠券，商家可以持续地通过这种优惠券关怀用户，提高消费者的复购率。

(11) 客服专用券：这是客服聊天场景专用的店铺券或商品券，主要用于安抚客户投诉，减少店铺差评。

(12) 订单复购商品券：这是通过大额商品券吸引消费者，提升客户的复购行为。

例如，商品立减券主要针对单品使用，同时也是一种间接、灵活的价格调整策略，能够帮助商家有效地打败竞品和打造爆款。商家可以在“优惠券概览”界面中，选择“商品立减券”并单击“立即创建”按钮，填写相应的优惠信息，如图 7-39 所示。“商品立减券”的信息包括优惠券类型、优惠券名称、领取时间、添加商品、每人限领数量等，单击“创建”按钮即可创建优惠券。

图 7-39 创建优惠券

专家提醒

优惠券名称不能超过 15 个字，只是商家用来区分自己的优惠券所用，并不会展现在买家端。优惠券的领取时间最多为 30 天，这个时间同时也是使用优惠券的有效期。需要注意的是，优惠券的发行张数最多为 50000 张，优惠金额必须为正整数，而且不能超过商品的团购价。

7.3.2 拼单返现能增加订单

拼单返现工具是指在一个自然日内，买家在某个商家的店铺内累计消费满一定金额，即可获赠一张平台优惠券，优惠券成本由商家自行承担。拼单返现活动对商家的主要好处如下。

(1) 大流量：活动商品优享搜索提取权，搜索结果会靠前展示。

(2) 高点击：活动商品将获得专属标签，从而吸引更多消费者点击。

(3) 支付转化：消费者可以获赠平台优惠券，对他们的吸引力非常强。

(4) 客单价提升：消费者为了获取平台优惠券，会下单购买更多商品。

(5) 成交额大幅提升：拼单返现工具可帮助商家提升 15% ~ 17% 的店铺 GMV。

拼单返现营销工具不仅能够为商品带来更多流量和点击量，而且还能引导用户转化，提升店铺销售额。商家可以设置一个合理的门槛和返现金额，同时可以结合自己商品的利润空间和可让利金额，提供店铺优惠券让买家叠加使用，吸引他们再次复购。

拼单返现营销工具包括单店满返和跨店满返两个功能。商家可以在拼多多管理后台的“店铺营销→营销工具→拼单返现→单店满返”界面中，单击“一键创建”按钮或者“自定义创建”按钮，创建拼单返现营销活动，如图 7-40 所示。

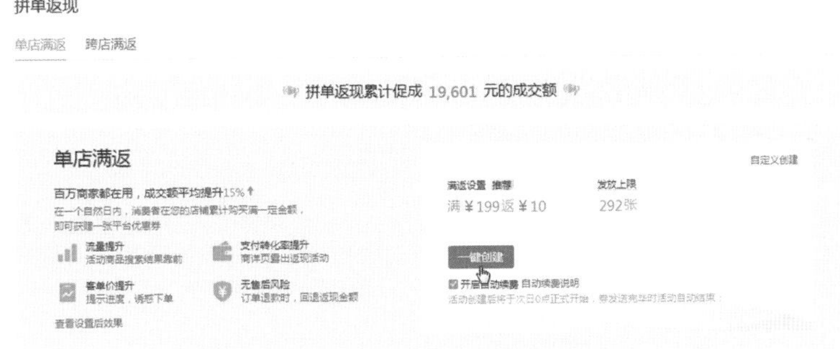

图 7-40 “单店满返”界面

例如，单击“自定义创建”按钮，进入“创建拼单返现”界面，设置相应的返现条件、返现金额、设券张数，系统会自动计算出活动预算金额，如图 7-41 所示。设置完成后，单击“立即创建”按钮进入充值界面，商家可以选择货款可用余额或微信支付等方式，来支付活动的对应预算。

在拼单返现活动过程中，活动预算会持续消耗，当本周预算全部消耗完后，活动会暂停。商家可以开启自动续费功能，这样系统每周会自动续费来补足当周的活动预算。拼单返现活动结束后，商家可以从营销保证金账户中将剩余的预算

提现到银行卡中。

图 7-41　创建拼单返现

创建拼单返现营销活动后，会通过标签方式展示到首页、推荐页、搜索结果页、商品详情页中，吸引用户点击，提升商品点击率。同时，拼单返现活动还会通过拼单返现标签、商详页标签、返现消息提醒、返现进度条提醒以及领券消息提醒等渠道展现商品，刺激用户再次下单，从而提升店铺客单价。

7.3.3　多件优惠的两种形式

商家可以进入拼多多管理后台，在左侧导航栏中选择“店铺营销→营销工具”选项进入其界面，在右侧窗口中选择“多件优惠”工具即可进入其界面，单击“创建”按钮，如图 7-42 所示。

图 7-42　单击“创建”按钮

执行操作后，进入“创建多件优惠”操作界面，商家需要设置相应的优惠活动信息，包括活动时间、活动商品、优惠设置和活动备注，如图 7-43 所示。设置完成后，单击“创建活动”按钮，即可创建多件优惠活动。

图 7-43 创建多件优惠活动

从图 7-43 中可以看到，多件优惠的优惠类型可以分为两种，分别为减钱和打折。

(1) 减钱：在商品页中展示“第 2 件减 × 元”标签。

(2) 打折：在商品页中展示“第 2 件打 × 折”标签。

另外，根据爆款产品的推广节奏，商家可以在多件优惠的阶梯设置中设置不同的阶梯优惠力度。阶梯设置最多只能设置 4 个阶梯，即多件优惠最多只支持 5 件商品。如果买家购买了 6 件商品，那么第 6 件商品是没有优惠的，必须全款购买。

需要注意的是，多件优惠活动针对的是一个订单，而不是多个订单。也就是说，买家如果分别多次对同一个商品下单，是无法享受多件优惠活动的。

7.3.4 限时限量购的两种类型

限时限量购是一种通过对折扣促销的产品货量和销售时间进行限定，来实现“饥饿营销”的目的，可以快速提升店铺人气和 GMV。商家可以在拼多多管理后台的“店铺营销→营销工具”界面，单击“限时限量购”按钮进入其界面，单击“立即创建”按钮，如图 7-44 所示。

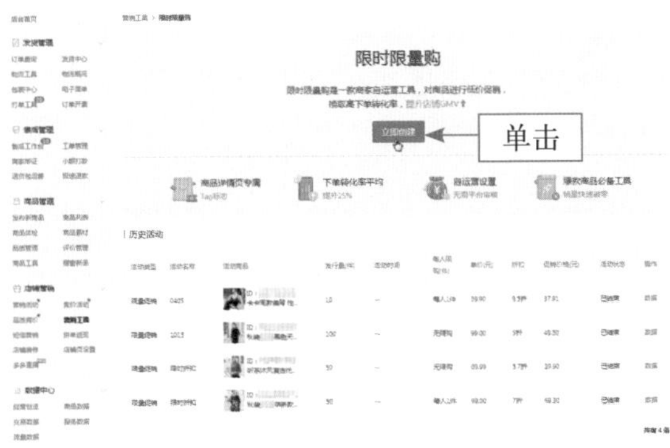

图 7-44 单击“立即创建”按钮

执行操作后，进入“创建限时限量购”界面，设置活动类型、活动名称，并添加商品，单击“创建”按钮即可，如图 7-45 所示。创建限时限量购活动后，商家可以获得独有的标签，从而吸引更多消费者点击。

营销工具 > 限时限量购 > 创建限时限量购
活动设置
活动类型 限量促销 对一定数量商品进行打折销售，售卖完毕后恢复原价 限时促销 在规定时间内对商品进行打折销售，时间结束后恢复原价
效果预览 再售 XXX 件后恢复 ¥XXX
活动名称 请输入15个字以内的活动名称 0/15
添加商品 +添加商品 (可多选)

商品信息	库存(件)	发行量(件)	每人限购(件)	单价(元)	折扣	折后商品单价(元)	操作

暂无数据
*活动商品将在店铺首页限时限量组件内展示（可至店铺装修页面取消展示）
创建 取消

图 7-45 “创建限时限量购”界面

限时限量购的活动类型包括以下两种。

(1) 限量促销：对一定数量的商品进行打折销售，售卖完毕后恢复原价。

(2) 限时促销：在规定的时间内对商品进行打折销售，时间结束后恢复原价。

7.3.5 限时免单能积累人气

限时免单活动是指买家在活动时间内购买指定商品，系统从成团订单中抽取一定数量的订单，返回与商品等价的平台优惠券，优惠券的资金成本由商家承担。商家可以进入拼多多管理后台的“店铺营销→营销工具→限时免单”界面，在此处可以看到限时免单活动的概念、流程和报名入口，单击“创建活动”按钮，如图 7-46 所示。

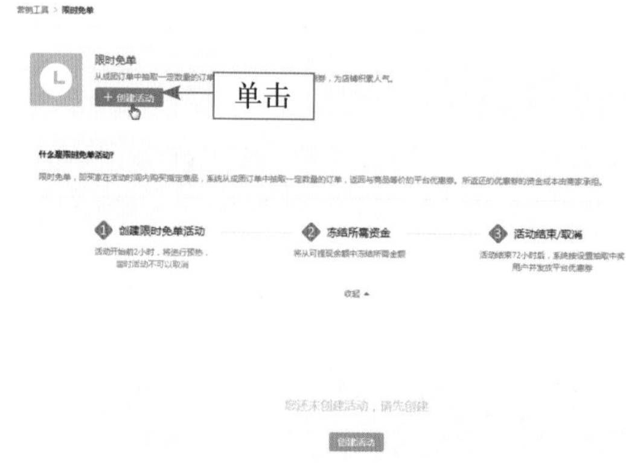

图 7-46 单击“创建活动”按钮

执行操作后，进入“创建限时免单活动”页面，商家需要根据相关要求填写活动列表信息并进行免单设置，如图 7-47 所示。设置完成后，单击“创建”按钮即可。注意，对于参加限时免单活动的商品，拼多多并没有为其提供专区进行展示，只会在商品的详情页面中显示活动标签。

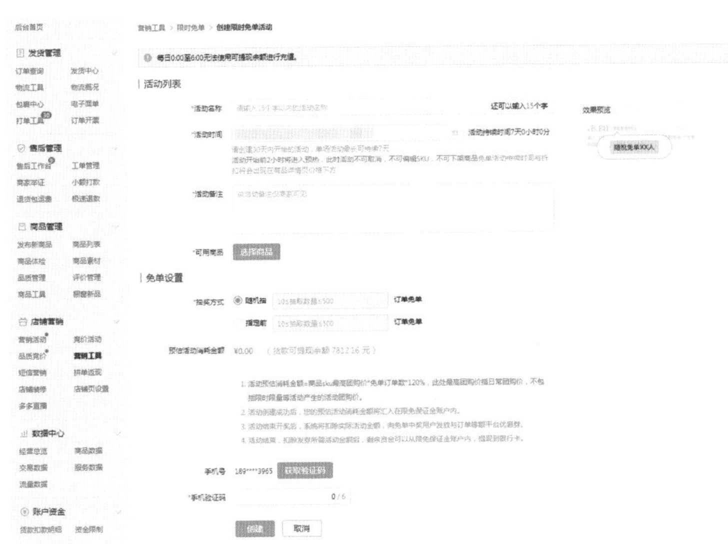

图 7-47　“创建限时免单活动”界面

活动结束 72 小时后，系统会按照商家的活动设置来抽取中奖用户，并向其发放平台优惠券，优惠券金额等同于用户支付的订单金额。参与限时免单活动后，商品可以获得活动标签展示，增加商品的转化率。同时，限时免单活动还可以吸引消费者多次下单购买，将其转化为店铺的忠实粉丝。

第 8 章

口碑营销提升信任度

对于任何店铺来说，口碑都是非常重要的，良好的店铺口碑有利于打造店铺品牌，为商家带来更多的顾客。本章主要介绍拼多多店铺口碑的打造方法和培养粉丝的方法，以及利用评价模块来获取好评、处理差评的技巧。

8.1 店铺口碑的打造方法

随着时代的不断发展进步，企业的口碑变得越来重要，口碑营销在市场占据着举足轻重的地位。在运营拼多多店铺时，如何有效地打造口碑、获得消费者的一致好评，已经成为每个商家都需要重视的问题。本节介绍几种树立店铺或产品口碑，打响拼多多商家品牌的方法，以供读者参考。

8.1.1 消费和口碑间的关系

“口碑”一词的意思就是众人口头上的赞扬，泛指大众的议论。从这一词义来看，我们可以从中分析出以下两个要点。

(1)大众对某一事物稳定且一致的看法。

(2)以口头传播为主。

从这里可以看出，任何产品在被消费者购买、使用之后，都会产生相应的购物感受，继而为产品传播口碑。比如，消费者在购买了其一款手机后，他会觉得这款手机拍照功能很好，但运行速度有些慢，总体而言性价比还是不错。那么，他就很有可能会推荐身边的亲朋好友也去购买这款手机，或者亲自告诉他们这款手机的性价比很高，这样一来，就形成了产品的口碑传播。

专家提醒

消费者持有的对产品的独特看法和评价就是该产品口碑的原始形态，久而久之，随着产品的不断扩散，企业和产品就会逐渐打造出口碑。因此，我们可以说，消费与口碑相辅相成。

要明确的是，消费与口碑之间的关系无比密切，不能彼此分离。一般来说，消费者在运用产品的过程中，会因为具体的操作过程、遇到的困难等因素，从而对产品形成自己独特的印象和认识，包括颜色、形状、功能和质量等。

专家提醒

值得注意的是，在产品的销售过程中，一定不要把销售产品和打造产品口碑分开。全然不顾产品质量的优劣，而仅仅通过营销来提高销量，这是极其不明智的行为。这种方法虽然会使得店铺暂时获得眼前的一点蝇头小利，但时间一长，消费者就会了解到产品的真实质量。店铺就会因此失去消费者的信任，从而毁掉自己苦心经营的口碑。因此，商家最好的做法就是既注重产品质量，又注重营销手段，这样才能打造爆品，创造产品的销量奇迹，为店铺或品牌树立口碑。

8.1.2 消费者主动推销产品

正因为我们处在高速发展的移动互联网时代，所以口碑的打造变得更加容易，每个消费者都可以成为产品的推销员，大大地扩展了产品的营销范围，从而为店铺利润的提高有效地拓展渠道。

也就是说，商家更加看重的是消费者的推荐，这个推荐就是产品口碑打造成功的体现。想要获得口碑营销的成功，就应该积极地与消费者进行交流互动，从而达到最终目的。

专家提醒

这与传统的营销不同就体现在，以前是直接说产品如何物美价廉，再努力销售给消费者。而现在的口碑营销就是让消费者都竞相夸赞产品，自发地向身边的人推荐产品，从而推动产品的营销，提高店铺的利润。

那么，值得思考的是，要怎么让每个消费者心甘情愿地帮助店铺推销产品呢？下面笔者将详细介绍把消费者变成产品推销员的技巧。

1. 和消费者搞好关系

口碑营销最重要的一点，就是和消费者搞好关系。虽然一开始会很难，但一定要尝试，跨出了第一步，剩下的就容易多了。既然想让顾客帮你办事，就应该付出一定的心血和努力，这是一个不断付出、不断收获的过程。当你和顾客的关系达到了比较要好的地步时，那么顾客肯定会帮你宣传产品，如图 8-1 所示。

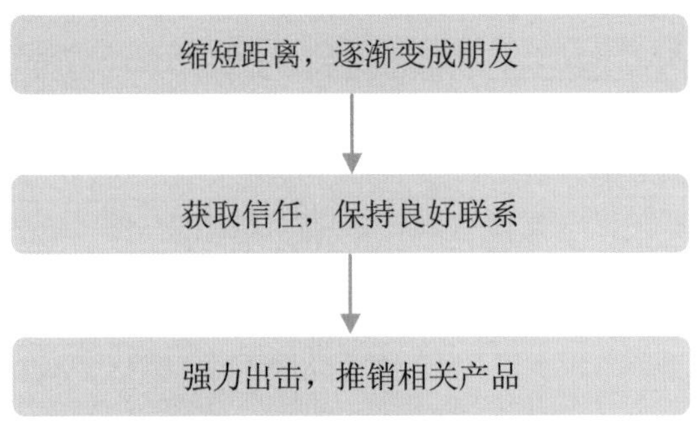

图 8-1 和客户交朋友的过程

2. 促使消费者对产品表示赞赏

让消费者多表现对产品的赞赏有利于产品口碑的打造，还能够有效地引起其他潜在消费者的关注。因为消费者在自己的社交平台晒出自己对产品的夸奖，就证明他对产品的质量或者外观是肯定的。

因此，在经营店铺过程中，要多多鼓舞客户在大众平台上对产品表示赞赏，这样一来，产品就会得到广泛的传播，为口碑的打造奠定下坚实的基础。

那么，应该采用哪些方法促使顾客主动对产品表示赞赏呢？最主要的方法就是要对症下药，因人而异，根据行业的不同，分别设计促使顾客赞赏产品的办法。

有了实际利益的诱惑，绝大多数消费者都会把对产品的肯定表现出来，并详细地介绍关于使用产品的体验。这样一来，产品的好口碑就成功地得到了传播，更多的人会因此而了解产品，进而为产品销量的提高出一份力。

3. 全力为消费者着想

想要让消费者主动帮助商家推销产品，就要从他们的角度出发，全心全意为他们着想。如果商家看重消费者的利益，在细节方面都替他们考虑好，那么同样消费者也会更加忠心于你，并十分乐意为产品的口碑进行宣传推广。

4. 全力表现自我风采

如果希望消费者主动为产品做宣传，就应该保证产品的品质，同时还要让商家全力表现自己的风采。商家可以通过分享生活中的点滴、多与客户进行沟通等方式，来展示自己的个人魅力。这样的话，客户就会将关注点聚焦到你身上，继而心甘情愿地推荐你的产品给身边的亲朋好友。

表现自我风采的好处在于让你的魅力感染更多的人，并慢慢地被你所吸引，直至对你产生敬佩和赞赏之情。如此一来，便会有更多的顾客愿意成为产品的推销员，主动为店铺和产品打造口碑。

8.1.3 口碑传播方式的优势

从古至今，口碑都是最主要的传播方式，比如“众口铄金”“声名远扬”“有口皆碑”等成语都是形容口碑的。如今，口碑的传播渠道更广泛，口碑也因此成为最重要和有效率的传播方式。

口碑营销无处不在，它是企业和商家的“绝密武器”，那么，它具体存在于哪些范围呢？笔者将其大致总结为几点，如图 8-2 所示。

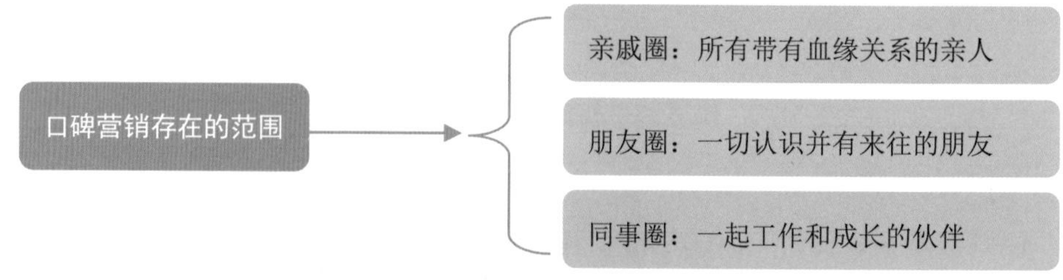

图 8-2　口碑营销存在的范围

口碑营销不仅能帮助店铺和产品的口碑打造起宣传推广作用，而且还能产生实际利益。最重要的是，商家或品牌的口碑一经确立，就能为产品的销量提供接连不断的动力，因为口碑消费者对店铺品牌有很深的感情，信任度很高。

不仅如此，口碑消费者还会主动为店铺和产品做宣传，自动成为它们的口碑打造者和推动者，从而为其带来更多的顾客，提升店铺的销量和利润。

那么，口碑为什么有这么大的营销力和影响力呢？下面笔者将详细介绍口碑传播的相关特点。

1. 口碑更真实

现在的店铺大多依靠流量广告来发布信息、树立口碑，其实这样的行为很容易引起消费者对店铺的质疑，而且大多数消费者也对广告有抵触心理，他们认为店铺投放巨额资金利用广告做宣传，还不如多多注重产品的质量和服务。

相比较而言，口碑来自于和自己一样身份的消费者，口碑是他们的真实感受积累而成的，不是金钱打造的，因此更具有参考价值。所以对于消费者而言，他们更愿意相信口碑传播。一般消费者在购物之前，除了要看产品的款式、价格之外，就是看其他用户购买产品后的评价，从而为自己购物做参考。如图 8–3 所示，为拼多多某商家产品的用户评价。

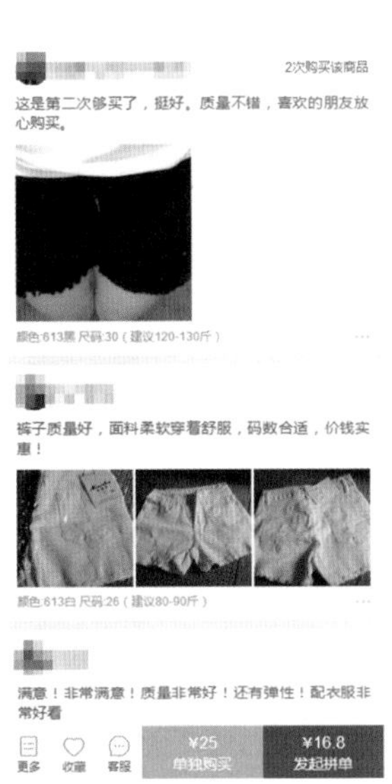

图 8–3　拼多多某商家产品的用户评价

因为口碑更真实可信，所以其营销作用十分显著。消费者往往相信身边的人的推荐，比如亲朋好友、同事等。当他们从别人的经验中了解到了产品客观、完全的信息后，其产生的看法和评价就固定了，于是也更容易在朋友的强烈推荐下购买产品。

专家提醒

值得注意的是，现在网络购物平台上的口碑体系还不完善，一些店铺为了吸引消费者、赚取利润，不惜花钱让人为自己打造虚假的口碑，欺骗消费者。这样的店铺虽然会在短期内获得利益，但时间一久，必定会遭到消费者的无情抛弃。

因此，网络购物平台应该对这些欺诈行为给予严厉的惩罚，并严加管理和监督口碑评价，为广大消费者提供良好的购物环境，让大家都买到满意的产品。

2. 口碑营销很便宜

与其他营销方式相比，口碑营销的成本是最便宜的，商家只要对创意方面花大价钱，其他诸如宣传推广等方面资金的消耗则十分少。相反，如果通过“烧钱”的方式来打广告、做活动，不仅浪费成本，还可能达不到想要的效果。因此，商家最好是选择口碑这种成本低效果又好的传播方式，来树立产品品牌，从而让消费者更加忠于店铺和品牌，培养其对商家的好感和信任。

8.1.4 良好口碑的定位因素

一款产品要想树立好的口碑，获得广大消费者的肯定和认可，需要有一个正确的定位。除了产品本身质量要过硬之外，还要为其融入一些有特色的定位因素，笔者将其总结为以下两点。

1. 价格定位：物超所值

对于产品的价格定位，商家要做的最重要的一点就是保持较高的性价比。因为站在消费者的角度考虑的话，肯定希望自己能够购买到最划算的产品，不然也不会出现“货比三家”的经验之谈。

专家提醒

当然，产品的高性价比并不是让企业用低廉的价格吸引消费者，品质是绝对不能忽视的。不能为了吸引消费者而不择手段，采用无底线的低价手段来欺骗消费者，这种做法的后果就是丧失消费者信任的同时也毁了自己的口碑。

因此，商家要为消费者考虑周到，尽量做到物美价廉，为消费者提供最好的产品和服务。这样的话，消费者就会看到商家的良苦用心，从而主动帮助商家和产品打造口碑。

2. 创新定位：产品要新

凡事都讲究创新，产品也不例外。无论是什么类型的消费者，都比较热爱新产品。特别是年轻一代追求新产品的势头更加猛烈，比如“果粉”“米粉”就会时刻关注新产品的发布，可能还会拿着辛苦加班赚来的工资，不惜花时间和精力去购买自己相中已久的产品，甚至还会乐此不疲地把产品推荐给其他人。

每个人都是“喜新厌旧”的，这是人类的一种心理特质。因此，人们总是无法拒绝新鲜事物的魅力，都倾向于购买更加新颖、有趣的产品。那么，商家要如何利用“创新”这一要点进行产品的定位呢？相关技巧如图 8-4 所示。

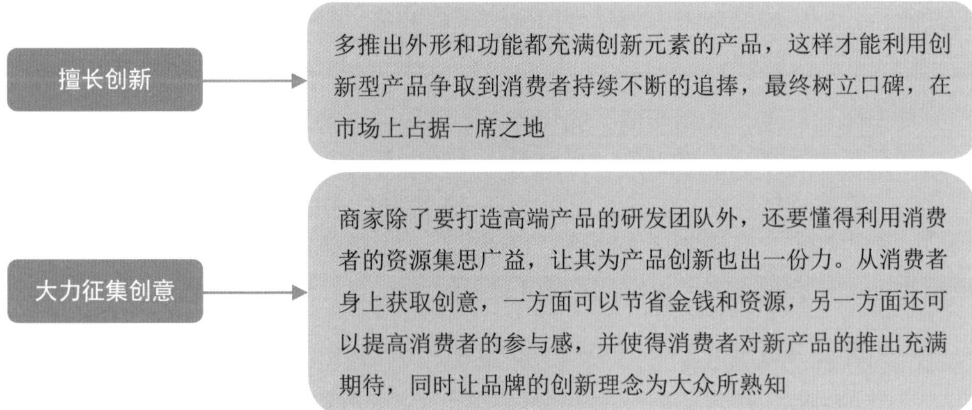

图 8-4 利用“创新”进行产品定位的技巧

此外，还有正能量定位、比衬定位、理念定位、精神定位等定位方式，这些都是打造口碑的有效途径。好口碑源于正确的定位，正确的定位需要企业进行多方面考虑。

8.1.5 体验和口碑间的关系

在这个体验经济的时代，消费者的体验成为重中之重。每个商家都应该关注消费者的需求，为其打造最舒适的购物体验，让消费者享受到购物的乐趣所在。

1. 口碑打造：体验 > 打广告

很多商家认为只要通过打广告的方式就能让自己的品牌做到无人不知、无人不晓，于是在产品和品牌的广告方面注入了不少心血，殊不知，这种口碑打造的方式在体验经济时代已经不管用了。

广告打得再好，消费者如果不愿意相信，也是“竹篮打水一场空”，白白浪费时间和精力。因此，商家必须要做好体验，提供良好的产品和购物环境，这样才能缩短消费者与商家之间的距离，从而打造口碑。

2. 口碑打造：第一印象很关键

很多消费者都有“先入为主”的观念，商家要格外重视产品留给消费者的第一印象，并懂得怎样利用产品的第一印象吸引消费者的眼球。因为第一印象留得好，就很有可能吸引消费者再次进行消费。

3. 口碑打造：得到消费者的情感认可

现如今的市场营销，情感已经成为一个不可或缺的因素，很多企业在树立口碑时都加入了情感成分，以获得消费者在情感上的共鸣。因此，企业需要从情感方面着手，利用消费体验中情感与口碑的密切关系，来打造口碑。

4. 口碑打造：增值 + 体验

增值体验就是“物超所值”的体验，简单地说，就是消费者花一百元钱享受价值两百元钱的产品或者服务。打造增值体验的目的，就是提升消费者对店铺和产品的忠诚度和认知度，鼓励他们向身边的人推荐产品品牌，从而逐渐树立口碑。那么，作为商家，应该怎样为消费者打造贴心的增值体验呢？商家必须注重产品的实用性，让消费者为产品的功能赞不绝口。

8.2　7 个培养粉丝的方法

粉丝经济的火爆，使得粉丝在产品营销和口碑打造中的作用越来越重要。那么，拼多多商家想要通过粉丝的培养来获得口碑，具体应该怎么做呢？本节将从产品的品质、店铺经营以及名人效应等多个方面阐释如何打造完美的“铁杆粉”。

8.2.1　保证和提高产品质量

想要利用粉丝打造口碑，商家就应该保证产品的质量，让消费者为品质而折服，从而逐渐成为产品或店铺的铁杆粉丝。那么，在具体的打造过程中，商家应该怎样操作呢？笔者将从以下几个方面进行分析。

1. 保证基础质量

能成为一个产品的铁杆粉丝，那么这款产品的基础质量肯定是过关的，因为消费者不可能长时间盲目地追捧一个产品，除非它的核心品质能让人信服，因此，商家要保证产品的基础质量过关。

2. 为品质加点“料”

除了保证产品的基础质量，企业还要学会为产品加点“料”，比如个性、品位等。因为随着时代的变化，大多数消费者对产品的品质需求发生了改变，更加追求个性化和高品位的产品。

当然，在为产品品质加“料”的时候也不能忘了产品的基础品质，因为那是产品的根本。如果将产品的品质与品位、个性相结合，相信粉丝会蜂拥而至，产品的口碑会很容易树立。

8.2.2 用诚信经营来打动顾客

对于拼多多商家来说，获得粉丝的一个重要方法就是诚信经营。“信用是无形的资产”，如果商家懂得利用诚信来对店铺进行管理，就能收获消费者的青睐，并得以树立口碑。

诚信经营是一个循序渐进的过程，但诚信一旦树立就会赢得众多消费者的信任，而且还会直接影响到产品的销量和品牌的传播。

专家提醒

有的店铺不注重诚信经营，为了赚取眼前的利益全然不顾消费者的合法权益，就会失去消费者的信任，甚至使得自己苦心经营的店铺口碑毁于一旦。这种行为是不可能赢得粉丝支持的，更别说树立口碑了。

最重要的是商家要在方方面面坚守诚信，在经营理念中渗透着诚信，这样的话，消费者就可以从购物过程中感受到你的诚信，从而对你的店铺和产品增加好感，主动向身边的人推荐你的产品。值得注意的是，商家应该怎样利用诚信经营吸引粉丝的关注，从而获得粉丝的信任呢?

消费者对于店铺的重要性是不言而喻的，因为他们的取向决定着店铺的兴衰，他们的心理决定了店铺的发展趋势。要想获得消费者的信任，使其成为店铺和产品的忠实粉丝，就应该从消费者入手。

总之，为了获得粉丝的认可、打造口碑，诚信经营的理念不能丢。最重要的是，从道德方面来看，坚守诚信是商家义不容辞的责任，因此，要想树立良好的口碑，诚信经营不能少。

8.2.3 透明化经营赢得信任

“透明”的意思就是公开、毫无保留地把一切信息展示给广大消费者，这样一来，就能赢得消费者的信任和认同，从而培养忠实粉丝，为店铺口碑的树立打下良好基础。

首先，商家需要明确的是，随着移动互联网的不断发展，无论是产品信息，还是产品的生产过程，一切都变得越来越透明化。这样的变化使得消费者对产品的信任度也不断提高，这种信任一天天积累，时间长了也就形成了口碑。

在移动互联网时代，信息变得透明，商家也可以通过各种“透明”的方式来获得消费者的信任，以打造产品和品牌的口碑。

其中，做到“透明”的最直接的方法就是将产品的生产流程主动向消费者展示，这样一来，既可以吸引消费者的兴趣，与商家进行互动，又可以获得消费者的信任，树立口碑，一举两得。

8.2.4 敢于承诺并说到做到

信守承诺的人总是容易受到他人的敬佩，同样地，勇于承诺并能实现承诺的商家也容易得到消费者的信任和青睐。通过承诺的方法来获得消费者的信任，进而培养属于自己的粉丝群，这样一来就能帮助店铺树立牢固的口碑。

商家在承诺的时候必须坚守的一点就是，无论自身遇到了多大的艰辛，也不能让消费者失望，必须信守承诺。比如著名企业华为，不仅对产品的品质打造十分用心，而且也十分信守承诺。在一次运输手机的途中，货车不幸遭遇意外，为了保证产品质量，华为决定放弃这批手机。

正是因为华为这种信守承诺的行为，使得广大消费者对其极为信服，从而加深了对企业品牌的好感。这就是信守承诺为企业带来的好处，同时也为企业吸引了大批忠实的粉丝，树立了口碑。

8.2.5 用名人效应吸引粉丝

众所周知，“名人效应”的威力无比巨大，要想吸引更多粉丝，扩大粉丝群，让粉丝成为口碑打造的最佳媒介，就应该学会巧妙地利用“名人效应”。

人们总是倾向于相信有名气、有身份、有地位的人，这样的人无论做什么，都会引起大众的广泛关注，而且能有效地带动店铺的发展和口碑的树立。

比如小米公司的 CEO 雷军，就是利用自己的身份、地位来吸引粉丝的，他很早以前就开设了自己的新浪微博账号，并在此平台上与粉丝积极交流沟通，为小米公司积攒了不少人气，从而有效地实现了品牌的传播和口碑的打造。

雷军不仅在微博上为小米的产品做宣传，而且还主动向粉丝们展示自己的业余生活，比如与一些著名人士的交往或者是商业合作等，这些细节都体现了雷军的身份和地位，从而加强了消费者对其的信任，以及对其品牌的依赖。这样一来，

“名人效应”的优势就十分明显了，既宣传了产品信息，又吸引了众多粉丝，为企业品牌的树立做出了不可磨灭的贡献。

8.2.6 利用性价比积累粉丝

性价比对于消费者而言，永远都是购买产品需要考虑的重要因素之一。商家想要吸引更多的粉丝，从而为店铺的口碑打造积聚力量，就应该从性价比入手，牢牢地抓住消费者的心。

举个简单的例子，两个同样规模的水果店，一个产品的价格高一些，另一个产品的价格略微低一些，价格高的产品虽然单价赚取的利润比较高，但数量少；价格低的产品虽然单价赚取的利润低，但胜在价格优势和数量。俗话说，“薄利多销”，这样的营销方式更容易吸引消费者前来购买产品，从而主动向身边的人推荐该产品。

值得注意的是，商家在利用薄利获取价格优势的时候，一定要注重保证产品的质量，不可为了盈利而粗制滥造，不然的话，就算得到了粉丝一时的追捧，时间一长，还是会被无情淘汰。

8.2.7 用福利增强粉丝黏性

正所谓“得粉丝者得天下”，为了获得粉丝的青睐和支持，就应该多为粉丝发放福利。只有这样，才能把粉丝牢牢抓住，从而为店铺口碑的树立打好基础。那么，这些福利具体而言包括哪些呢？笔者将其总结为几点，如图 8-5 所示。

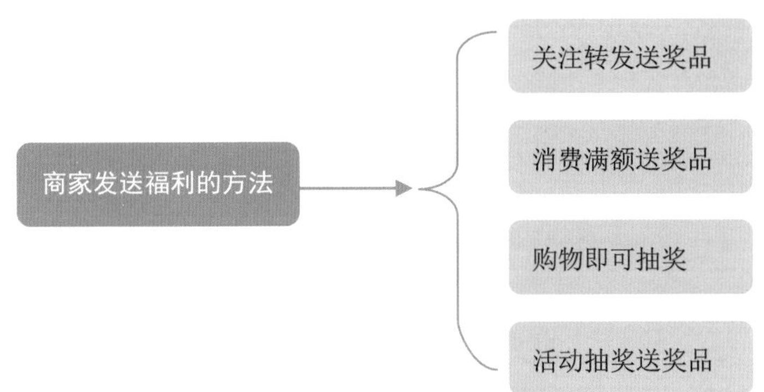

图 8-5 商家发送福利的方法

为消费者发送福利可以增强用户黏性，从而将其发展为店铺的忠实粉丝，为店铺的口碑塑造积累人气。

8.3 用评价模块提升口碑

评价和销量同样重要，是影响用户下单的决定性因素，好的评价能够让商品形成好口碑，从而极大地提升商品的转化率。

在拼多多平台上，评价是指用户基于真实的交易，在订单确认收货后 15 天内对交易商家进行的评价，包括店铺评分和评论内容两部分，具体内容如下。

(1) 店铺评分：买家对交易商家给出的动态评分，包括描述相符程度、物流服务和服务态度三项。

(2) 评论内容：包括文字评论、图片和视频（最多 6 张）评论，用户评论时可以不填。

8.3.1 获得用户好评的技巧

评价会直接影响用户的购物决策、商品综合排名以及活动报名。相关数据显示，95% 的用户在购物时都会查看商品评价，其中好评可以增加他们下单的决心，而差评会导致他们对商品失去信心。获得好评的相关技巧如图 8-6 所示。

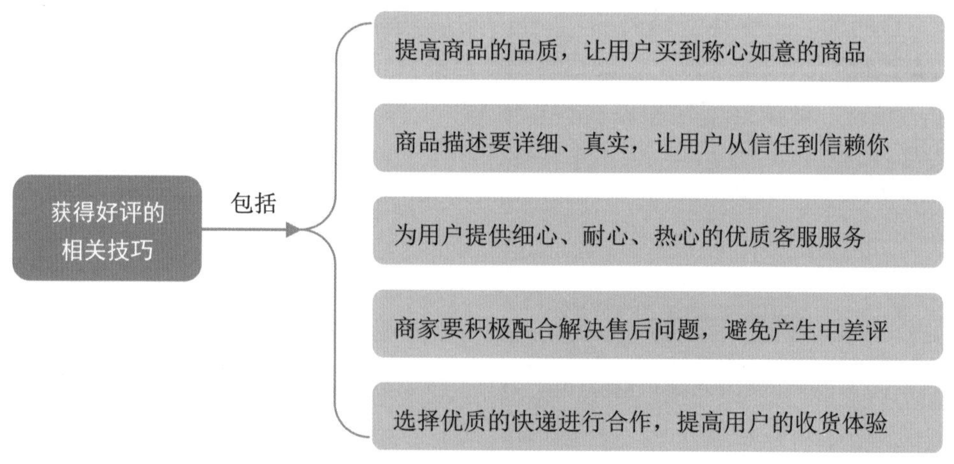

图 8-6 获得好评的相关技巧

商家可以进入拼多多商家后台的“商品管理→评价管理”页面，查看店铺的总体用户评价得分以及来自客户的评价内容，如图 8-7 所示。如果发现中差评，要积极联系用户查明原因并进行处理。

图 8-7 “评价管理”页面

8.3.2 用短信功能获取好评

商家使用短信服务功能、小礼物、客服创新回复以及掌柜回复等功能的目的，都是为了感动和关怀用户，让他们给商品打好评。商家可以在短信中通过一些体贴的话语或动作，让用户感受到你的温暖。短信服务功能可以分为发货及签收提醒、节日祝福 & 问候以及个性化营销活动。例如，商家可以通过短信提醒用户及时签收验货，如果货物有问题可以拒签，如果用户对商品不满意可以建议他联系客服，从而避免他们直接给店铺打差评。

商家可以进入拼多多商家后台的“店铺营销→短信营销”界面，然后切换至“人群管理”选项卡，在其中可以针对不同的人群来发送短信，做评价管理时主要以节日祝福人群和店铺历史成交客户为主，也可以创建自定义人群，如图 8-8 所示。

例如，选择“店铺历史成交客户”后，单击右侧的“发送短信”按钮进入“自定义营销”界面，短信内容可以是优惠券，也可以从短信模板中选择，如图 8-9 所示。单击“重选模板”按钮，弹出“短信模板选择”对话框，商家可以针对已下单买家新建短信模板，选择模板后单击“确认”按钮即可，如图 8-10 所示。

短信营销
短信首页 短信数据 人群管理 模板管理 发送记录
推荐人群 自定义人群 创建人群 查看教程

人群名称	人群定义	预计触达人数	操作
店铺关注人群	正在关注本店铺	1774	发送短信 | 发送数据
洪涝影响人群	收货地区：安徽、重庆、贵州、江苏、湖南、湖北、四川、江西	21171	发送短信 | 发送数据
助力店铺关注	近30天访问过店铺：当前未关注本店铺	11602	发送短信 | 发送数据
潜在兴趣人群	系统根据用户的访问、关注行为,自动计算感兴趣的新客户	6425	发送短信 | 发送数据
节日祝福人群	历史在店铺内有过购买行为，或有关注店铺及店铺内商品的用户	6291	发送短信 | 发送数据
潜在复购客户	近180天购买过店铺商品：近90天未购买过店铺商品	5578	发送短信 | 发送数据
商品月收藏客户	近30天收藏过店铺任意一件商品	2895	发送短信 | 发送数据
店铺历史成交客户	历史成交次数大于等于1次	27869	发送短信 | 发送数据
活动预热人群	近365天购买过店铺商品	21843	发送短信 | 发送数据
热销引流人群	近30天未购买过店铺商品	78759	发送短信 | 发送数据

共有 27 条 1 2 3

图 8-8　短信营销中的"人群管理"选项卡

图 8-9　"自定义营销"界面

图 8-10　"短信模板选择"对话框

8.3.3　利用小礼物获取好评

用户在网上购物时，基本需求包括性价比、商品质量和送货速度等，这些是表面的，还有很多潜在需求是我们看不到的，如商家给予他们的尊重和惊喜等。如今，随着购物服务同质化越来越严重，商家可以从用户的潜在需求入手，带给用户更好的购物体验，例如给予他们一些无伤大雅的小礼物，从而获得他们的好评。

小礼物可以提升用户对购物的满意度，礼物无须很贵重，应尽可能选择用户需要的东西，这样才能给店铺加分。例如，下面是一个鱼竿商品，商家给买家赠送了一些鱼饵、鱼漂、鱼钩、绕线板以及调节鱼漂时需要用到的铅皮等，这些贴心的小礼物赢得了众多买家的好评，如图 8-11 所示。

鱼竿很好，服务态度很好，还送东西，做的很全
鱼竿收到了，看外观就很喜欢，拉出来试了一下手感，很顺手，商家送了很多小礼物，鱼钩，鱼线，尤其红虫颗粒号称鲫鱼杀手，明天就去试掉，最满意的一次购物！
：是5米4的吗 好漂亮 优秀
：是7.2米长的杆吗
查看全部3条评论

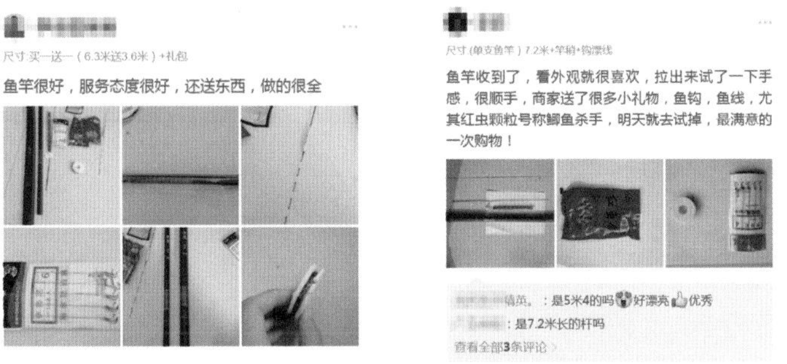

图 8-11　利用“小礼物”获取用户好评的案例

8.3.4　利用回复来获得好感

商家可以针对自己的客服进行培训，针对回复进行创新，打造统一的语言风格，用幽默风趣、机智聪明的客服话术赢得用户的好感。另外，商家还可以利用掌柜回复功能来表达对给予好评买家的感谢，同时还可以借此来推广自己的店铺和产品，以及解释差评的原因，展现出主动担当积极作为的态度，增加其他用户下单的信心，如图 8-12 所示。

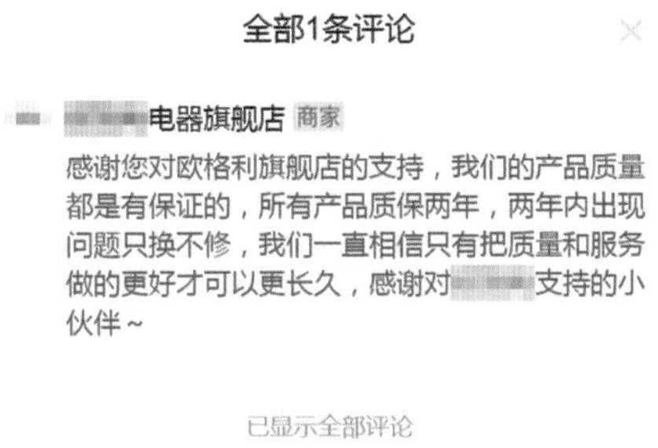

全部1条评论
电器旗舰店 商家
感谢您对欧格利旗舰店的支持，我们的产品质量都是有保证的，所有产品质保两年，两年内出现问题只换不修，我们一直相信只有把质量和服务做的更好才可以更长久，感谢对 支持的小伙伴~
已显示全部评论

图 8-12　掌柜回复示例

8.3.5　客服专用券降低差评

客服专用券不仅可以在售前对用户进行营销，提高他们的下单转化率和复购率，还可以在售后阶段安抚客诉、关怀用户，降低他们的差评。商家可以进入拼多多商家后台的“店铺营销→营销工具→优惠券”界面，找到“客服专用券”并单击“立即创建”按钮，然后填写优惠券信息，完成后单击“创建”按钮即可，如图 8-13 所示。

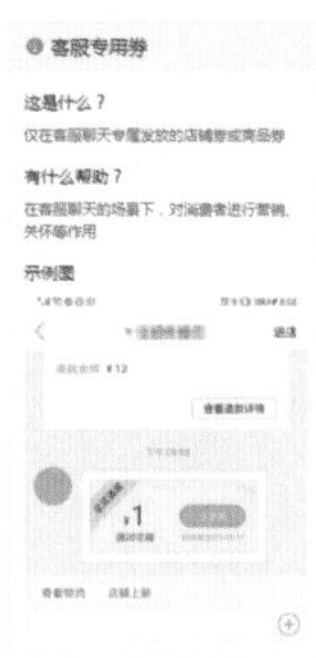

图 8-13　创建客服专用券

8.3.6　处理差评的方法技巧

差评不仅会影响店铺内的商品转化率，而且还会影响店铺的动态评分，进而影响店铺的权重、搜索排名和活动报名资质。出现差评的原因不外乎商品质量问题、与详情页的描述不符、物流快递问题以及客服态度问题等。商家可以从售前、售中和售后 3 个环节来解决差评，相关技巧如图 8-14 所示。

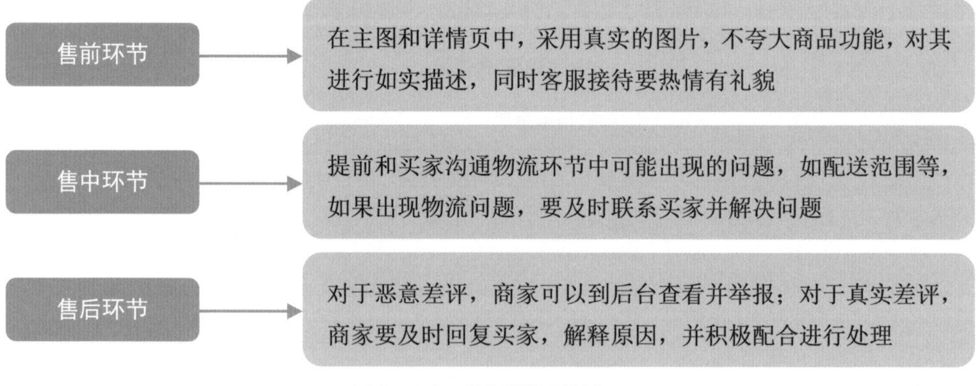

图 8-14　处理差评的技巧

第 9 章

做好客服和售后工作

客服是拼多多店铺运营中至关重要的岗位，它能够直接和顾客进行沟通和交流，决定着顾客对店铺的第一印象。本章主要介绍如何做好客服的管理工作和使用客服工具提升工作效率的方法，以及利用顾客心理提高成交率等内容。

9.1 做好客服管理的工作

商家在经营店铺时，客服问题是最让人头疼的，如回复总是不及时、询单转化率特别低以及用户的各种投诉等，可见客服工作确实不好做。然而，客服指标是店铺运营的基础，不仅严重影响店铺和商品的权重，而且还是参加活动的前提。因此，拼多多商家一定要做好客服管理工作，提升客户的满意度。

9.1.1 客服绩效的考核工作

商家需要给客服人员制定相应的考核目标，不仅可以避免他们消极怠工，同时还可以起到激励作用。客服绩效考核可以参考一些核心数据指标，售前客服的核心数据主要包括 30 秒应答率、平均响应时间、有效回复率、询单转化率、客单价 / 客件数以及投诉率；售后客服的核心数据主要包括首次响应时间、平均响应时间、有效回复率、投诉率、纠纷退款率和平均退款时长。

当然，这些指标的目标数据不能随意制定，商家可以参考行业数据、店铺数据或者平台的考核数据，来综合分析制定合理的考核目标。

9.1.2 拼多多客服的常用话术

好的客服往往可以留住很多顾客，促成更多的潜在订单，给店铺带来利润，是店铺财富最直接的创造者。

客服的话术，对于提升询单转化率是至关重要的，好的话术可以大大提升店铺的转化率。下面介绍一些常见的客服聊天话术技巧，具体内容如下。

(1) 售前咨询："亲，您好！感谢您光临 XXXX 店铺，我是客服 XX，很高兴为您服务，有什么可以帮到您的呢？"

(2) 商品推荐："亲，非常抱歉，由于我们工作的疏忽，给您带来了不便，您看我们给您换一个，或者给您补偿损失，可以吗？"

(3) 额外需求："亲，我们的商品已经是底价了，我们店铺都是小本生意，实在没钱准备赠品，但我们的商品绝对是物超所值的，希望您能支持和理解。"

(4) 买家砍价："亲，商品明码标价是不议价的哦，相信一分钱一分货的道理您也知道，我们是正品专卖，请您放心购买！"

(5) 客服催单："亲，商品活动期间价格非常优惠哦，而且现在非常热销，您喜欢的话，今天拍下就可以马上发货。我还可以偷偷送您一张 5 元优惠券呢，现在拍下就有优惠！"

(6) 物流快递："亲，非常抱歉，我们已经联系了快递公司，当前商品也已经到达了您所在的地区，快递小哥马上就会给您送上门了（送货员电话），请您保持电话畅通。"

专家提醒

用户下单后，客服可以立即发送一条核对订单信息的消息，包括收件人的姓名、电话和地址等，给用户带来更好的服务体验。

9.1.3 选择客服沟通的工具

拼多多的客服沟通工具非常多，除了传统的电话和短信聊天渠道外，客服还可以通过网页版客服聊天页面、商家版 App 和客服工作台等方式与买家进行沟通。

(1) 网页版客服聊天页面：客服可以通过网页登录拼多多商家后台，并在标题栏中选择“客服平台”选项，即可进入聊天界面。

(2) 商家版 App：商家首次上架商品并通过系统审核后，将在商家版 App 端自动开启聊天功能。客服可以进入商家版 App 的“消息”界面，即可和买家沟通。

(3) 客服工作台：在电脑端打开拼多多商家工作台软件后，会自动进入客服工作台，其聊天界面功能与网页版客服聊天页面基本一致。

9.1.4 提升客服询单转化率

客服是一个纽带，连接着商家和用户，商家雇佣客服代表自己和买家进行沟通，用户向客服咨询各种售前和售后问题，客服同时还要向用户推荐商品，引导他们下单，解决用户在购物过程中遇到的问题。商家在考核客服绩效的过程中，有一个指标非常重要，那就是询单转化率，这也是所有客服人员必须提升的能力。客服可以通过给用户带来好的聊天体验，来增加他们下单的概率。

提升询单转化率有助于降低用户的流失，主动咨询和进店的用户基本都是有购物需求、对商家的商品有兴趣、想了解的人。商家可以通过客服主动拉拢这些人群，比通过其他渠道或方法去引流的效果更好，而且转化率更高。当然，要提升询单转化率，也不是漫无目的的，商家可以参考同行业的平均水平。

9.1.5 降价催支付促使成交

很多用户在购物时非常犹豫，经常会出现下单后未支付的情况。这些用户大部分考虑的都是价格因素，因此商家可以通过“降价催支付”功能对商品进行改价，给用户吃一颗定心丸，提醒并促成他们及时付款。

“降价催支付”功能不仅能够让售前客服的能力得到很好的提升，如让他们学会主动向用户催款促成成交，减少客户流失；而且还能让店铺转化率得到有效地提升，促进销售额的增加。

在客服平台右侧打开“买家订单→店铺待支付订单”界面，单击“催支付”按钮，弹出“卡片催付”对话框，系统会提示需要先改价，设置折扣价格后单击“发送”按钮，如图 9-1 所示。

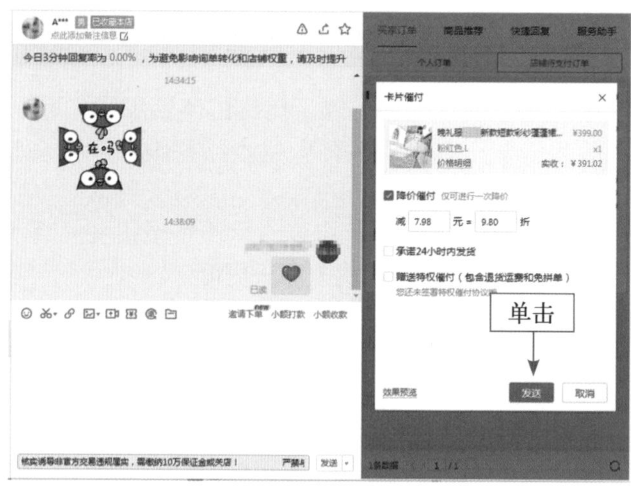

图 9-1　单击“发送”按钮

执行操作后，即可在聊天窗口中向用户发送催支付卡片，如图 9-2 所示。同时，用户会收到消息，提示“亲，您的待支付订单已帮您打折了哦”。除了价格打折催支付外，商家还可以发送“承诺 24 小时内发货”和“赠送特权催付”卡片。

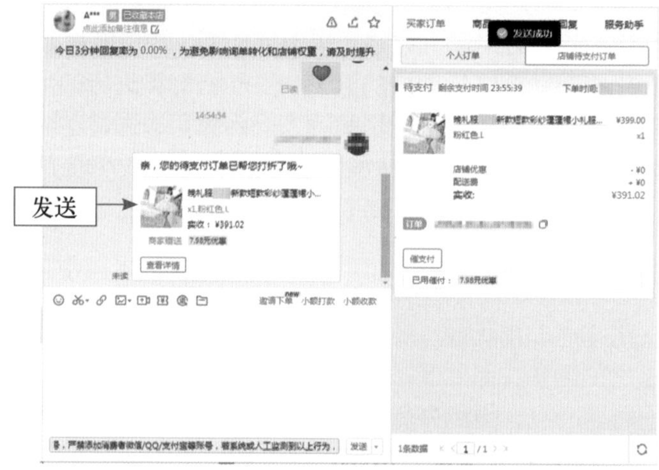

图 9-2　发送催支付卡片

9.2 使用工具来提高效率

有时候，咨询的用户非常多，而店铺的客服却只有寥寥数人，很难应对这些用户。此时，客服可以尽可能地多设置一些客服工具，帮助自己提升工作效率。

9.2.1 设开场白和常见问题

设置开场白和常见问题回复，不仅可以帮助客服自动完成迎宾和导购的工作，同时还能够快速地为用户答疑，有利于提高店铺的客服回复效率。商家可以进入拼多多商家后台的“多多客服→消息设置→开场白和常见问题”页面，可以在此设置开场白文案和常见问题回复等内容，如图 9-3 所示。

图 9-3 “开场白和常见问题”页面

商家还可以在“多多客服→客服数据→开场白数据”界面中，分析开场白的点击次数、点击人数和人均点击次数等数据，来分析所设置内容的有效性。

9.2.2 分流设置能完善分工

商家可以利用“分流设置”工具对店铺的售前客服和售后客服的任务进行分工，从而提高用户的购物体验，实现店铺转化率的提升。商家可以进入拼多多商家后台的“多多客服→客服工具→分流设置”界面，分为基础分流、高级分流、离线分流和不分流账号 4 种模式，如图 9-4 所示。

在基础分流模式下，商家可以对店铺首页、商品详情页、订单详情页、退款详情页和物流投诉页等页面进行分流。例如，单击店铺首页右侧的“设置”按钮，弹出“选择分流客服”对话框，设置相应的客服角色，并分配客服人员，单击“确认”按钮，如图 9-5 所示。

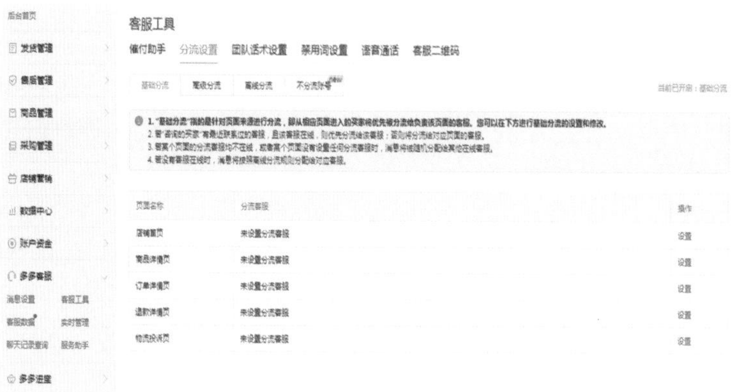

图 9-4 “分流设置”界面

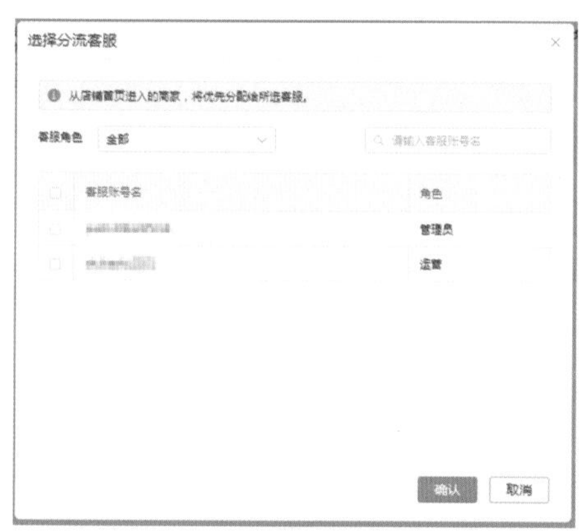

图 9-5 “选择分流客服”对话框

这样，从店铺首页进入的用户，点击“客服”按钮后，将会给他优先分配给该页面设置的分流客服。如果店铺里的客服都离线时，用户发送的消息将按照商家设置的“离线分流”规则，分配给相应客服处理。

9.2.3 商品卡片的自动回复

“商品卡片自动回复”功能可以让用户自助咨询相应的商品，让他们快速了解该商品的相关信息，同时也会计入真人有效回复数，对店铺 3 分钟回复率的提高有很大帮助。

商家可以进入拼多多商家后台的“多多客服→消息设置→商品卡片自动回复”页面，包括自动回复文案和自动回复商品常见问题两种方式，如图 9-6 所示。

单击“添加回复”按钮，选中相应商品 ID 前的复选框，然后在“回复文案”文本框中输入相应的回复内容，单击“确定”按钮保存即可，如图 9-7 所示。

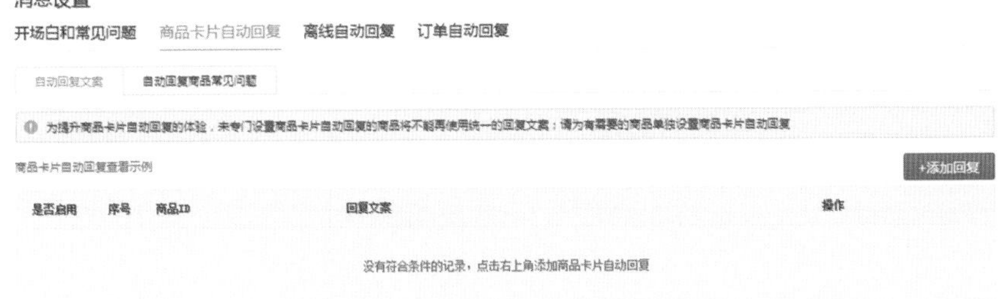

图 9-6 “商品卡片自动回复”页面

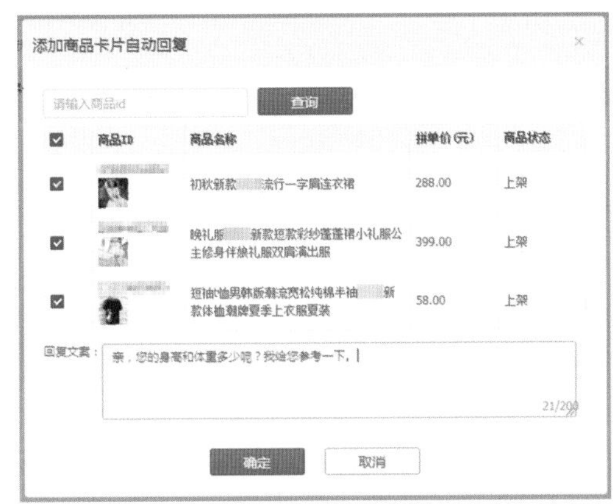

图 9-7 添加商品卡片自动回复

一个店铺最多能设置 5 个商品卡片自动回复，不过每条回复下可以设置 50 个商品。当用户在与客服聊天窗口发送商品卡片时，可自动回复商家所设置的内容。

9.2.4 客服二维码快速响应

客服二维码是拼多多官方推出的客服功能，用户可以通过扫码直接进入客服聊天界面，快速咨询问题。当商家和用户出现纠纷时，商家可以通过客服二维码来快速地回应用户，并通过适当地补偿小额打款或者优惠券，来降低平台的介入率。使用客服二维码进行沟通，可直接在线处理各种问题，不仅不会产生违规风险，而且还具有节省客服资源、降低投诉率、提升店铺权重和增加复购率等好处。

商家可以进入拼多多商家后台的“多多客服→客服工具→客服二维码”界面，在“输入文案”文本框中输入 15 个字以内的自定义文案内容，单击“生成卡片”按钮即可完成配置，如图 9-8 所示。商家可以将客服二维码卡片保存到电脑或手机中，也可以批量打印，将带有二维码的卡片放入快递包裹中寄给用户，为店铺引流。

图 9-8　“客服二维码”界面

在客服二维码的正面，可以看到一个“扫码有惊喜”的提示，当用户咨询该问题时，商家可以给用户赠送店铺优惠券，引导用户进店回购。

9.2.5　商家客服答疑的功能

客服每天都在忙着回复用户的消息，有时候一些同样的问题要被重复问很多遍。其实，商家完全可以利用“商家客服答疑”功能自动抓取用户和客服聊天记录中的常见问题，并筛选出其中的高频问题，然后编辑相对应的答案，将其展现到商品详情页中商品评价的下方，这样做既节省时间，又有利于提升转化率，如图 9-9 所示。

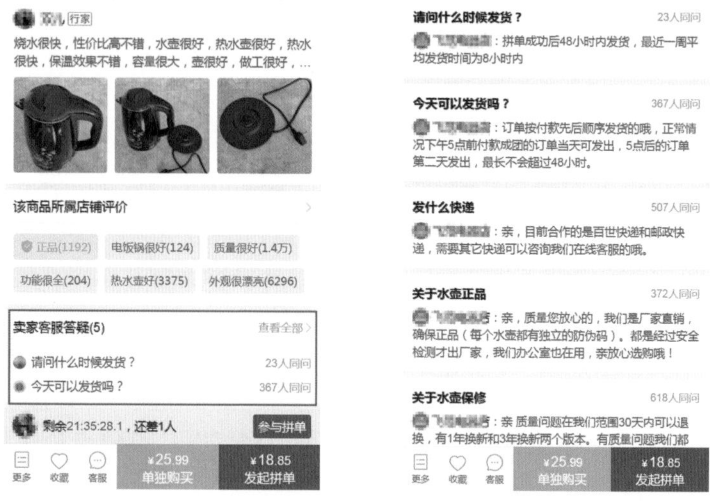

图 9-9　商品详情页中的“卖家客服答疑”区

9.3 把握心理提高成交率

顾客都是“要面子”的，如果客服人员能够在把握其心理的基础上，采取相应的对策，那么，推销将变得更加有针对性，而顾客也更容易对客服人员留下好印象。对于店铺客服来说，沟通就是一门语言的艺术，在与顾客的沟通过程中，客服人员只有灵活地进行表达，让顾客觉得更舒服，才能更好地促成交易，提高产品的成交率。

9.3.1 学会产品介绍的技巧

部分顾客在购买产品之前，之所以会与客服人员进行交流，就是因为他们还未下定购物的决心，或者说你的产品还没有足够打动他。所以，此时客服人员的产品介绍就显得尤为重要了。如果客服人员懂得结合顾客的需求突出产品的特色与亮点，则更容易吸引顾客下单了。

1. 产品描述的要点

在做一件事时，如果能够掌握其要点，便可以获得事半功倍的效果。产品描述也是如此。在描述产品的过程中，主要有 4 个要点，如图 9–10 所示。

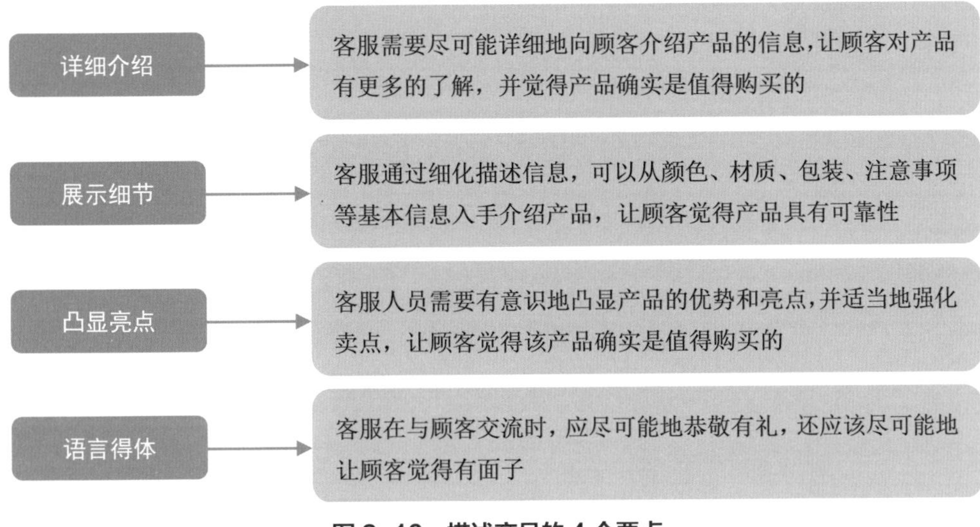

图 9–10 描述产品的 4 个要点

2. 有技巧地进行介绍

产品介绍就好比是射击，如果客服人员毫无针对性地进行介绍，就相当于是在胡乱射击，那样不仅会浪费大量的时间和精力，还会让顾客觉得客服人员的水平不行。所以，在介绍产品的过程中，客服人员有必要掌握一定的技巧，让自己的表达更加能打动顾客，具体内容如下。

(1) 了解顾客的需求，针对性地介绍产品信息。

(2) 同时给顾客介绍几款产品，为其提供更多的选择空间。

(3) 欲扬先抑的沟通策略，用真实取信于顾客。

(4) 给顾客赠品或打折等优惠，自然会更具有吸引力。

3. 常见的产品介绍雷区

在介绍产品的过程中，有一些禁忌，或者说是雷区，是不可触犯的。下面对5种常见的介绍雷区进行说明，希望可以在警示之余，让商家更好地避免“触雷”，如图9-11所示。

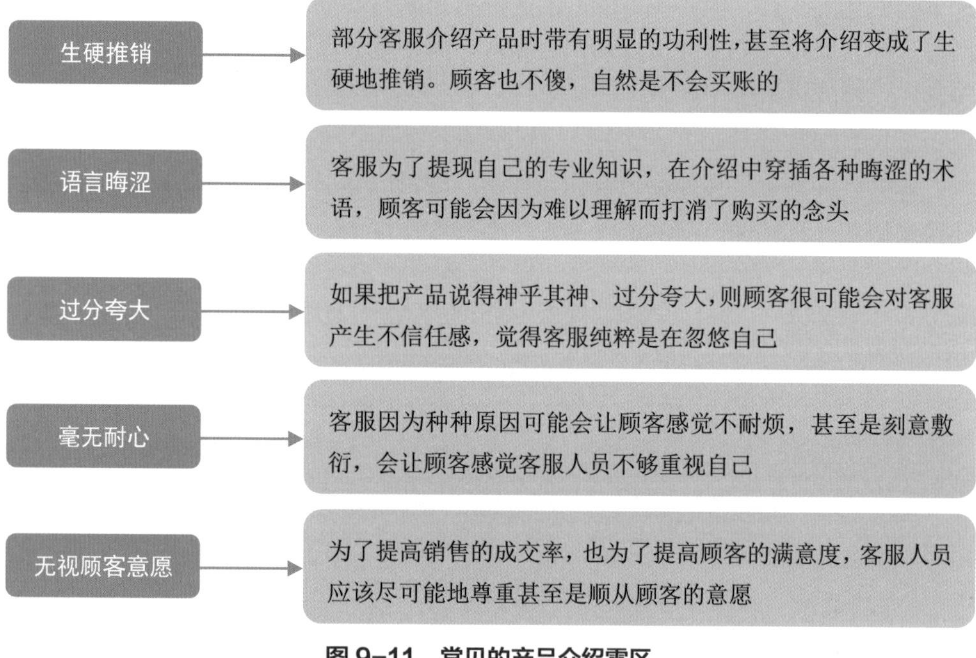

图9-11　常见的产品介绍雷区

9.3.2　打消顾客的各种疑虑

在拼多多上购物时，顾客毕竟只能看到一些产品信息，而无法亲自查看产品，所以，顾客对购物有疑虑是一件很正常的事。

其实，从另一个方面来看，顾客之所以就相关疑虑咨询客服人员很可能就是因为其对产品有需求。因此，如果客服人员能够消除顾客的疑虑，给顾客吃颗定心丸，便有可能迎来成交率的直线上升。

1. 对产品本身的疑虑

因为网购时顾客是无法亲自检验产品的，所以，许多顾客在售前沟通过程中都会表达对于产品本身的疑虑，担心产品的质量不过关、尺寸不标准、品牌不可信、款式已过时等。对此，客服人员需要做的就是根据顾客的疑虑对症下药，让顾客对产品多一份信心。

2. 对物流运输的疑虑

部分顾客还会有物流运输相关的疑虑，这会直接影响顾客下单的决心，客服人员需要做的就是向顾客说清楚，做好必要的保障，消除顾客的疑虑。

3. 对售后服务的疑虑

与在实体店购物不同，在拼多多网购过程中如果出现了问题，顾客通常不可能直接去店铺讨说法。所以，为了让购物多一分保障，在沟通过程中，顾客可能会询问一些关于售后服务的问题。例如，产品是否保修、能否退换、是否可以及时处理相关问题等。

9.3.3 激发顾客的购买欲望

部分顾客的下单速度直接与客服人员的工作效率相关，如果客服人员能够让顾客快速地完成下单，那么，客服人员在特定的时间内创造的价值量就越高。

当然，要让顾客主动掏钱，快速下单并不是一件容易的事，毕竟这直接关乎顾客的“钱袋子”。所以，客服人员要做的就是通过一些策略为顾客购物提供理由。

1. 营造愉快氛围带动下单

顾客之所以会选择购买某件产品，除了产品符合要求之外，与顾客沟通的氛围也是非常重要的因素。如果客服人员营造的是一个相对愉悦的沟通氛围，那么，顾客心中高兴，自然也就更愿意购买客服人员推荐的产品。

2. 给顾客压力化被动为主动

许多客服人员在与顾客沟通的过程中，可能想得更多的是，如何增加产品对顾客的吸引力。而很多情况下，即便客服人员给出了足够的优惠，顾客也不一定会马上下单。

这主要是因为很多顾客在看到客服人员给出的优惠之后，认为还可以更优惠一点。其实，客服人员与其一味地被动地给顾客优惠，倒不如给顾客一些压力，化被动为主动来得直接。

9.3.4 安抚顾客以消除抱怨

如果顾客就购物过程中出现的问题向客服人员抱怨，说明顾客对购物是不太满意的。此时，如果客服人员处理不好，便有可能激化矛盾，给店铺带来差评。当然，如果客服人员能够正确地处理抱怨，也能在消除抱怨的同时，通过沟通获得顾客的好感、增加顾客的满意度。

凡事都有一定的解决步骤，消除抱怨也是如此。如果客服人员能够以相对合适的步骤，循序渐进地与顾客进行沟通，如图 9-12 所示。顾客通常更容易接受客服人员的表达，进而对店铺和客服人员多一分谅解。

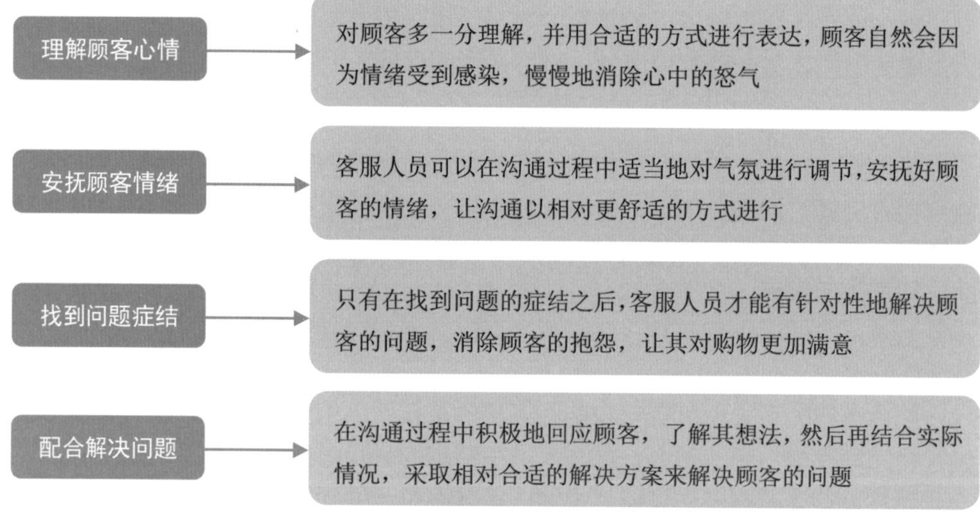

图 9-12　消除顾客抱怨的主要步骤

既然顾客是因为对购物中出现的问题不满意，那么，客服人员在沟通过程中就需要尽可能地让顾客感到满意。而要让顾客满意就必须听取顾客的建议，所以，客服人员在沟通过程中应适时地征求顾客的意见。

与客服人员自行解决问题不同，在沟通过程中征求顾客的意见可以让顾客的想法得以表达，而且顾客也能因此获得应有的尊重。这无论对于了解顾客的诉求，还是增加顾客的满意度，都是有所裨益的。

9.3.5　提高顾客留存的策略

顾客的数量是店铺发展的关键，而顾客的留存又直接影响到顾客的总数。所以，在店铺的发展过程中，客服人员要重点做好增加顾客的留存率。因此，客服人员在与顾客沟通的过程中需要着重做好两方面的工作：一是营造极致的顾客体验；二是运用沟通策略将顾客牢牢拴住。

1. 营造极致的顾客体验

顾客体验是影响店铺用户留存度的一个重要因素。顾客在完成一次购物之后是否愿意再次光顾，从一定程度上来说，取决于其在这一次购物过程中的体验。如果客服人员能够为顾客营造极致的顾客体验，那么，顾客在下次有购物需求时自然更愿意再来该店铺。

2. 运用沟通策略牢牢拴住顾客

顾客的留存说到底就是怎么样把顾客拴在店铺中。而要做到这一点，除了店铺自身具有的优势之外，更关键的还是让顾客看到店铺的优势。如果客服人员在沟通过程中能够运用一些技巧，让顾客看到店铺的优势，那么，顾客在有购物需求时，也会将店铺作为购物的首选，如图 9-13 所示。

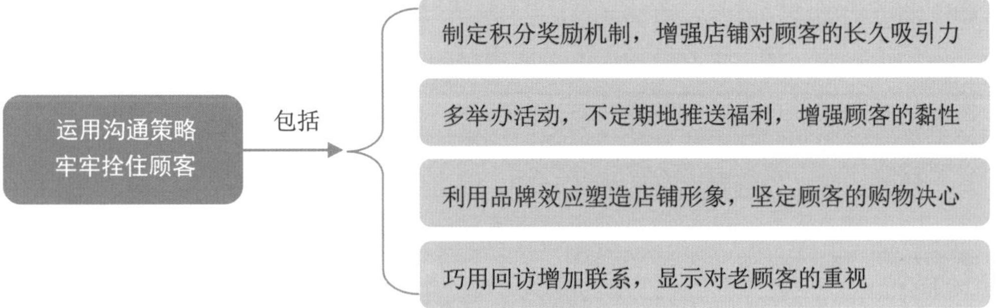

图 9-13 运用沟通策略牢牢拴住顾客

9.4 做好售后处理的事宜

售后服务对于口碑的打造而言，是十分关键的一个环节。很多商家不注重售后的完善和提高，因此白白流失了很多顾客，同时也错失了树立口碑的大好时机。本节将详细介绍拼多多店铺的售后处理技巧，帮助商家吸引更多回头客。

9.4.1 差评变成好评的技巧

当顾客给差评的时候，就说明顾客对此次购物是不满意的。而客服人员要想让顾客修改差评，首先就必须让顾客看到店铺对于这件事的积极态度。因此，客服人员需要做好一些必要的工作，如及时进行沟通、主动承认错误、致歉表达态度，接下来还需要了解顾客给差评的原因，并做出合理解释和给出必要补偿，让顾客删除差评。

虽然顾客对购物不满意时，就会给出差评。但是，顾客给评价有时仅仅只是根据个人的感觉。所以，如果客服人员能够掌握一定的沟通技巧，通过售后的沟通服务给顾客留下好感，差评也是可以变成好评的，将差评变成好评的相关技巧如下。

(1) 多一分耐心，多与顾客进行沟通，说服顾客修改差评。

(2) 对顾客进行适度的赞美，为顾客树立好人形象。

(3) 主动向顾客示弱，通过诉苦博取顾客的同情。

(4) 在获得顾客撤销投诉的基础上，发起回评邀请。

9.4.2 处理顾客投诉的事情

一般情况下，顾客是不会进行投诉的。如果顾客走到投诉这一步了，就说明顾客对购物已经非常不满意了，甚至于对店铺都失去了信心。而面对顾客的投诉，客服人员需要做的就是在积极解决顾客的问题，让他们撤销投诉，化解危机的同时，通过沟通重塑顾客对店铺的信心。

和给差评一样，大部分投诉的顾客也是因为对产品和服务不满意。甚至可以说，在顾客看来，投诉的程度还要重于给差评，所以，如果顾客已经走到了投诉这一步，就说明店铺中的产品或服务可能真的存在一些问题。

既然顾客认为问题出在店铺这一方，而客服人员又是店铺的“代言人”，那么，为了解决投诉、化解危机、重塑顾客对店铺的信心，客服人员就应该主动联系顾客，及时着手解决顾客的问题。

在沟通解决投诉的过程中，客服人员的态度非常关键。顾客之所以选择进行投诉，说明其对购物过程是不满意的。在这种情况下，客服人员与顾客沟通时，顾客通常会有一些抱怨。

所以，客服人员在与顾客沟通时需要耐心倾听顾客的抱怨，即便顾客的话听上去不太舒服也应该多一分忍受力。因为只有耐心倾听了，才能找到问题所在，对症下药，让顾客撤销投诉。

第 10 章

拼多多直播带货攻略

在如今直播带货的热潮之下，各大平台几乎都开通了直播的功能，拼多多也不例外。本章主要介绍拼多多直播带货的相关知识，包括直播带货前的准备工作、直播带货的运营技巧和注意要点。

10.1 做好直播带货的准备

拼多多的多多直播门槛低、变现快，受到许多用户的热爱，并且拼多多在这几年大受欢迎，以实惠的价格受到众多用户的下载与使用。本节主要介绍电脑直播和手机直播两种方式。

10.1.1 建立专业的直播空间

不管是手机直播，还是电脑直播，首先要建立一个专业的直播空间，主要包括以下几个方面。

(1) 直播室要有良好稳定的网络环境，保证直播时不会掉线和卡顿，从而影响用户的观看体验。如果是在室外直播，建议选择无限流量的网络套餐。

(2) 购买一套好的电容麦克风设备，给用户带来更好的音质效果，同时也将自己的真实声音展现给他们。

(3) 购买一个优质的摄像头，让直播效果更加高清，给用户留下更好的外在形象，当然也可以通过美颜等功能来给自己的颜值加分。

(4) 还需要准备的其他设备包括桌面支架、三脚架、补光灯、手机直播声卡以及高保真耳机等。例如，直播补光灯可以根据不同的场景调整画面亮度，具有美颜和亮肤等作用。手机直播声卡可以高保真收音，无论是高音还是低音都可以更真实地还原声音，让主播的声音更加出众。

电脑直播的缺陷在于手动设置步骤较多，而且场地通常被限制在室内。但电脑直播的优势也非常明显，不仅可拓展性强，能够使用麦克风和摄像头等专业直播配件，而且画面清晰度比较高，同时还可以实现特效贴片装潢效果，适合有一定直播经验或熟悉电脑操作的商家使用。

对于新开播的商家或不熟悉电脑操作的商家来说，则可以选择使用手机随时随地开播，但手机直播的可拓展性较差，清晰度较低，而且不能实现特效贴片装潢效果。

10.1.2 使用直播的代播功能

代播功能是指商家可以邀请达人或其他店铺主播直播本店的商品，并且在店铺详情页或商品详情页面中展示达人或其他店铺主播的直播间。下面介绍代播功能的具体设置方法。

(1) 进入“多多直播”界面，点击右上角的设置按钮⚙进入“设置”界面，点击“邀请他人代播”按钮，如图 10-1 所示。

(2) 进入“代播管理”界面，点击“代播广场”按钮，如图 10-2 所示。

(3) 进入“多多直播官方代播广场”界面，下方可以选择“找主播代播”或“帮店铺代播”，如图 10-3 所示。选择合适的主播或店铺后，点击“谈合作”按钮即可与主播或店铺进行合作沟通。

图 10-1　点击“邀请他人代播”按钮　　图 10-2　点击“代播广场”按钮

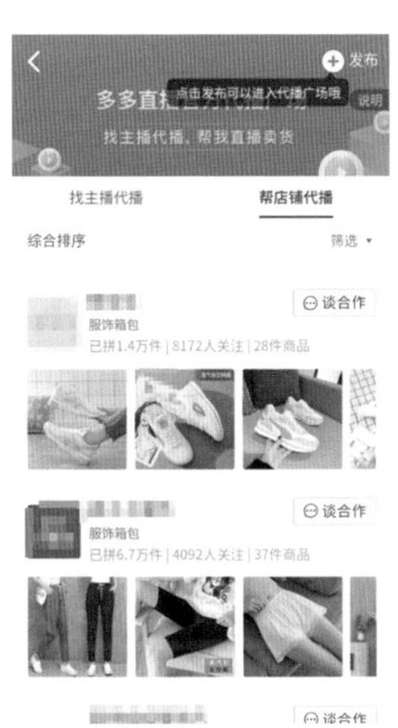

图 10-3　“多多直播官方代播广场”界面

邀请代播成功后，即可在店铺详情页或相应的商品详情页中，显示直播悬浮窗。对于拼多多商家来说，代播的好处如下。

(1) 在本店铺的非直播期间，有主播给店铺引流带货。

(2) 采用佣金结算方式，成本可控，收益永远是正向的。
(3) 达人的直播能力比较专业，可以提高商品转化率。
(4) 配合达人粉丝，能够使商品成交量实现最大化。
(5) 店群商家也可以将非直播店铺给直播店铺导流。

10.2 直播带货的运营技巧

在直播过程中，用户的关注度相较于图文内容和短视频内容会更高，直播的画面更形象、生动，而且在直播间内不会受到其他同类商品的影响。因此，直播带货的商品转化率比其他内容形式更高，这也是直播带货流行的原因之一。

本节就来介绍直播带货的一些常用的运营技巧，以帮助商家们高效地进行直播带货，提高直播间的产品销量，获得更多的收益。

10.2.1 直播方案策划的元素

虽然很多商家已经看到了直播带货的效果，但却缺乏直播经验，根本不知道如何入手。下面就来介绍一下直播方案策划的相关元素，包括目标、频次、人员以及脚本等内容，如图 10-4 所示。其中，UV 是 Unique Visitor 的缩写，即独立访客的意思。

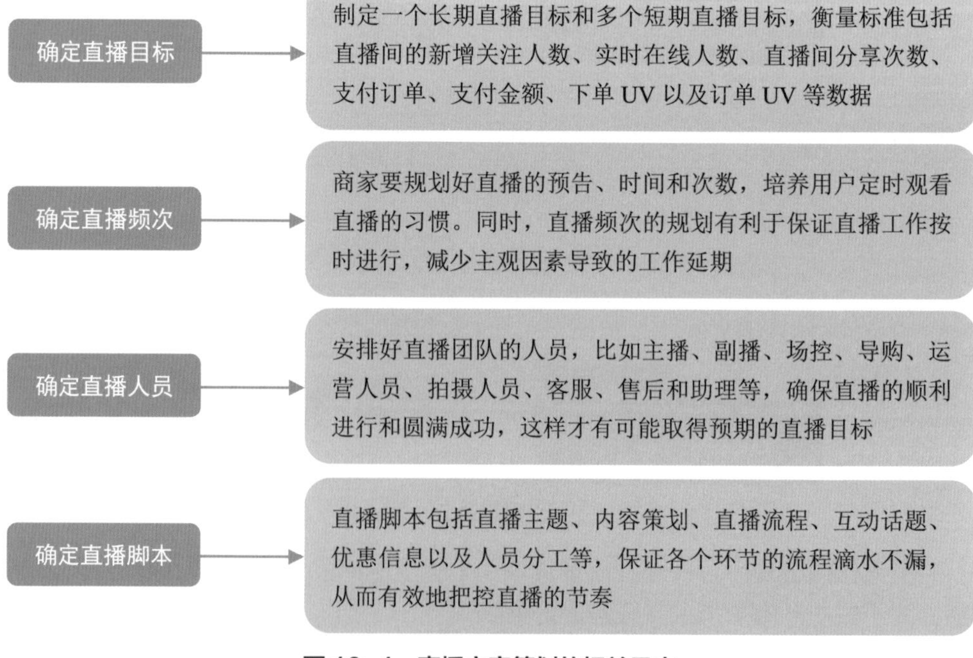

图 10-4 直播方案策划的相关元素

10.2.2 标题封面设置的技巧

要想吸引用户进直播间观看你的直播，那么一个好的直播标题是必不可少的。例如，商家可以采用“产品 + 利益引导”的格式来写直播标题，不仅能够快速锁定目标消费人群，同时还可以吸引他们进入直播间下单。

另外，直播封面也很重要，是影响用户进入直播间的关键因素。直播封面通常使用主播人像图或商品图，图片比例为 1 ∶ 1，尺寸不低于 800 像素 ×800 像素，同时必须是清晰干净且没有诱导信息的大图，相关设置技巧如图 10-5 所示。

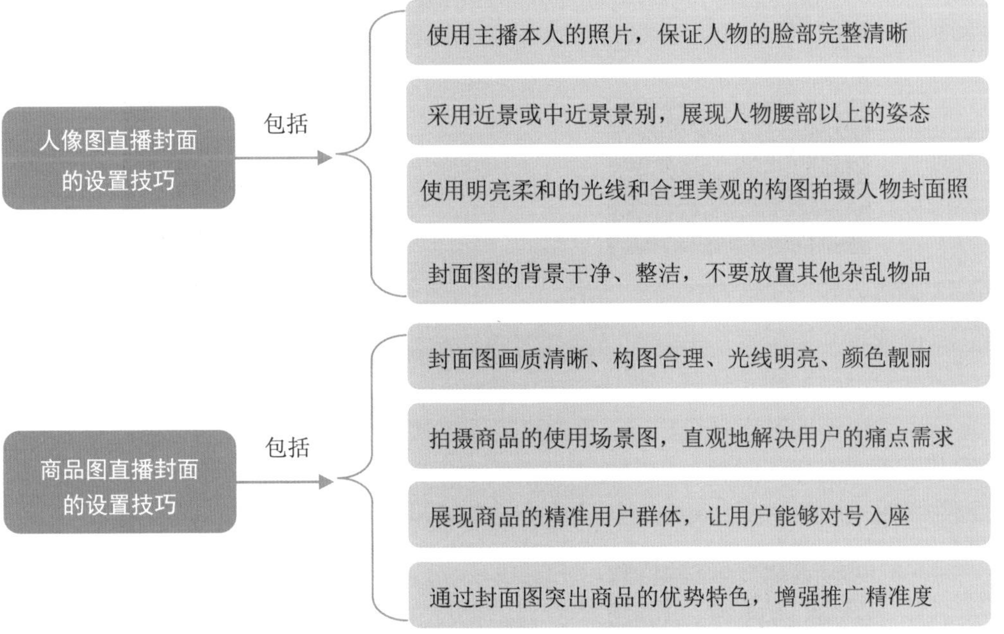

图 10-5 直播封面的设置技巧

专家提醒

首先展示在用户面前的是商家的直播封面，外表的包装总是能影响一个人的第一印象，美的事物总是更能抓人眼球，人们对于美的事物更具有好感，因此好看的封面更能吸引用户点击。

10.2.3 直播观众提醒的设置

商家可以在直播间点击“设置”按钮，打开设置菜单，点击“观众提醒”按钮，如图 10-6 所示。弹出“观众提醒”对话框，商家可以在其中自行开启或关闭“观众提醒”功能，包括“观众进直播间提醒”的提示音和展示基本信息，以及“观众评论提醒”的提示音，如图 10-7 所示。

图 10-6　点击“观众提醒”按钮

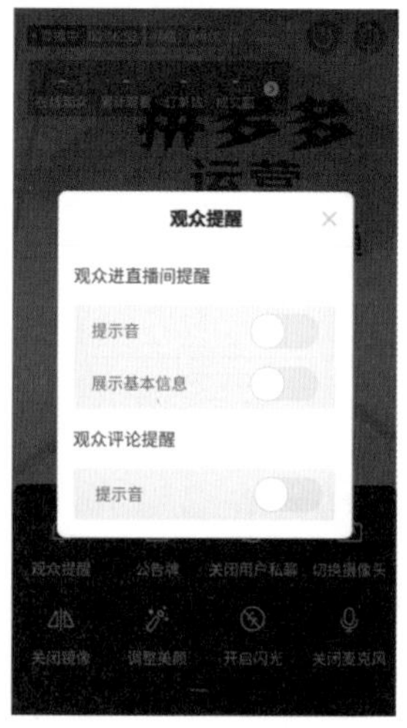

图 10-7　“观众提醒”对话框

如图 10-8 所示，为开启“观众提醒”功能的设置界面。开启“观众进直播间提醒”的提示音功能后，当用户进入直播间时，会响起专属音效提示主播，有助于主播快速地和用户打招呼，提高直播间的转化率。开启“观众进直播间提醒”的展示基本信息功能后，用户进入直播间后下方会显示对应的标签，有利于主播及时了解用户的特征，不错过购买意愿强的精准客户，如图 10-9 所示。

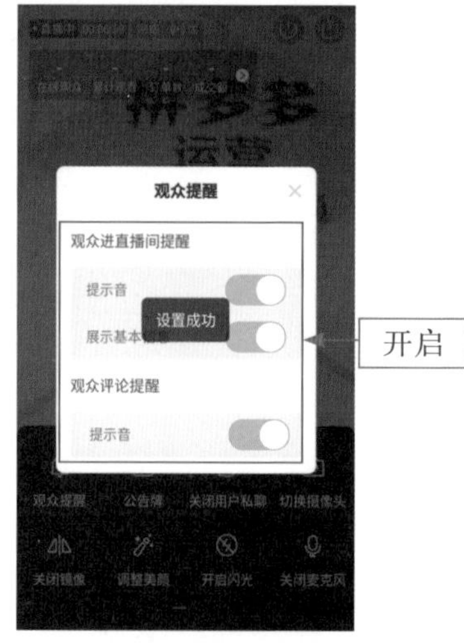

图 10-8　开启“观众提醒”功能

图 10-9　展示用户基本信息

开启“观众评论提醒”的提示音功能后，当用户在评论区留言时，主播可以及时看到，并快速做出回应。

10.2.4 直播间公告牌的设置

商家可以在直播间点击“设置”按钮，打开设置菜单，点击“公告牌”按钮，弹出“公告牌设置”对话框，如图 10-10 所示。在“直播公告”下方的文本框中输入相应的公告内容；并开启“是否在用户端显示公告牌”功能，即可将公告牌展示到用户端，如图 10-11 所示。

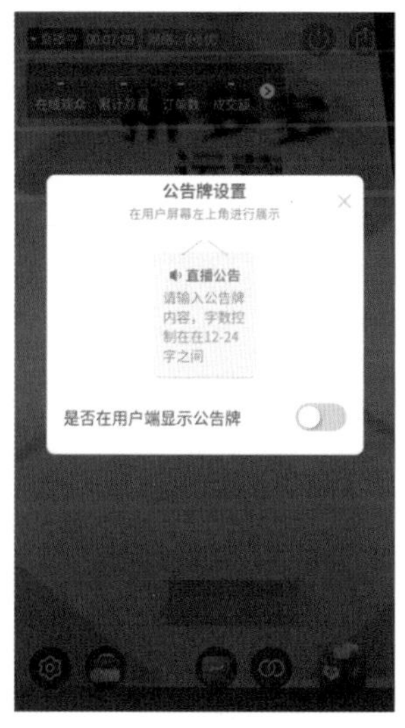

图 10-10 “公告牌设置”对话框

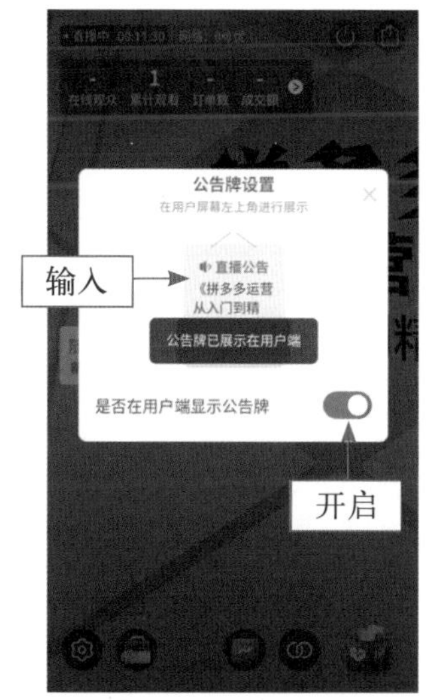

图 10-11 开启在用户端显示公告牌功能

在多多直播中，商家可以自行设置公告牌的文案内容。开启在用户端显示公告牌后，只要用户进入直播间，都可以看到商家想要展示在直播间的重点信息。公告牌的使用场景非常多，相关应用场景示例如下。

直播间的限时抽奖或限时秒杀活动预告。

直播间的互动活动玩法说明。

展现直播间主播的个人信息。

展现本场直播的商品和相关内容。

10.2.5 直播连麦互动的设置

商家可以在直播间底部点击“连麦”按钮，打开连麦菜单后，商家可以选择“连麦主播”或“连麦观众”等方式，如图 10-12 所示。在右上角的搜索框中输入相应的主播昵称，可以快速地搜索到想要连麦的主播。

同时，连麦主播列表中会显示推荐主播的头像、昵称、粉丝数和相应标签，点击“邀请”按钮，即可发起直播连麦申请，如图 10-13 所示。

图 10-12　打开连麦菜单

图 10-13　发起直播连麦申请

当对方同意商家发起的连麦申请后，即可上麦并进入“连麦主播”界面，同时展示双方的直播画面，点击“结束”按钮即可结束连麦，如图 10-14 所示。直播连麦不仅丰富了直播的应用场景，而且还具有粉丝导流、增加曝光、提高热度和增加用户黏性等作用，让主播能够收获更多粉丝和收益。

图 10-14　直播连麦与结束方法

10.3 直播带货的注意要点

很多新主播通常一拿到产品，就马上放到直播间去卖，这样主播很难给观众留下专业的形象，产品的质量也难以保证，结果往往是主播一直在尬聊，而且产品的销量却寥寥无几。

因此，主播开播前一定要策划一份直播脚本，让直播间可以非常顺利地进行下去，同时也可以让主播显得更加专业，帮助店铺提升产品的销量。本节将介绍一些直播脚本策划的注意事项，帮助商家打造高质量的带货直播间。

10.3.1 直播常用的话题类型

直播不仅要靠嘴皮子，还需要主播多动脑，提前准备好一些能够吸引观众注意力的话题。下面介绍一些直播间常用的话题类型，如图 10-15 所示。

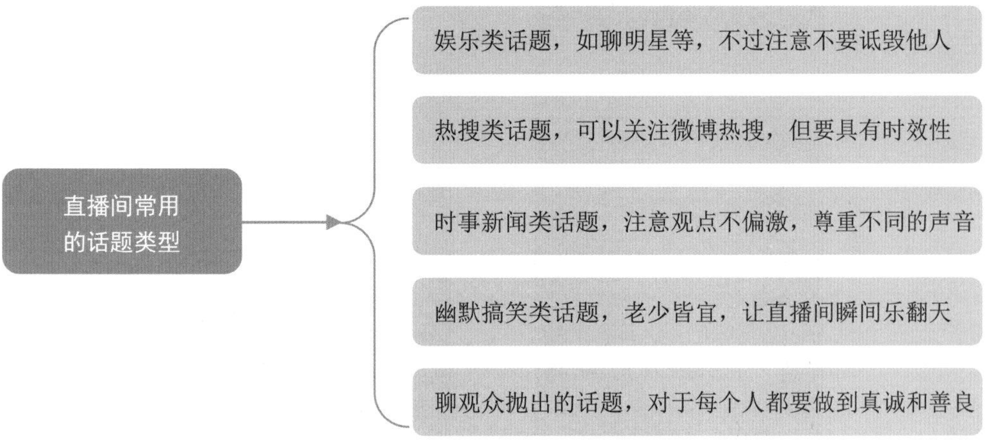

图 10-15 直播间常用的话题类型

10.3.2 提出痛点来满足需求

虽然电商直播的主要目的是卖货，但这种单一的内容形式难免会让观众觉得无聊。因此，主播可以在直播脚本中根据用户的痛点，给观众带来一些有趣、有价值的内容，提升用户的兴趣和黏性。

直播时并不是要一味地吹嘘产品的特色卖点，而是要解决买家的痛点，这样他才有可能在你的直播间驻足。很多时候，并不是商家提炼的卖点不够好，而是商家认为的卖点，并不是买家的痛点所在，不能解决他的需求，所以对买家来说自然就没有吸引力了。当然，前提是商家要做好直播间的用户定位，明确用户是追求特价，还是追求品质，或者是追求实用技能等，以此来指导直播脚本的优化设计。

10.3.3 建立信任让用户放心

在电商直播中，买家的交易行为在很多时候是基于信任主播而产生的，买家信任并认可主播，才有可能去关注和购买产品。因此，主播可以在直播间将产品的工艺、产地以及品牌形象等内容展现出来，并展现品牌的正品和售后保障，为产品带来更好的口碑和影响力，赢得广大用户的信任。

例如，在下面这个卖自行车产品的直播间中，可以看到主播通过在各种路况下骑行自行车，来体现产品结实耐用的特点，让观众看到产品的质量。同时，主播还使用大字号的形式将产品的质保文案放在直播间界面上，让观众对产品更加放心，增强了他们下单的信心，如图 10-16 所示。

图 10-16　自行车产品的直播间示例

10.3.4 将卖点和痛点相结合

当商家或主播在制作直播脚本时，需要深入分析产品的功能并提炼相关的卖点，然后亲自去使用和体验产品，并将产品卖点与用户痛点相结合，通过直播来展现产品的真实应用场景。

总之，主播只有深入了解自己所带货的产品，对产品的生产流程、材质类型和功能用途等信息了如指掌，才能提炼出产品的真正卖点。在做直播脚本时，主播可以根据用户痛点需求的关注程度，来排列产品卖点的优先级，全方位地介绍产品信息，吸引观众加购或下单。

例如，女装产品的用户痛点包括做工、舒适度、脱线、褪色以及搭配等，买家更在乎产品的款式和整体搭配效果。因此，主播可以根据“上身效果＋材质细节＋设计亮点＋品质保障＋穿搭技巧”等组合来制作直播脚本的内容，然后在直播间将这些内容演绎出来，相关示例如图 10-17 所示。

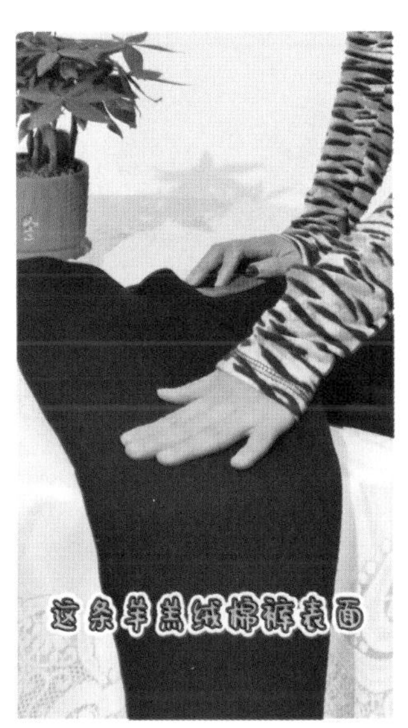

图 10-17　女装产品的直播间示例

专家提醒

在拼多多直播间内，观众可以点击直播界面，隐藏直播间的各种按钮和控件元素，让直播画面更加干净，在看产品介绍时能获得更好的体验。

主播要想让自己的直播间吸引用户的眼球，就要知道用户想要的是什么，只有抓住用户的消费心理来提炼卖点，才能让直播间更能吸引用户并促进他们下单。

10.3.5　展示使用体验和效果

主播对产品要有亲身体验，并告诉观众自己的使用感受，同时还可以列出真实用户的买家秀图片、评论截图或短视频等内容，这些都可以写进直播脚本中，有助于杜绝虚假宣传的情况。

例如，被誉为“x 宝一哥”的某主播曾表示，自己至少已经试过 10 万件以上的美妆护肤产品。如图 10-18 所示，为某主播在直播间亲自试用美甲产品，给观众展示产品的使用和卸除方法，以及使用后的效果。

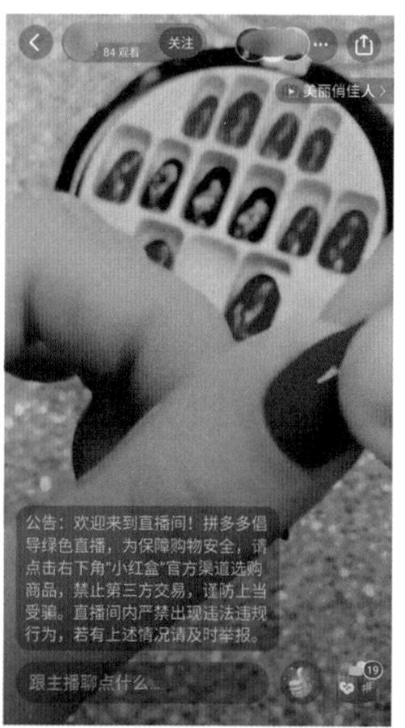

图 10-18　美甲产品的直播间示例

10.3.6　推荐产品的基本流程

主播需要熟悉直播间规则、直播产品以及店铺活动等知识，这样才能更好地将产品的功能、细节和卖点展示出来，以及解答观众提出的各种问题，从而引导观众在直播间下单。如图 10-19 所示，为直播间推荐产品的一个基本流程，能够让主播尽可能多地将有效信息传递给用户。

直播间推荐产品的基本流程

- 第 1 步：在没有使用该产品前，用户是什么样的状况，会面临哪些痛点和难点
- 第 2 步：如果用户使用了该产品，将会带来哪些变化
- 第 3 步：当用户使用了该产品后，会获得什么样的好处或价值

图 10-19　直播间推荐产品的基本流程

同时，主播说话要有感染力，要保持充满激情的状态，制造出一种产品热卖的氛围，利用互动和福利引导真实的买家进行下单。

10.3.7 组合销售提升客单价

主播可以在直播脚本中充分挖掘潜在消费者的其他需求，同时可以采用大额满减、拼单返现、多件优惠或产品组合的方式，带动店铺内其他产品的销量。

如图 10-20 所示，在下面这个卖牛仔裤产品的直播间内，其中 5 号产品为引流款，销量达到了 4.6 万件，同时商家还配合多件优惠和拼单返现等活动，来吸引通过直播间进入店铺的买家购买更多产品，从而提升客单价。

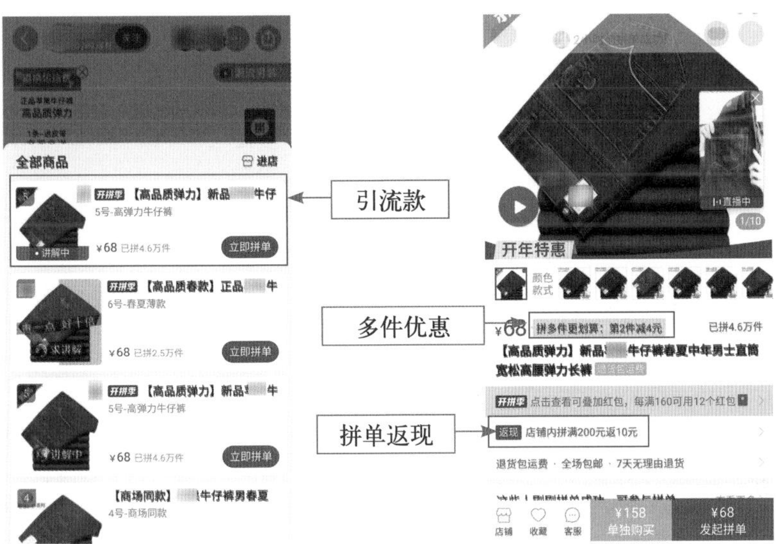

图 10-20 牛仔裤产品的直播间示例

第 11 章

拼多多短视频的创作

随着时代的发展，商业模式也在不断地发展中，不管你身处哪个行业，在面对火爆的短视频潮流时，都要积极地做出改变，否则你将跟不上时代发展而被淘汰。对于在拼多多开店的商家来说，更要改变思维，抓住这波短视频内容营销的流量红利，利用短视频迅速提升商品销量。

11.1 做好商家视频的步骤

在短视频火爆的当下，拼多多平台也在积极布局短视频电商，为商家带来更多的流量渠道和成交场景。

当然，拼多多平台上的短视频不是随便发发就能吸引用户和促成成交的，而是需要商家掌握一定的视频运营技巧。本节将介绍做好商家视频的五大步骤，让商家也能拥有那些短视频博主的惊人带货能力。

11.1.1 分析用户需求和兴趣

拼多多平台上的短视频，跟抖音和快手的短视频原理其实都是一样的，那就是内容必须与平台上的用户相契合。因此，商家首先要进行用户分析，找到用户的痛点需求和兴趣爱好，这样发布的短视频才能被广大用户所关注和接纳。

商家可以进入拼多多管理后台的“推广中心→推广工具”界面，在“拼多多推广工具”版块中选择“人群洞悉”工具，默认进入“搜索人群洞悉”界面。

在“搜索人群洞悉”界面中的“用户画像”选项右侧，单击“去 DMP 新建人群”按钮，即可进入“DMP 营销平台”主界面。在 DMP 营销平台的“人群画像→人口属性分析”页面中，包括用户的性别、年龄以及地域等方面的用户占比、支付金额占比、平均支付客单价、平均购买次数和 TGI 指数等数据分析功能，便于商家了解用户的分布情况，如图 11-1 所示。

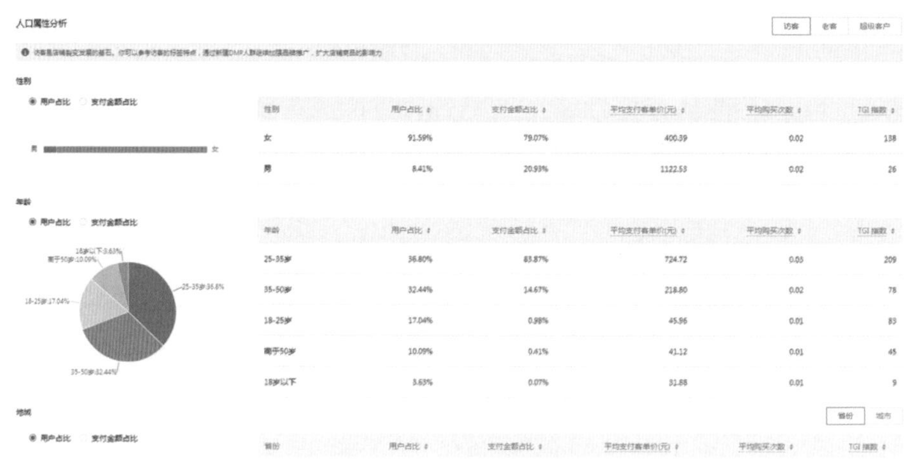

性别	用户占比	支付金额占比	平均支付客单价(元)	平均购买次数	TGI 指数
女	91.59%	79.07%	400.39	0.02	138
男	8.41%	20.93%	1122.53	0.02	26

年龄	用户占比	支付金额占比	平均支付客单价(元)	平均购买次数	TGI 指数
25-35岁	36.80%	83.87%	724.72	0.05	209
35-50岁	32.44%	14.67%	218.80	0.02	78
18-25岁	17.04%	0.98%	45.96	0.01	83
高于50岁	10.09%	0.41%	41.12	0.01	45
18岁以下	3.63%	0.07%	31.88	0.01	9

省份	用户占比	支付金额占比	平均支付客单价(元)	平均购买次数	TGI 指数

图 11-1 人口属性分析

例如，图 11-1 中的消费人群分析中，可以看到女性用户的比例远高于男性用户，这说明女性用户的购物需求更旺盛。因此，商家在制作短视频内容的时候，可以侧重于女性用户感兴趣的内容，如穿搭、化妆或家庭生活方面的短视频。

11.1.2　内容选题的两个步骤

拼多多的商家视频长度不能超过一分钟，因此商家在制作视频内容时一定要提前规划好，把握住每一个镜头，将自己要表达的信息清晰地展现出来。拼多多商家视频的内容选题可以从以下两个步骤进行策划。

(1) 细分领域。当商家根据用户分析的结果，确定好视频内容的大方向后，即可从中找到更加细分的领域，并结合自己经营的商品类型，来确定短视频的拍摄题材。例如，卖食品的商家，可以拍摄食品制作过程的短视频，也可以拍摄食品的特色卖点，如图 11-2 所示。

图 11-2　食品类商家视频示例

需要注意的是，短视频的内容要能够给用户带来价值，让他们在看完后有所收获，或者得到快乐，这样才能激起用户的兴趣。

(2) 主题拆解。当商家找到要拍摄的短视频主题后，接下来就需要对主题进行拆解，即每一个镜头要拍什么东西，要重点表达什么内容，以及具体该如何拍摄等，来制定一个短视频脚本，指导具体的拍摄步骤。

专家提醒

需要注意的是，短视频的内容不能具有太强的广告性质，这样容易引起用户反感。建议商家先打造自己的独特人设魅力，这样便于吸粉和增加用户黏性。当商家与粉丝的关系稳固后，再去推广产品，这样成功率更高。

11.1.3 短视频脚本策划要素

脚本是短视频制作的基础，脚本编写得好，拍出来的短视频通常也差不了。短视频的脚本策划主要包括以下几个要素。

(1) 背景：短视频的拍摄背景要干净、整洁，拍摄者可以根据自己的短视频内容来布置拍摄场景，将自己要表达的商品信息体现出来。

(2) 光源：在室内或者专业摄影棚内拍摄短视频时，可以使用摄影灯箱、顶部射灯以及美颜面光灯等设备，保证视频画面的光感清晰、环境敞亮、可视物品整洁，如图 11-3 所示。光线是获得清晰视频画面的有力保障，不仅能够增强画面氛围和表现力，而且还可以利用光线来创作更多有艺术感的短视频作品。

图 11-3　灯光设备

(3) 镜头：在拍摄短视频时，商家同样需要在镜头的角度、景别以及运动方式等方面下功夫，掌握一些常用的运镜手法，如推拉运镜、摇移运镜、甩动运镜、跟随运镜、升降运镜以及环绕运镜等，从而能够更好地突出视频的主体和主题，让观众的视线集中在需要表达的对象上，同时让短视频作品更加生动，更有画面感。

(4) 剪辑：通过后期软件将各个短视频素材剪辑到一起，并添加适当的滤镜和背景音乐效果，增加短视频的感染力。

11.1.4　短视频内容营销引流

对于拼多多平台来说，短视频内容营销主要包括店铺首页和店铺关注页两个重要资源位。商家可以通过直播和优惠券等方式吸引大家关注店铺，同时还可以定期发布短视频，增加粉丝的数量和黏性。

另外，商家也可以在产品详情页上传商品轮播视频，通过在轮播图前展示该轮播视频，可以助力商品提升转化率。轮播视频的基本要求如下。

- 时长 60 秒以内。
- 宽高比为 1 ∶ 1、16 ∶ 9 或 3 ∶ 4。
- 建议分辨率≥ 720P。
- 支持 mp4、mov、m4v、flv、x-flv、mkv、wmv、avi、rmvb、3gp 格式。
- 不要上传违禁内容，包含但不限于涉黄、涉暴以及站外引流等内容。

通过定期发布短视频进行引流，不仅可以增强商家的视频拍摄能力，而且还可以吸引粉丝长期关注你。另外，商家还可以将拍好的短视频发布到微信朋友圈、微信群以及微博上面，通过私域流量来给商品引流。

11.1.5　进行数据监控和分析

商家上传短视频后，可以通过拼多多商家版 App 来查看商品的播放量数据。在“多多直播”工具中切换至“视频”选项卡，在视频的左下角即可显示具体的播放数据，如图 11-4 所示。

图 11-4　查看短视频的播放数据

通过数据监控和分析，商家可以找到用户感兴趣的内容类型，以及他们喜欢从哪些渠道观看短视频，帮助商家找到更加精准的短视频内容和营销渠道。

11.2 用手机创作视频内容

短视频不仅拍摄耗时短，而且门槛非常低，只需一部手机即可轻松搞定，商家可以拍各种生活和工作场景，也可以让店主、员工或亲友出镜。在短视频足够优质的情况下，通过拉动流量，可以轻松实现提升商品销量和打造店铺爆款的目标。

11.2.1 视频发布的流程事项

目前，只针对拥有直播权限且店铺关注数≥ 1 的商家，才可以发布商家视频，下面介绍具体的操作方法。

(1) 打开拼多多商家版 App，进入“多多直播”界面，点击右下角的“上传视频”按钮，如图 11-5 所示。

(2) 进入“全部视频”界面，选择要发布的视频，如图 11-6 所示。视频的基本要求为：视频大小≤ 200M；格式为 MP4；尺寸为 720P；建议比例为 16 ：9 的竖版；帧率为 2m，时长为 10 ~ 60 秒。

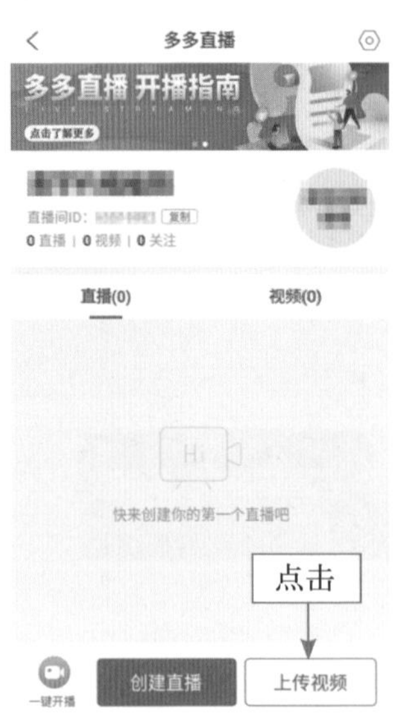

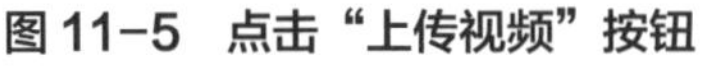
图 11-5 点击“上传视频”按钮

图 11-6 选择要发布的视频

(3) 选择相应的视频后，即可预览视频内容，确认无误后点击“下一步”按钮，如图 11-7 所示。

图 11–7 预览视频内容

(4) 进入“编辑视频”界面，点击“选择封面”按钮，如图 11–8 所示。

(5) 进入“选择封面”界面，视频封面默认为首帧，拖曳下方的视频轨道，可以自选封面图，如图 11–9 所示。

图 11–8 点击“选择封面”按钮

图 11–9 选择封面图

(6) 点击“确定”按钮，即可设置视频封面，在“视频标题”下方输入相应的视频标题内容，如图 11–10 所示。视频标题为非必填项目，限制在 40 个字符以内。

(7) 点击“选择商品”按钮，进入“添加商品”界面，商家可以通过店铺商品或商品 ID 等方式来添加商品，如图 11-11 所示。

图 11-10　输入视频标题　　　　图 11-11　“添加商品”界面

(8) 在“编辑视频”界面中点击“发布视频”按钮，即可发布视频，并显示发布进度，如图 11-12 所示。

(9) 稍等片刻，即可发布视频，同时进入审核阶段，如图 11-13 所示。

图 11-12　显示发布进度

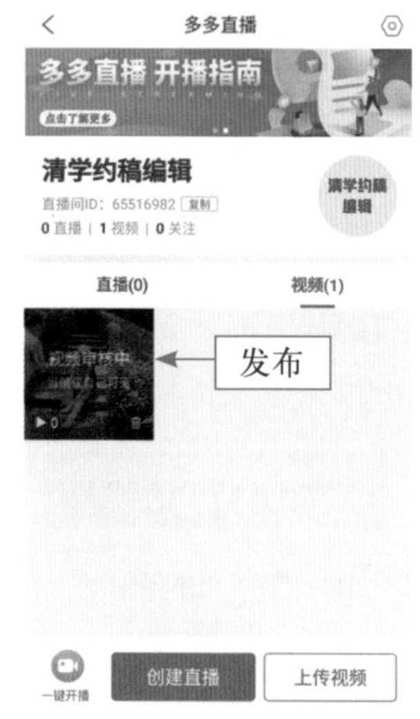

图 11-13　视频发布成功

审核通过后，其他用户即可在店铺首页或店铺关注页中看到该视频。需要注意的是，禁止发布的视频内容情况包括但不限于以下几种。

- 不得违规推广，包括但不限于售卖假冒或盗版商品等。
- 不得发布违禁商品。
- 不得存在容易导致交易风险的行为。
- 不得侵犯他人权益。
- 不得宣传第三方平台信息，禁止为第三方平台导流。

11.2.2 轮播视频的优势要点

如今，大部分商品都制作了轮播视频，当买家进入产品详情页后，第一眼即可看到这个视频内容。轮播视频比轮播图有更多优势，如图 11–14 所示。

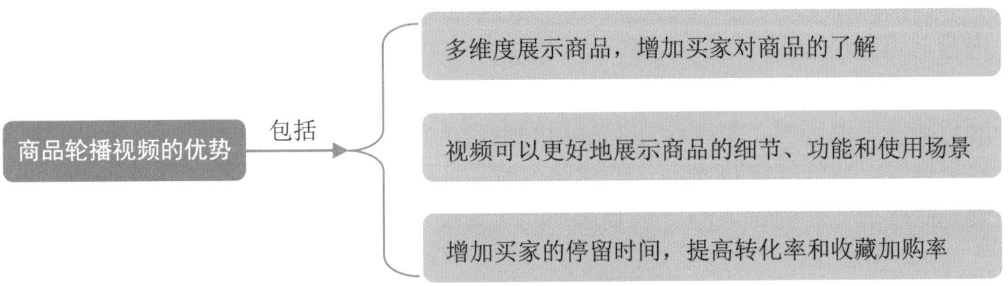

图 11–14 商品轮播视频的优势

不过，很多商家对于轮播视频不够重视，制作的视频质量也良莠不齐。因此，商家在拼多多平台上发布商品轮播视频时，需要注意下面这些要点，否则难以达到预期的转化效果。

(1) 拍摄背景要干净。在拍摄轮播视频时，商品是最关键的因素，因此背景不能杂乱，否则会影响商品的美观度和展现效果。

(2) 用视频进行记录。以服装类的商品为例，通常需要模特穿着服装产品，以便更加直观地展现产品的上身效果。需要注意的是，商家尽量不要直接用模特摆各种动作的照片来制作轮播视频，这样不能真实地体现服装的穿着效果，而应该通过录视频的方式，将模特的动作完整地记录下来，给用户带来更好的观看体验。

11.3 打造高转化轮播视频

轮播视频的展示位置位于商品主图第一幅图片上，点击左下角的播放按钮，即可播放轮播视频，能够从不同的角度展示商品的优势，如图 11–15 所示。

图 11-15　播放轮播视频

轮播视频的内容与商品非常贴合，其主要目的就是用于提升商品的转化率。与图文内容和直播内容相比，轮播视频内容的主要优势如下。

(1) 相比图文内容：轮播视频承载的信息、场景和情绪，都要远远高于图文内容，可以增强用户的代入感。

(2) 相比直播内容：轮播视频的时间短，人力成本、设备成本和制作成本更低，而且操作简单易学，能够帮助商品更好地进行吸粉、引流。

当然，尽管轮播视频有这些优势，也并不是说只要商家上传了轮播视频，就能一劳永逸。轮播视频同样需要正确的运营技巧，才能有更好的转化效果。

11.3.1　寻找和提炼产品卖点

商家在发布新商品或者编辑商品时，可在“商品基本信息”下面的“商品轮播视频”选项右侧，单击“上传视频”按钮来上传轮播视频，如图 11-16 所示。

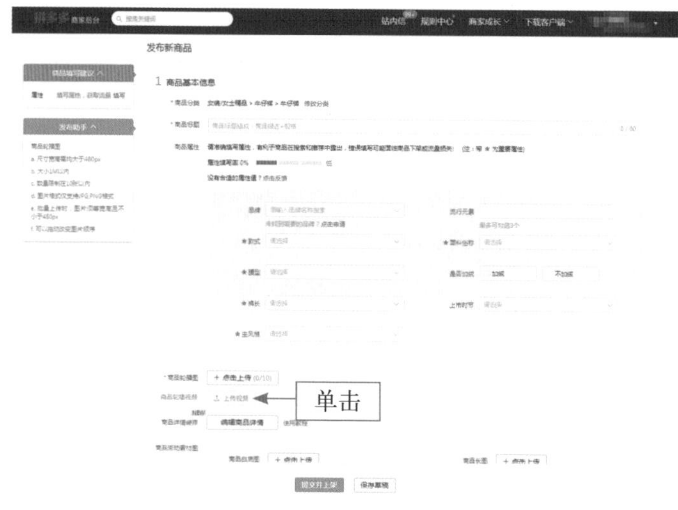

图 11-16　点击“上传视频”按钮

如果商家发现自己没有上传轮播视频的权限，则建议商家根据以下步骤进行自查自检。

- 店铺未缴纳保证金。
- 店铺未绑定银行卡。
- 店铺经营异常。
- 店铺开店时长未超过 30 天以上。
- 店铺近 90 天内无销量。
- 店铺经营的商品类目不可以添加轮播视频。

当商家获得轮播视频权限后，在制作轮播视频时，还需要深入分析产品的功能并提炼相关的卖点，然后亲自去使用和体验产品，通过视频来展现产品的真实应用场景。找产品卖点的 4 个常用渠道如图 11-17 所示。

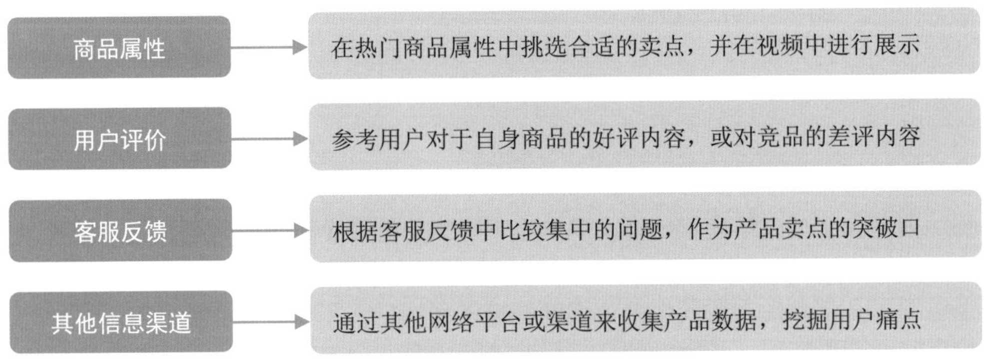

图 11-17　找产品卖点的 4 个常用渠道

总之，商家只有深入了解自己的产品，对产品的生产流程、材质类型和功能用途等信息了如指掌，才能提炼出产品真正的卖点。

在拍摄产品视频时，商家可以根据用户痛点需求的关注程度，来排列产品卖点的优先级，全方位地展示产品信息，以吸引买家。

例如，女装产品的用户痛点包括做工、舒适度、脱线、褪色以及搭配等，她们更在乎产品的款式和整体搭配效果。因此，商家可以根据“上身效果＋设计亮点＋品质保障＋穿搭技巧”等组合来制作轮播视频。

商家要想让自己的短视频吸引用户的目光，就要知道用户想的是什么，只有抓住用户的消费心理来提炼卖点，才能让短视频吸引用户下单。

11.3.2　根据卖点来设计脚本

当商家找到产品卖点后，就需要根据这个卖点来设计短视频的脚本。前面已经简单介绍了短视频脚本的几个要素，此时商家就需要根据产品卖点来规划需要拍摄的场景和镜头，以及每个镜头需要搭配的字幕内容。将短视频脚本做好后，能够大大地提升工作效率。

11.3.3 对视频进行后期处理

当商家拍摄好轮播视频后，最后还需要进行后期剪辑，下面介绍一些可以帮助商家提升短视频播放量的后期处理小技巧。

(1) 注重开端内容：轮播视频的前 5 秒非常重要，是决定用户是否继续观看的关键所在，因此商家需要在轮播视频的开端处尽量展示产品主体。很多视频拍摄软件或后期软件会自动在视频开端处添加片头水印，这种片头是非常影响用户观看体验的，商家可以使用其他软件将其删掉。

(2) 巧用字幕讲解。给轮播视频添加相应的字幕讲解内容，可以让用户快速地了解商家要通过短视频传达的产品信息。

(3) 添加背景音乐：商家可以根据短视频的剧情添加合适的背景音乐和各种音效，来丰富短视频的内容，同时还可以营造氛围和情感。

11.4 拼多多短视频的功能

很多人都知道抖音和快手，这是当下最火热的两个短视频应用，用户数量众多，抖音 DAU(Daily Active User，日活跃用户数量) 已超过 4 亿，快手 DAU 也达到了 3 亿。短视频已经成为电商领域的新风口，不仅能够引流获客，而且还可以实现流量变现，成为电商商家们追捧的内容营销方式。

对于以卖货为目的的拼多多商家来说，短视频是一种新的内容营销方式，是商家重要的引流入口，同时短视频的内容形式比图文和直播更丰富，能够有效地刺激消费者的买单欲望。

11.4.1 商品视频的评论功能

商品视频评论功能是拼多多平台上的一个新功能，买家在评论商品时，可以发布视频评论内容。商家不用跟对接运营申请即可开通该功能，可以通过引导用户发视频评论，来增加商品视频的展现渠道，从而有效地提高商品转化率。

对于商家来说，影响转化率最大的因素就是买家评论。不同于漂亮的“卖家秀”，视频评论是由买家直接上传的产品视频内容，这种“买家秀”能够将产品更加真实直观地展现出来。

11.4.2 聊天小视频满足社交

聊天小视频是拼多多平台为了满足商家向消费者发送视频的需求而推出的社

交视频信息功能，从而避免商家出现“诱导非官方交易”等违规行为。

商家可以进入拼多多商家后台的“店铺管理→图片空间”页面，单击“上传文件”按钮。执行操作后，弹出“选择文件”对话框，单击“选择图片/视频”按钮，如图 11-18 所示。推荐选择“高清压缩”的上传方式，可以自动将图片或视频压缩成合适大小，且保证图片或视频的清晰度。

图 11-18　单击“选择图片 / 视频”按钮

弹出“打开”对话框，在本地文件夹中选择要上传的视频文件，单击“打开”按钮即可上传，审核通过后即可使用，如图 11-19 所示。

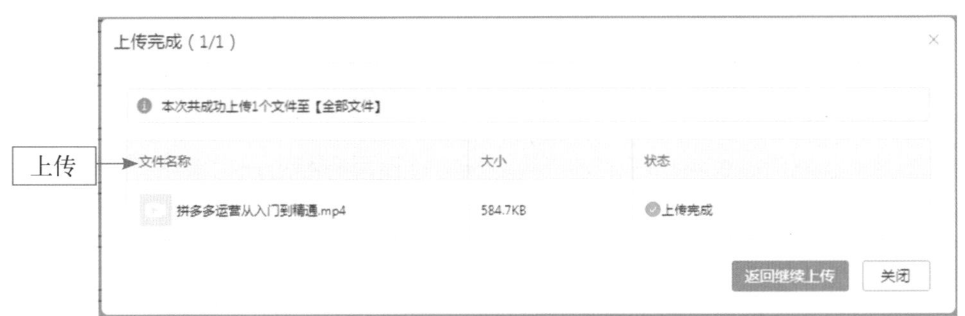

图 11-19　上传视频文件

上传视频后，商家可以在拼多多工作台的聊天工具栏中，单击“发送视频”按钮 ，如图 11-20 所示。执行操作后，弹出“请选择视频”对话框，找到需要发送的视频，单击“发送”按钮即可，如图 11-21 所示。

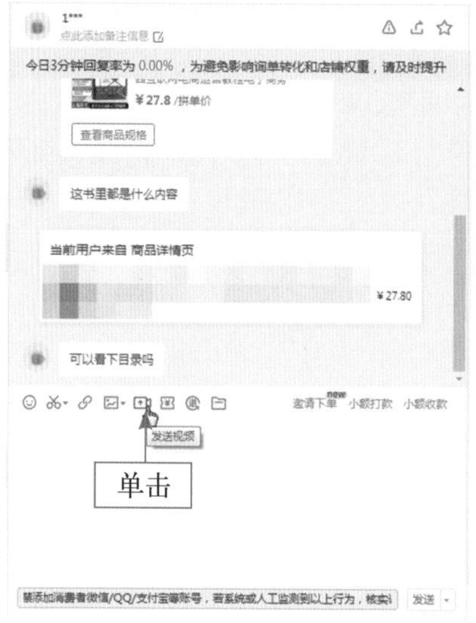

图 11-20　单击“发送视频”按钮

图 11-21　单击“发送”按钮

专家提醒

如果商家上传的视频文件比较多，可以在“请选择视频”对话框右侧的搜索框内输入视频名称并搜索。在“请选择视频”对话框中单击相应的视频，即可弹出视频预览窗口，商家可以预览视频内容。

11.4.3　引流短视频获取流量

引流短视频是指由平台提供指导，帮助商家拍摄的商品推广短视频，其主要目的在于引流。商家可以进入拼多多商家后台的“营销活动→商家引流短视频”页面，选择合适的商品类目报名链接进行报名即可。

对于引流短视频来说，商家可以选择拍摄店铺内销量最高且最具优势的商品。下面介绍一些常用的商家引流短视频拍摄技巧。

(1) 日用百货类商品：商家可以在各种生活场景中，通过短视频流畅地展示商品的使用过程，同时边使用边介绍，展示其优势，突出商品在生活中的实用性。

(2) 水果生鲜类商品：拍摄水果或蔬菜的采摘过程、库存数量、开箱展示以及试吃等内容，或者近距离拍摄水果或蔬菜切开、挤汁等操作，突出真实感，如图 11-22 所示；拍摄家禽家畜或鱼类产品的养殖、捕捞、做菜以及试吃等内容，表现商品新鲜、食物好吃的特点。

(3) 食品饮料类商品：打开包装并展示和试吃商品，要显得吃得特别香，表现食物好吃、饮料好喝的特点，如图 11-23 所示。

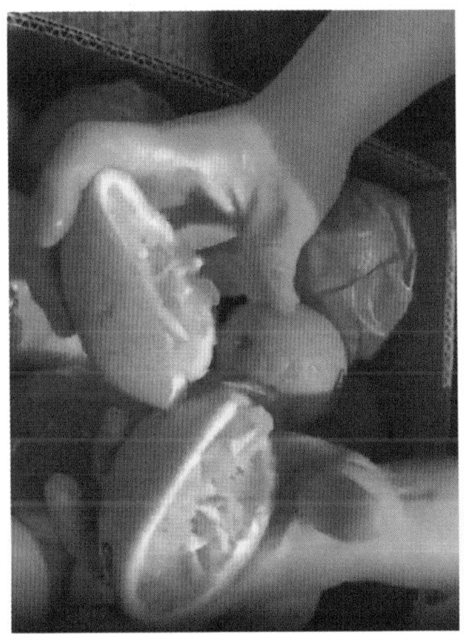

图 11-22　水果类引流短视频示例

图 11-23　食品类引流短视频示例

(4) 服饰鞋包类商品：拍摄商家在店里或工厂里介绍商品，或者模特试穿商品的视频，介绍商品时说话要自然真诚，拍模特试穿时则要求整体穿搭好看，尽量展示出商品的细节优势，同时可以用含有很多商品的货架作为背景，突出商品的丰富性。

(5) 美妆护肤类商品：拍摄商家或模特试用产品的视频，同时讲解和展示商品的使用步骤，并对比使用前后的效果，令用户信服，如图 11-24 所示。

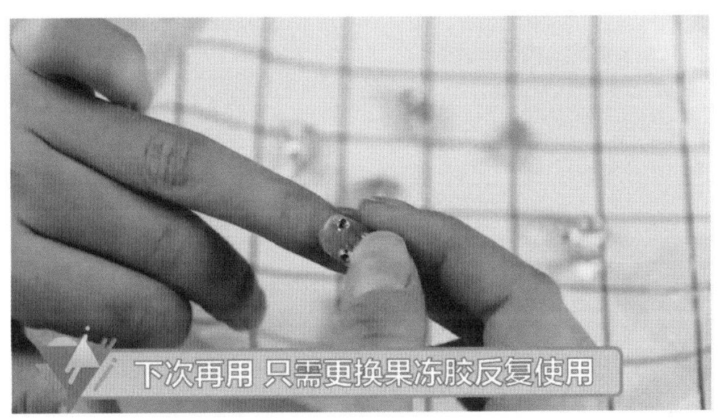

图 11-24　美妆护肤类商品引流短视频示例

(6) 手机数码类商品：拍摄开箱和测评的视频内容，在视频中详细展示开箱的全过程，并验证商品的真假，或者对商品的功能特性进行试用和测评。

第 12 章

打造店铺的私域流量

在拼多多店铺的运营过程中，对于拼多多平台上的公域流量，商家要想办法将其转化为属于自己的私域流量，搭建私域流量池，这样才能持续不断地获得盈利。本章主要讲解拼多多粉丝社群玩法和社群私域流量的运营，帮助商家打造店铺的私域流量。

12.1 拼多多粉丝社群玩法

在粉丝经济时代，用户就是店铺的“宝藏”，当商家拥有了店铺的第一批客户群体时，就需要去考虑如何挖掘用户价值。运营店铺的粉丝社群是需要方法的，只有合理化的运营，再加上足够的吸引力和意见领袖魅力，才能打造忠诚的粉丝体系。

12.1.1 粉丝社群的价值体现

在私域流量时代，粉丝成为电商运营的核心竞争力，很多商家都在积极打造自己的粉丝社群，构筑私域流量池。粉丝社群最大的价值在于大大降低了流量成本，过去的传统电商可以把一件产品卖给 100 个人，而粉丝社群则可以把 100 件产品卖给同一个人，不仅大幅降低了流量成本，而且还极大地提升了客单价，这背后就是用户价值得到了提升。

对于商家来说，打造粉丝社群，就等于你有了自己的“个人财产”，这样你的流量会具有更强的转化优势，同时也有了更多的变现可能。如图 12-1 所示，为粉丝社群的价值体现。

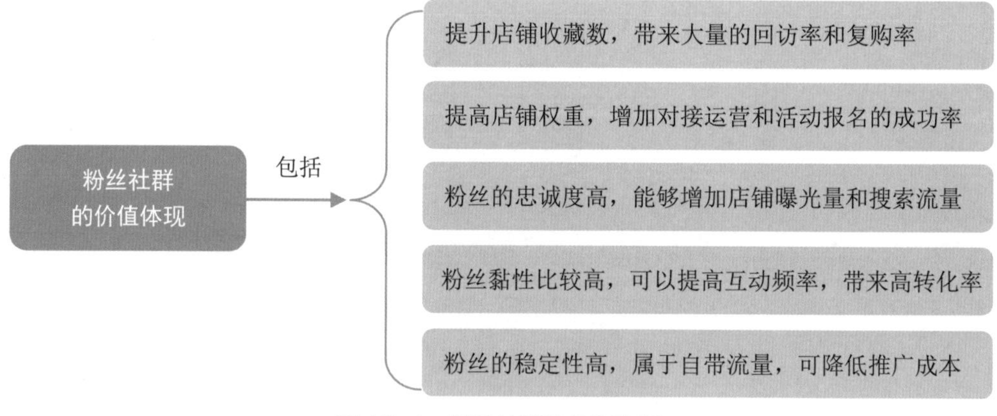

图 12-1 粉丝社群的价值体现

商家进入“数据中心→交易数据→交易数据总览”界面，可以查看到店铺收藏数据，它统计的是某个时段中收藏店铺的所有去重用户数。对于拼多多商家来说，这个店铺收藏数据体现的就是你的粉丝数量。另外，还有一个商品收藏数据也可以间接体现粉丝数量，就是商家可以进入“数据中心→商品数据→统计数据”中查看全部商品收藏数。

但是，商品收藏数据兑换成粉丝的比例是非常低的，根据相关数据显示，收藏商品的买家同时收藏店铺的只有 5% 左右。也就是说，有 100 个人收藏了店铺中的商品，但其中最多只有5个人关注了店铺，这5个人才是店铺的粉丝。

专家提醒

除了拉新外，打造粉丝社群还能够有效地避免已有的老客户流失，让老客户的黏性翻倍，快速提升老客复购率。在私域流量时代，我们不能仅仅依靠产品买卖来与用户产生交集，如果你只做到了这一步，那用户一旦发现了品质更好的、价格更低的产品，他会毫不留情地抛弃你的产品。因此，在产品之外，我们要与用户产生感情的羁绊，打造出强信任关系。

12.1.2 店铺粉丝的运营技巧

既然粉丝的价值这么大，而我们店铺的粉丝挖掘却做得很差，那么商家该如何去获取和运营粉丝呢？下面介绍一些基本方法。

1. 店铺收藏券

拼多多平台推出的店铺收藏券，可以帮助商家快速增加粉丝。商家可以进入“拼多多管理后台→店铺营销→营销工具→优惠券”界面，在其中单击“店铺收藏券”下方的“立即创建”按钮，如图12-2所示。

图12-2 单击“立即创建”按钮

执行操作后，进入“创建优惠券”界面，设置相应的优惠券选项，如

图 12-3 所示。单击“创建”按钮，即可成功地创建店铺收藏券。

营销工具 > 优惠券 > 创建优惠券

| 填写优惠信息

优惠券类型　店铺收藏券　店铺券

消费者收藏店铺即可获得的优惠券

修改优惠券类型

优惠券名称　该名称将不对买家展示，仅自己可见　0 / 15

领取时间　开始时间 ~ 结束时间　活动时间持续 -- 天

使用时间　领取后　请填写7-90的整数数字　天　内有效

面额　请填写5-500的整数数字　元

面额示例　¥ --　满--元可用

发行张数　请填写小于等于50000的整数数字　张

创建　取消

图 12-3　创建店铺收藏券

2. 积极报名参与平台活动

商家可以通过各种渠道来参与平台活动，获得更多活动流量，增加店铺的曝光量，吸引用户收藏店铺，从而促进粉丝流量的增长。例如，女装店铺可以报名参与“女装新品 - 领券中心”活动，能够获得“领券中心”、“推荐好券”、多多果园、App 消息推送以及大促主会场领券中心等流量入口，如图 12-4 所示。

图 12-4　“女装新品 - 领券中心”活动入口

3. 店铺和商品的运营优化

另外，商家还可以通过店铺的装修风格和商品的差异化定位，来吸引更多精准粉丝关注，如图 12-5 所示。

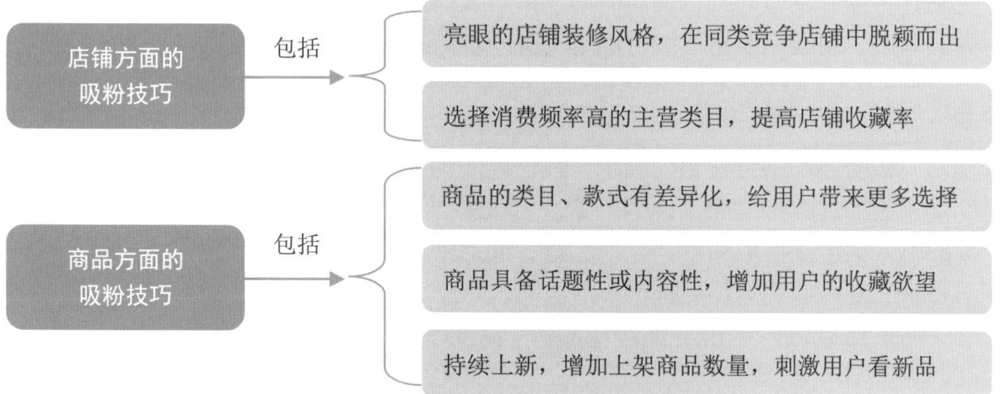

图 12-5　从店铺和商品方面吸粉的技巧

12.1.3　拉人收藏券裂变吸粉

“拉人收藏券”可以激励买家自发地在站外分享店铺，从而帮助商家低成本获得更多的站外潜在消费人群。买家进入店铺首页后，可以点击无门槛券右侧的“邀请好友”按钮，通过微信群聊发送给好友，如图 12-6 所示。当买家在站外渠道拉取一定数量的粉丝后，即可获赠一张无门槛店铺券。

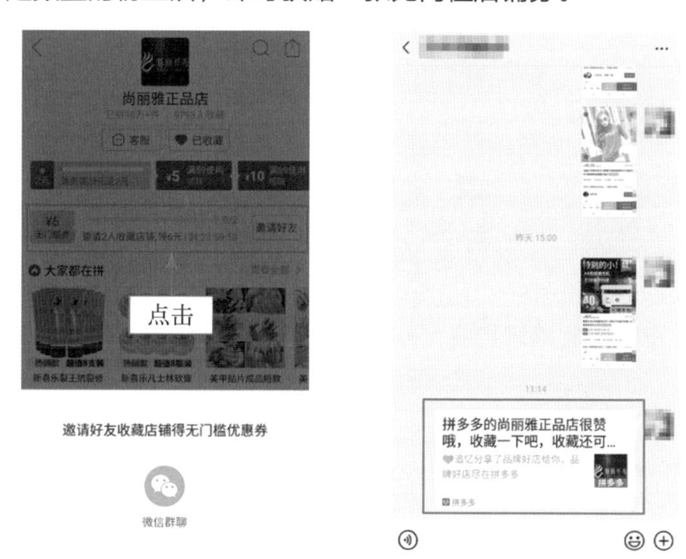

图 12-6　通过微信分享“拉人收藏券”

商家可以进入“拼多多管理后台→店铺营销→营销工具→优惠券”界面，在其中单击“拉人收藏券”下方的“立即创建”按钮，填写相应的优惠信息，包括优惠券名称、领取时间、使用时间、每日发行量、发行总量、拉新粉丝数、面额等。单击“创建”按钮，即可创建“拉人收藏券”。

12.1.4 私密券刺激二次回购

“私密券”不会在站内展示，是一种流通于买家私人渠道的店铺券，可以帮助商家增加优惠券发放渠道的广度。“私密券”的用途非常多，不仅可以通过买家的私人渠道来拉取粉丝、维系粉丝，而且还能起到关怀用户的作用，从而提高消费者的复购率并宣传店铺。

商家可以进入“拼多多管理后台→店铺营销→营销工具→优惠券”界面，在其中单击“私密券”下方的“立即创建”按钮，填写相应的优惠信息，如图 12-7 所示。单击“创建”按钮，即可创建“私密券”。

图 12-7　创建“私密券”

当买家获得店铺提供的“私密券”后，在拼多多众多的同类商品中，通常会优先选择有优惠券的店铺来购买，从而提高了用户复购率。

12.1.5 提升店铺粉丝的玩法

除了上述优惠券外，商家还可以利用短信直发券和拼单券，来刺激用户分享商品，用户在获得优惠的同时，店铺和商品也得到了更多的曝光机会，同时还可以刺激消费者分享和拼单，提高成团率和复购率。

短信直发券是一种只能通过短信发送的优惠券，可以帮助商家通过短信经营店铺，从而帮助店铺获取粉丝并经营粉丝。同时，短信直发券可以配合短信功能使用，能够极大地提高店铺经营效率。

商家可以进入“拼多多管理后台→店铺营销→营销工具→优惠券”界面，在其中单击“短信直发券”下方的“立即创建”按钮，填写相应的优惠信息，如图 12-8 所示。单击“创建”按钮，即可创建“短信直发券”。

| 填写优惠信息

优惠券类型　短信直发券　店铺券　通过短信发送的优惠券

修改优惠券类型

优惠券名称　短信直发券　5 / 15

使用时间　领取后　10　天　内有效

面额　20　元

面额示例　¥20　满50元可用　领取后10天内有效

使用条件　满　50　元　可用

发行张数　◉ 同短信发送数

创建　取消

图 12-8　创建“短信直发券”

拼单券是指买家在下单后发起分享邀请好友进行拼单，拼单成功后会给买家发放一张无门槛店铺券，创建界面如图 12-9 所示。拼单券通过优惠券成本让利，能够刺激用户分享拼单，从而提高下单转化率和用户复购率。

图 12-9　“拼单券”创建界面

12.1.6 定期进行老客户维护

对于那些开店时间长的商家来说，肯定都知道维护老客户的重要性。开发一个新客户需要花费的成本，这里包括了时间成本和金钱成本，通常等于维护 10 个老客户的成本。

然而，新客户为你带来的收入，往往比不上老客户。因此，商家需要通过口碑的运营，做好老客户的维护工作，这样不仅可以让他们更信任你，而且还会给你带来更多的效益。如图 12-10 所示，为维护老客户的主要作用。

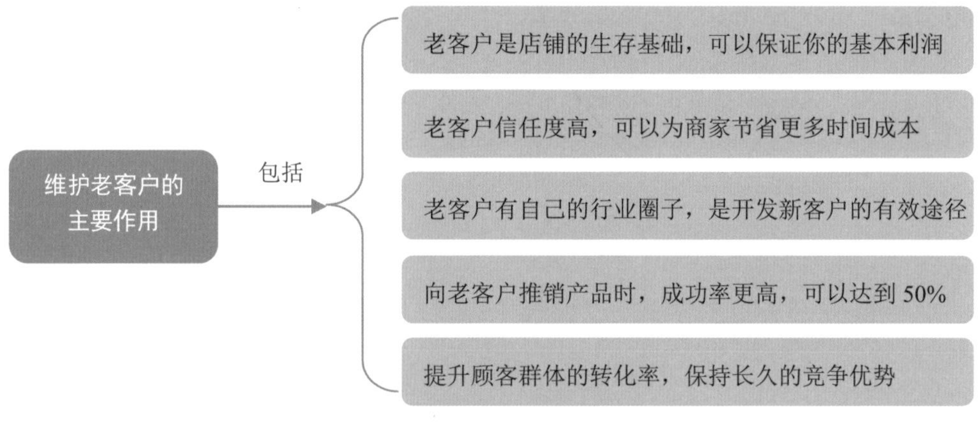

图 12-10 维护老客户的主要作用

老客户都是已经购买过产品或者熟悉产品的人，他们对于产品有一定的了解，商家可以进行定期维护，让老客户知道我们一直关心在乎他们，来促进他们的二次消费。不管是哪个行业，商家都可以通过快速吸粉引流来短暂地增加商品销量，但是，如果你想要获得长期稳定的发展，并且形成品牌效应或者打造个人 IP，那么维护老客户是必不可少的一环。因此，商家需要了解客户的需求和行为，做好老客户维护，相关技巧如图 12-11 所示。

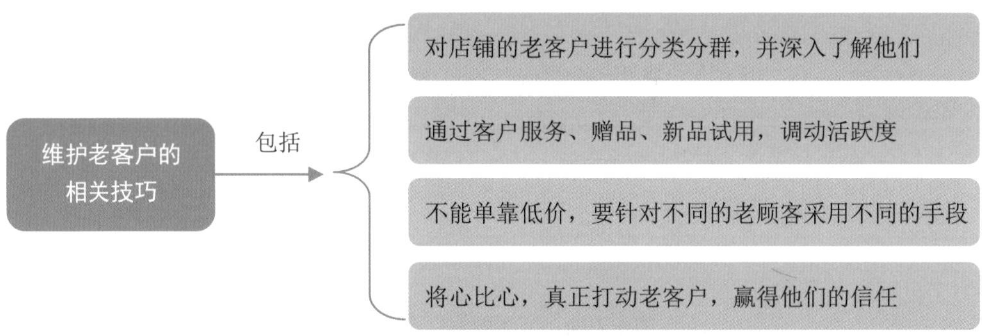

图 12-11 维护老客户的相关技巧

12.1.7 用单店满返营销老客

社交电商的运营重点在于经营各种社交平台，来提高老客户的复购率，这也是突围流量困境的方式。这是因为在用户的社交圈中，大家都是相互认识的熟人，彼此间的互动交流机会更多，信任度也更高，这个特点是站内流量所不具有的。

在各种用户社群中，用户的活跃度要明显更高一些，而且商家可以创造与用户对话的二次机会。商家可以使用微信公众号、个人号、朋友圈、小程序和社群等渠道，对私域流量池中的老客户进行二次营销，提高用户复购率，实现粉丝变现。

专家提醒

二次营销还有一个更加通俗易懂的名称，那就是“用户经营”，在如今这个新客户占比逐步降低的电商环境下，老客户的重要性日渐凸显。需要注意的是，二次营销必须建立在用户满意度之上，否则将无法提高用户忠诚度。

同时，基于社交媒体的拼多多，在营销过程中还可以加入更多的社交元素，让产品信息进入用户的社交圈进行扩散，对于商家的推广成本有明显的降低作用。笔者在这里介绍一种很简单的老客营销方式，那就是利用单店满返增加老客户的回访和回购。单店满返是指买家在 1 个自然日内，在同一个店铺中累计购买满一定金额后，即可获赠一定金额的无门槛优惠券，从而吸引买家在店铺内购买更多的商品，如图 12-12 所示。

图 12-12 单店满返活动

创建单店满返后，会通过标签方式展示到首页、推荐页、搜索结果页、商品详情页中，吸引用户点击，提升商品点击率，如图 12-13 所示。同时，创建单店满返还会通过拼单返现标签、商品详情页标签、返现消息提醒、返现进度条提醒以及领券消息提醒等渠道展现商品，刺激用户再次下单，提升店铺客单价。

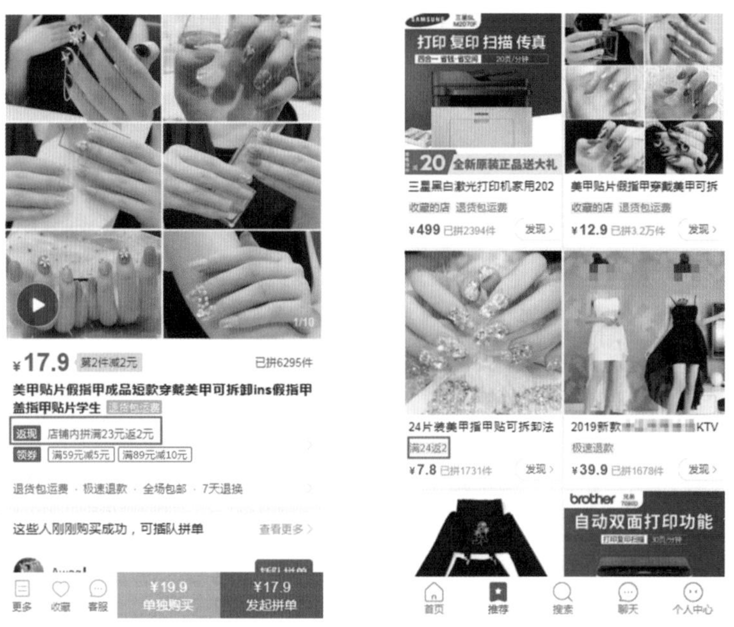

图 12-13　单店满返的展现渠道

12.2　社群私域流量的运营

对于私域流量运营来说，它有一个私域流量池矩阵，即个人微信号、微信群（社群）、公众号、小程序。其中，以微信群的私域流量运营最方便高效，这是因为个人微信号虽然能够直达顾客和用户，但是其容量是有限的，目前微信好友的上限不能超过 5000 个。

微信群虽然也有好友上限（目前上限为 500 人），但是却可以创建多个，且方便集中管理。再加上公众号和小程序的用户直达程度没有个人微信号和微信群高，因此本节主要来讲解社群私域流量的运营方法，为拼多多商家搭建私域流量池，更好地沉淀和进行用户转化。

12.2.1　3 种流量裂变的形式

社群裂变的本质实际上是社交关系链的设计，而它的裂变形式主要有 3 种，如图 12-14 所示。

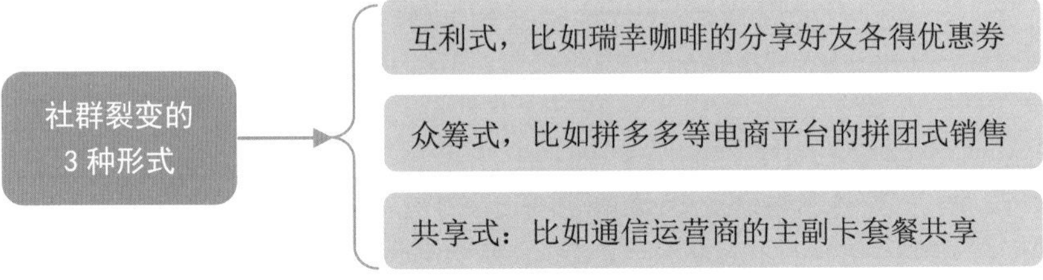

图 12-14　社群裂变的 3 种形式

12.2.2　社群裂变玩法的流程

社群裂变就像病毒细胞分裂一样，其引流效果非常显著。下面笔者来讲解社群裂变的具体流程，不过在这之前，笔者先带大家了解一下社群裂变的 3 个优势，如图 12-15 所示。

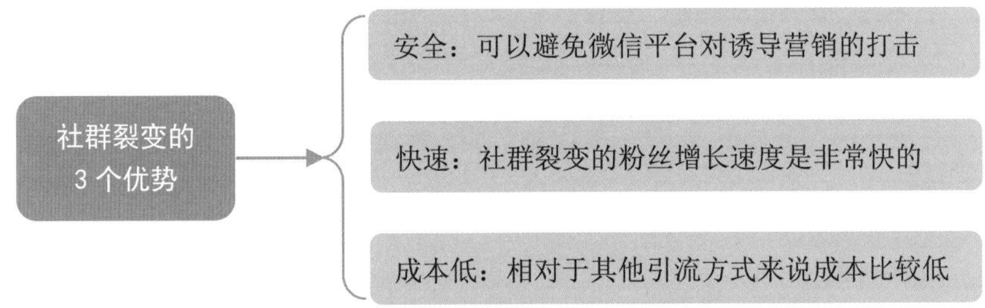

图 12-15　社群裂变的 3 个优势

下面我们来看社群裂变的具体流程，如图 12-16 所示。

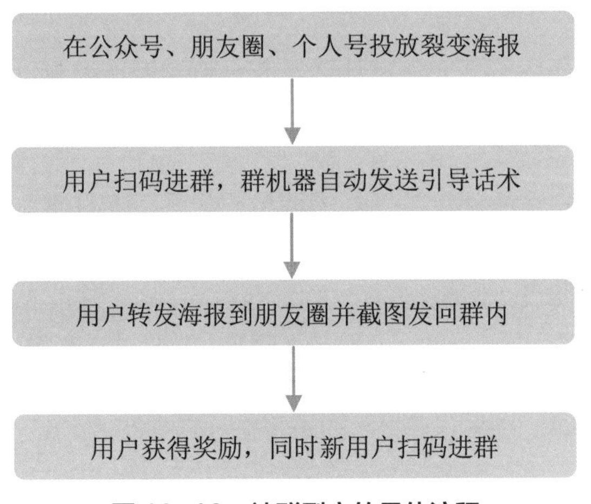

图 12-16　社群裂变的具体流程

12.2.3 社群裂变的注意事项

在进行社群裂变的过程中，拼多多运营者要注意流量裂变一些常见的问题和注意事项，只有把握了这些细节，才能最大限度地发挥社群裂变的引流效果。

1. 确定种子用户

首先，运营者得培养起一定基数的种子用户，只有在拥有种子用户的基础上，才有实现社群裂变的可能。种子用户其实就相当于投资理财的本钱，要想鸡下蛋，首先得养鸡。其次，种子用户的精准程度也很重要，他们的精准程度决定了社群裂变的流量精准程度。

2. 策划裂变素材

策划裂变素材分为两个部分，一是设计裂变海报，二是准备转发福利。裂变海报是转发到朋友圈、公众号、个人号给目标用户看的；转发福利是指在群成员完成转发裂变任务后，给予一定的奖励和福利。

在设计裂变海报的时候，运营者要从用户的实际需求出发，牢牢地抓住用户的痛点，这样才能吸引新用户进群，但要注意的是不能过分夸大内容价值和事实。

3. 准备话术模板

社群裂变的话术主要包含 4 种：入群话术、审核话术、提醒话术、踢人话术，下面笔者逐一地来进行分析。

(1) 入群话术。

所谓入群话术，也就是指新用户进群时，群机器人自动 @ 用户所发的话术，其内容主要包括两部分，第一部分是表示对新用户的欢迎，介绍活动任务；第二部分则是给用户准备的转发文案和裂变海报。

(2) 审核话术。

审核话术是指在用户完成转发任务，并在群里发了截图证明后，群机器人自动审核并告知用户审核结果，运营者根据结果决定是否发放奖励。

(3) 提醒话术。

如果有某些用户没看到转发任务的消息或忘记了做任务，群机器就会提醒用户记得完成任务。当然，还有一种情况，那就是机器人检测到用户无意中进行了敏感发言，从而对他进行提醒。

(4) 踢人话术。

当群机器人检测到用户违反群规定，比如在群里打广告等，这时机器人就会自动将该用户踢出群，并发送话术告知群内成员。

4. 后台设置要点

在使用社群裂变工具进行活动的设置时，要注意几个问题，如图 12-17 所示。

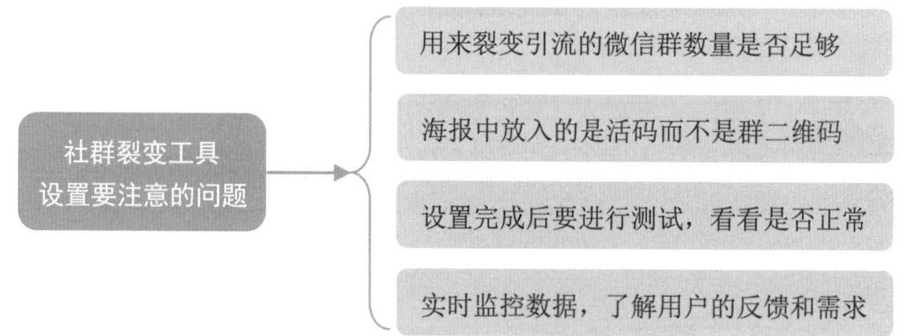

图 12-17　社群裂变工具设置要注意的问题

5. 裂变常见问题

下面是笔者根据自身的实践经验总结出的一些关于社群裂变常见的问题，具体内容如图 12-18 所示。

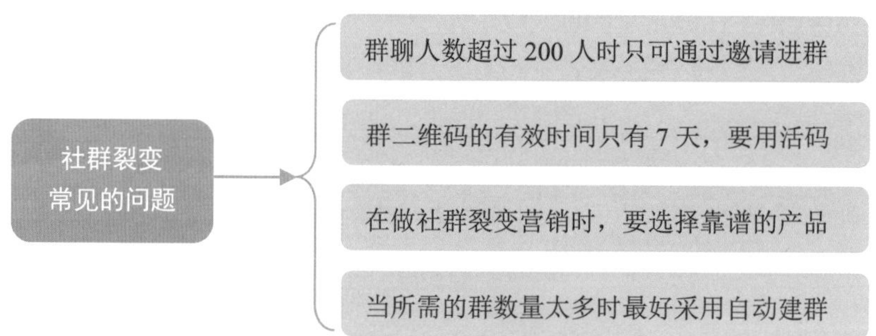

图 12-18　社群裂变常见的问题

因为微信群的人数超过 200 个人就不能通过扫码进群了。再加上群二维码名片的有效时间只有 7 天，所以一般在裂变海报中是放活码的。活码，顾名思义是动态的二维码，而群二维码是静态二维码，采用活码引流就能够很好地解决微信群二维码所存在的问题。

12.2.4　社群运营的方法

介绍完社群裂变之后，接下来笔者就来介绍微信社群该如何运营。其实社群引流、裂变都是社群运营整个过程的一部分，完整的社群运营应该包含 5 个步骤，如图 12-19 所示。

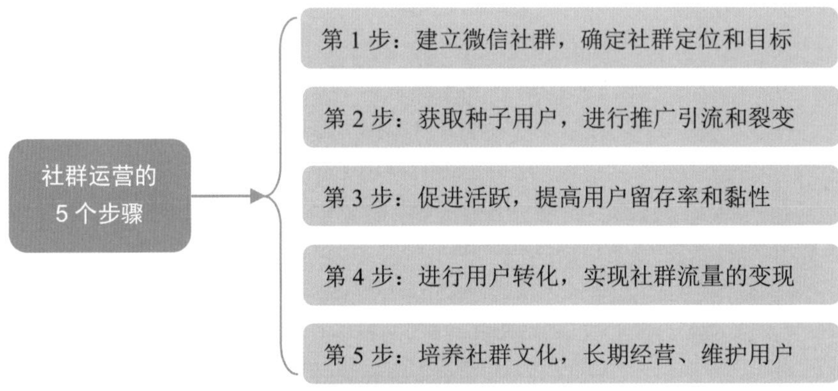

图 12-19　社群运营的 5 个步骤

12.2.5　促进社群活跃的方法

在把用户引流到微信社群之后，接下来我们要做的就是促进社群活跃、提高用户互动的积极性。那么，提高社群活跃气氛的方法究竟有哪些呢？下面笔者根据自身的经验提供几个促进社群活跃的方法，以供大家参考借鉴，如图 12-20 所示。

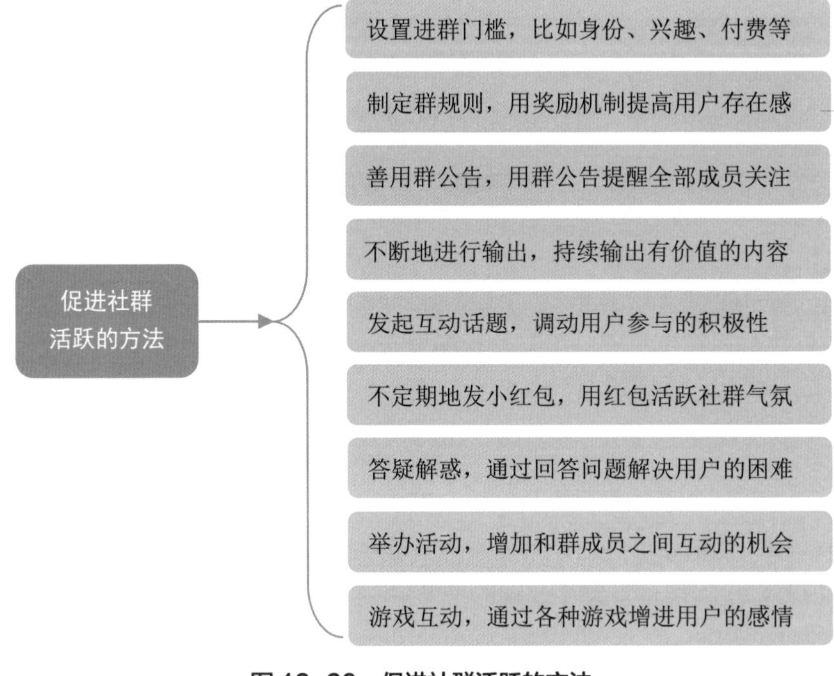

图 12-20　促进社群活跃的方法

12.2.6 提高用户转化的技巧

我们做社群私域流量运营的最终目的是为了进行用户转化、实现流量变现，而要想达到这个目的，首先得满足两个条件，一是获得用户的信任；二是解决用户的需求和痛点。接下来笔者就来讲述提高用户转化率的技巧。

关于提高社群用户转化率的技巧主要有 4 个，具体内容如下。

(1) 树立个人权威，打造正面人设，增加信任背书。

(2) 满足用户需求，抓住用户痛点，解决用户问题。

(3) 提供增值的附加产品或服务，不断地为用户提供价值。

(4) 举行限时的优惠促销活动，营造紧迫的气氛。

12.2.7 社群运营的相关工具

既然要进行社群裂变引流，就少不了要借助工具和素材网站来提高工作效率，比如制作活码需要二维码生成器、设计海报需要图片编辑器。除了活码制作和海报设计工具外，还需要有一款好的社群裂变工具，市场上的社群裂变工具有很多，这里笔者就不推荐了，大家可以根据自己的实际需求去选择。不过，一款好的社群裂变软件必须具备以下 3 个基本功能，如图 12-21 所示。

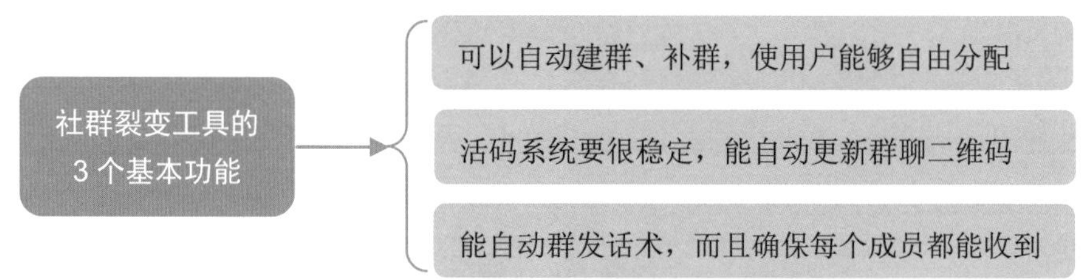

图 12-21 社群裂变工具的 3 个基本功能

除了这 3 个基本的核心功能以外，社群裂变工具还具有其他的辅助功能，具体内容如下。

(1) 自动回复功能。群成员在群里发送特定的关键词，就可以收到运营者设置好的内容消息，能够提高沟通的效率，解决回复不及时的问题。

(2) 批量修改群公告。批量修改群公告功能可以快速地将重要的信息传递给每一位群成员。

(3) 自动踢人和拉黑。当群成员进行某些敏感操作或发广告时，就会被移出群聊，严重的甚至会被加入黑名单，永远不能加群。

(4) 数据监控和统计。只有统计活动的相关数据，才能进行数据分析，评估社群裂变的引流效果，对社群运营进行优化和改进。

(5) 根据标签进行分组。当社群数量有很多的时候，可以设置标签对相同类型的群进行分组，这样方便更好地管理。

不仅社群裂变引流需要借助工具，社群的运营管理也需要借助工具。下面笔者就来给大家推荐两款非常好用的社群管理工具。

1. 涂色企服

涂色企服是一个企业级微信社群运营管理系统，专注于解决社群管理难题，帮助企业快速打造私域流量。如图 12-22 所示，为涂色企服后台管理系统登录界面。

图 12-22　涂色企服后台管理系统登录界面

2. 火把小助手

火把小助手是一款专业的微信社群管理工具，让社群管理更高效、更轻松。如图 12-23 所示，为火把小助手的产品介绍页面和购买页面。

图 12-23　火把小助手的产品介绍及购买页面